道友社文庫

おさしづの手引

桝井孝四郎

道友社

「おさしづの手引」は、『みちのとも』に昭和三十二年六月号から四十三年十月号まで連載され、そのうち三十七年十二月号までが『おさしづの手引　その一』として四十二年一月に、四十三年四月号までが『おさしづの手引　その二』として四十三年六月に、それぞれ刊行されました。本書は、その両書の内容に、未収録の四十三年十月号までを「その三」として加え、一冊にまとめました。

なお、文庫化に際して、文字遣いや表現を一部改めました。

目次

おさしづの手引 その一

おさしづの手引　その二

おさしづの手引　その三

おさしづの手引　その一

序

○みちのともに、「おさしづの手引」を書かして頂いたのは、教祖の七十年祭の済んだ翌年（昭和三十二年）の六月号からである。早いものである。もうかれこれ十年になる。おさしづは教祖のお言葉である。このお言葉にこそ、教祖の親心のなかなか深いものがある。この深い大きな教祖の親心の一端を、私の小さな悟りでふれさして頂いたようなものである。実におさしづこそ、一言説いたら百巻の書物に出来る、と仰せ下される教祖の親心の深いお諭しである。

一つは小さいものであるが、積み重なればいつの間にか、一冊の本に出して頂けるようになった。本巻は昭和三十七年の十二月号までの分である。

○おさしづの改修版をお出し頂いた。実に有難い真柱様（二代真柱・中山正《なかやましょう》善《ぜん》様）の親心である。これでおさしづも一段と立派な姿をして出版されたように思われて、実に有難いことである。こうしておさしづのことにふれさして頂くと、おさしづの御用をさして頂いた頃は、実に私には懐かしい、一生の思い出になって、何とも言えない心のよろこびが湧《わ》いてくる。真柱様のお宅の食堂の隣が、最初の集成部で、よく御母堂様（初代真柱夫人・中山たまへ様）のお声を耳にしながら、私一人でコツコツと御用をさして頂いていた。ねころんでいると、御母堂様が不意に障子を開けてお覗《のぞ》きになる。恐縮して行儀《ぎょうぎ》に座ると、「かまいんがな、ねぶたいなあ」とやさしくおっしゃって、障子を閉めて、バタバタと足音を立てて、向こうへお越しになる。今から考えると実に冷やりとする失礼な様《さま》である。私も年が若かったのである。が、真剣にやらして頂いたことは確かであった。

おさしづに関しては、あれもこれも懐かしいばかりである。後も続けて「おさしづの手引」を書かして頂きたいと思うている。

教祖八十年祭の年　師走二十六日

著　者

おさしづの意味するもの

　このたび、おさしづの中から、適宜お言葉を引き出さして頂いて、その解説をさして頂くことを引き受けさして頂きました。誠に有難い結構なことと、よろこばして頂いております。

　さて、このおさしづにおいてこそ、実に偉大なる、汲《く》めども尽きぬ、教祖の温かな親心が、溢《あふ》れておるのであります。

　と申しますのは、本部より公刊下されておるおさしづにおいて、明治二十年、教祖がお姿をおかくし下されました、その直前の教祖のお口から出たおさしづ以外は、全部飯降《いぶり》伊蔵《いぞう》翁なる本席様のお口から出たお言葉でありますが、本席様のお口から出たお言葉でありましても、これは決して本席様のお心から出た、本席様のお言葉ではないのであります。これ言うまでもなく、教祖のお言葉なのであります。すなわち月日親神様のお心から出たお言葉です。すなわち教祖のお心から出たお言葉なのであります。

さあ〳〵皆よう思《し》やんをして掛かれば危ない事は無い。影は見えぬけど、働きの理が見えてある。これは誰の言葉と思うやない。二十年以前にかくれた者やで。なれど、日々《にち〳〵》働いて居《い》る。案じる事要《い》らんで。勇んで掛かれば十分働く。心配掛けるのやない程に〳〵。さあ〳〵もう十分の道がある程に〳〵。

（明治四〇・五・一七・午前三時半）

とありますように、このおさしづは明治四十年のお言葉である。「これは誰の言葉と思うやない。二十年以前にかくれた者やで」とありますように、まさしく教祖のお声なのであります。本席様の口から出たお言葉であっても、本席様のお言葉ではないのであります。

　教祖御在世当時には、必ずしも教祖のお言葉を書くということには、やかましく仰せにならなかった。説き流し、聞き流してあったのやと伺っておるのであります。が、本席様がおさしづ下されます頃、すなわち明治二十年の、いわゆるおさしづという頃になってからは、書き取りということには、やかましく仰せになっておられるのであります。本席様の口からおさしづが出る、必ず側《そば》の者が書き取るということになっていたのであります。そして本席様のお口からお聞かし下されたおさしづを、後から本席様に申し上げられたのである。そこで初めて、本席様にも、そのおさしづをお聞きになって「そんなことを仰せになったのやなあ」という具合に、おさしづの様子をお分かりになったのであります。

これが本席様の状態であり、おさしづは本席様のお口から出たものでありましても、教祖のお言葉なのであります。

ここにおさしづの偉大さがあり、月日の親心は、我々人間に計り知ることのできないほどに深く広大なのであります。

このおさしづの偉大さを仰せ下されるおさしづがあります。

これだけ諭したら何ぼ書物に出そとまゝや。書物を起《おこ》そとまゝや。さあ〳〵もう一言〳〵言うて置く。あの者偉い者、偉い者が捜して来る。尋ねに来る。捜して来る者より、もう一つ偉い者でなくば、捜して来《こ》ん。元は捉《つか》まえどこ無いような者、なれど、一言説いたら、百巻の書物に出来る。日本に数無い偉い者出て来る、捜して来るとも分からん。

（明治三三・九・九・夜九時頃）

月日親神様こそ、無い人間、無い世界をおこしらえ下された実の神、元の神である。このお心でお諭し下された教祖のお諭しなるおさしづなる故に、これだけ諭したら、これを元として、なんぼの書物を出そうとままや、と仰せ下されるのである。

偉い、あかんと言っても、これ以上に偉い者は、世の中にあろうはずがない。世の中の元、人間をおこしらえ下された、その元なる親であらせられるからであります。だのに、この親心を知らない者は、このお道をお始め下された当時は、何と訳の分からん、つまらんことを言うじゃないか、と笑ってさえもいた。が、こうした深い親心から出た教祖のお諭しであるから、たとえ一言のお諭しであっても、それを悟る人の偉さによっては、百巻の書物にもなる、深いお諭しである。実におさしづの偉大さを仰せ下されてあるのであります。

いずれは、世界に数ない、あんな偉い人がというような人さえも、元をたずねて帰ってくる日もあるとさえ仰せ下されているのであります。

これが、おさしづのお言葉に現れているおさしづの偉大さであります。おさしづの偉大さは教祖の偉大さ、月日親神様の偉大さであります。

さあ、おさしづを台にして、しっかり勉強をさして頂いて、教祖にお仕込みをして頂こうではありませんか。以下解説をさして頂くそのよろこびを申し上げるとともに、おさしづがいかに偉大で、有難いものであるかを一言述べさして頂きました。

神一条

天理王命というは、五十年前《ぜん》より誠の理である。こゝに一つの処《ところ》、天理王命という原因は、元無い人間を拵《こしら》えた神一条である。元五十年前より始まった。元聞き分けて貰《もら》いたい。何処其処《どこそこ》で誰それという者でない。ほん何でもない百姓家の者、何にも知らん女一人《にん》。何でもない者や。それだめの教《おしえ》を説くという処の理を聞き分け。何処へ見に行ったでなし、何習《なろ》うたやなし、女の処入り込んで理を弘《ひろ》める処、よう聞き分けてくれ。

（明治二一・一・八）

　天理王命こそ、無い人間、無い世界をお創《はじ》め下された月日親神様でありま す。

　月日親神様がこの人間世界をお創め下されます時に、元の子数の年限が経《た》った時には、元のやしきに連れ帰り、神として拝をさせようとのお約束の上から、教祖を女雛型《ひながた》として、お貰《もら》い受けになりました。そのお約束の年限の満ちた時がすなわち、天保九年十月二十六日の朝の五ツ時（午前八時頃）であったのである。夫善兵衛《ぜんべえ》様から、教祖を神のやしろとしてお差し上げになった時であります。ここに、この道なるだめの教えが始まったのであります。

　この道は教祖のお口からお説き下さって始まったのでありますが、教祖の知恵、力によってお教え下さった道ではないのである。「元聞き分けて貰いたい。何処其処で誰それという者でない。ほん何でもない百姓家の者、何にも知らん女一人。何でもない者や。それだめの教を説くという処の理を聞き分け。何処へ見に行ったでなし、何習うたやなし、女の処入り込んで理を弘める処、よう聞き分けてくれ」と仰せ下されてありますように、教祖のお始め下されました道であるのでありますが、人間としての教祖でなく、月日のやしろとしての教祖のお教え下されましたこの道であるのであります。

この世の中は、天は月様、地は日様、月日抱き合わせの天理の御守護の懐《ふところ》住まいであります。「天という。天の理掛からん所無い」（明治二七・一・一）と仰せ下されておる、天理の御守護の世界であります。この天理をお説き下される教祖の思惑の世界に出して頂いて、この教祖の仰せのままに通らせて頂くより外《ほか》ないのであります。これ神一条の通り方であります。


さあ〳〵神一条の理は一夜の間にも入り込むなら、どうしようとまゝや。朝あちら向いて居《い》るを、こちら向けるは何でもない。前々《ぜん〱》聞かしてある。何処《どこ》へ頼むやないと言うてある。

（明治二一・七・二三）


このおさしづは、教会本部が東京で設置を許されて、そして間もなく教会本部をおぢばに移転された時のおさしづであります。

この時の事情を話さないと、このおさしづの意味もよく分からないと思いますので、ごく簡単に申しますならば、教会本部の設置の動機となったのは、教祖の一年祭すらも、警察騒ぎで勤めることができなかったので、いよいよ教会本部の設置の儀が思い立たれました。三府四十三県全部を回ってでも、どうでも設置をしなくては、という決心で、まず東京府に願い出られました。ところが明治二十一年四月十日付にてお許しを頂かれました。

その後間もなく、東京に設置された教会本部のおぢばへの移転を、やかましくおさしづにて急《せ》き込まれるのであるが、奈良県で警察騒ぎがあったために、東京府へ願い出られた教会本部であります。だから奈良県へ移転をするというようなことは、当時の状況からは思いもよらんことであります。が、おさしづ刻限で厳しくお急き込みになる。本席様のご身上にさえも障《さわ》りをつけて激しくお迫りになって、お急き込みになる。こうしたおさしづにて、教会本部とぢばの理と、一つ所の上に立たなくてはならんという意義のお仕込みの重大なおさしづであるが、これは後でお話し致しましょう。

そこでいよいよ移転の決心もできて、当時神道本局に属していたので、移転の添書を書いてもらって、その添書がおやしきに送付してこられたのです。そこでその添書が着いたその日に、奈良県庁へ移転の書類を持って行かれる時に、おさしづを願われますと、このおさしづとなってお諭し下されたのです。このおさしづのお言葉通りに、あの反対しておった奈良県庁から、即日その日に移転の聞き届けがあったのであります。

「神一条の理は一夜の間にも入り込むなら、どうしようとまゝや。朝あちら向いて居るを、こちら向けるは何でもない」と仰せ下されてありますように、いくら反対をしておる奈良県であっても、親神様の御守護の天地抱き合わせの懐住まいの中にあるのであります。この月日の世界において、月日親神様の仰せに従うより外ないのであります。月日親神様こそ、無い人間、無い世界をおこしらえ下された元の親であります。「何処へ頼むやないと言うてある」と仰せ下されてあるごとく、この親神様の思惑のままに通るより外に通る道はないのであります。これすなわち神一条であります。

ぢばがありて世界治まる

今の道は一寸《ちよつと》付けたる処《ところ》、細い〳〵道や。これは世界の道や。世界ではえらいと言う。神の道は、今までに聞いても居《い》る、聞かしてもある。未《ま》だ〳〵どんな道付けるやら、どんな守護するやら知れんで。どんな事を言い掛けるやら知れんで。どんな働きをしに掛かるやら知れんで。どんな仕事すると言うて、難しい事は言わんで。その心得で居るがよい。心によくそれを治めて日々《にちく》の処、一つの処は運ぶよう。

（明治二一・四・一六）

教会本部が東京において設置を許されたのは、四月十日付でした。ところが数日経《た》つか経たぬ間に、こうしたおさしづが出ておるのであります。東京で設置をしたのは、世界のために付けた道であって、これでえらい道が付いたと思うだろうが、神の思惑から言うならば細々の道である。従って、これで神の思惑に叶《かな》っておるというようなことを考えておるならば、とんでもないことである。神の道とは今日までにも聞いているように、ぢばを離れてはないのである。だからどんなことを言いかけるやら、どんな働きをしにかかるやら分からん。しかし、決してできん、むつかしいことを言うのではない。東京に教会本部が出来たからといって、皆の心のつながりは、一つ所であるぢばでなければならんのである、とお諭し下されて、教会本部のぢばに移ることを暗示下されているのであります。

そして間もなく、教会本部のぢばへの移転をやかましくお急《せ》き込みになっておられるのであります。本席様の身上にすらかけてお急き込みになっておられるのであります。

そこでいよいよ教会本部のぢばへの引き移りのことを願われますと、

世上の気休めの理を、所を変えて一寸《ちょっと》理を治めた。世上には心休めの理、ぢばには一寸理を治める。ぢばの理と世界の理とはころっと大きな違い。世界で所を変えて本部々々と言うて、今上《かみ》も言うて居《い》れども、あちらにも本部と言うて居れど、何にも分からん。ぢばに一つの理があればこそ、世界は治まる。ぢばがありて、世界治まる。さあ／＼心定めよ。何かの

処《ところ》一つ所で一寸出さにゃならん。さあ〳〵一寸難しいであろう。どんな道もある。心胆《しんたん》心澄ます誠の道があれば早く〳〵。

（明治二一・七・二・午前六時）

東京で教会本部の設置を見たというのは、これは人間の気休めのためである。ぢばの理と世界の理とは、ころっと大違いである。ぢばこそ、無い人間、無い世界をお創《はじ》め下された親神様のおいでになる所であり、その親神様のおやしろであらせられる教祖がおいで下されて、扉を開いてお働き下されておって下されるのであるから、この一つ理のあるぢばの上に教会本部が出来て、この理によって、教会という組織になっても、世界は治まるのである。いずれにしても教会本部をぢばに移転せにゃならん。ぢばの理の上に、教会本部の理が一つになってこそ、世界治まる理があるのである、とお諭し下されてあるのであります。

こうした上から、なおも本席様の身上をもってお急き込み下されてあるのであります。

ぢば偉い事を言う〳〵。さあ〳〵ぢばの一つ〳〵の理急ぐ〳〵。何を急ぐ。些《いささ》かなる処《ところ》、理を始めよう。何の思《し》やんも要《い》らん、思やんは要らん。前々《ぜん〳〵》の理を一つ、かんろうだい一つの理、何にも要らん。神一条の理治めば何にも要らん。

（明治二一・七・三）

教会本部をぢばに移して、いささかながらにも理を始めよう。移転を急げ急げ。移転を急ぐについては、何の思案も心配もいらん。精神を決めて、神一条にもたれ切るならば、何にも策略もいらん。人間心を捨てて神一条、かんろだい一条で通れとお仕込み下されたのであります。

ところが前にも申しましたように、東京に教会本部の設置を願い出られましたのは、一年祭の警察騒ぎの取り払いがこの動機ということになっておりますので、奈良県への移転は、当時の先生方の頭には、むつかしいことにしておられたのであります。そこで、

何にも難しい事言うのやない。めん〳〵聞いて年々の日限《にちげん》、堅《か》とう治めてくれるよう。又々《また〳〵》の道もあろう。怖《こ》わいと言えば怖わい〳〵。すっきり取り払い〳〵の道、何遍も連れて通った。人間の道なら一度で止まる

やろ。

（明治二一・七・三）

と仰せられて、この道は神一条の道である。人間の道ならば今日までに取り払われておる。人間世界をお創め下された神一条の道であるから、決して心配のないことを仰せ下されて、お急き込み下されているのであります。

こうしたところから、前に申し上げたように、教会本部の奈良県への移転となって、出願をして、その日に鮮やかなお許しを頂いておられるのであります。教会本部もぢばの上に二つ一つに治まって、教会本部の理のあることをお諭し下されてあるのであります。

ぢばから出す教会は生涯末代

前に、教会本部が東京において設置をされたが、その教会本部が東京にあっては、ぢばの理がない。教会本部がぢばの上に二つ一つの理に治まったところに、教会本部の理があるのであるというところより、教会本部のぢばに移転を誠に鮮やかに許されたのである。

さて、話は前に戻りますが、東京において、教会本部設立がお許しを得たので、まず東京に随行された先生方には、土地土地所々にて、分教会の設置をさしてもらわにゃならんとの決心ができて、我《われ》こそ道の発展のために、天下晴れてのおたすけ布教したいものと、その設置に努力して下されたのであります。

その上から、諸井国三郎《もろいくにさぶろう》先生には、東京よりの帰途（もちろんこの時には、教会本部はまだぢばに移転しておらない）、初代真柱様のお許しを得られて、早速地方庁へ出願の運びをされたのでありますが、その願書は、却下となって帰ってきたのであります。折節、諸井国三郎先生は、その時身上になられたので、手紙でその様子を申してこられて、七月十一日の夜、おさしづを願っておられるのが、下記のおさしづである。

さあ〳〵十分に運んで〳〵、これだけ十分に運んで、どういうものと思う処《ところ》、道を付くのは遅《おそ》なるで。そこで身に障《さわ》り付くのをどういうものと。そこで、暫《しばら》く、じいとして居《い》るがよい。

（明治二二・七・一一・夜）

これだけ十分に手を尽くして運んでいるのに、却下になってきたのであるから、どういう次第であろうと思うであろう。またこんなことでは道の働きも遅れるというので、身上にこうしてお障りもついておるのであるから、どうした親神様の思惑があるのであろうと、おさしづを願ったのであろうが、いずれにしてもこのまま暫《しばら》くじっとしておくのがよい、とのおさしづであったのであります。却下になったのであるが、そのまま暫くじっとして待っておくがよいとのおさしづであったのであります。このままじっとしておくのがよいというところに、深い神意があったのであります。

その後、前述しましたように、七月二十三日には、さしもの難事と思われていた教会本部の移転も、奈良県に誠に鮮やかに許しの運びとなったのであります。

そこでまた諸井国三郎先生から、前々から問題になっていた分教会の設立のことにて、八月九日朝、おさしづを願われると、

さあ〳〵よう聞き分け。前々《ぜん〳〵》より聞かしてある話通りに成るなれど、今暫くもう一寸《ちょっと》暇が要《い》る。今度は今までと違《ちご》うて、もう一寸と言えば暫く

の間やで。さあ〳〵今までにも成るなれど、成らん成ると言うて居《い》たのは、皆々神が抑えて居たのやで。さあ〳〵ぢば一つすっきり治めて、それより今度はぢばから出すのは生涯末代やで。そこで、暫くの処《ところ》じいっとして居るがよい。この事それ〳〵へも伝えて置け。

（明治二二・八・九・朝）

前々から聞かしてあるように、教会は許される。がしかし、もうほんの暫く待ってくれればよいのである。今までにも、なんで教会が却下になったのやらと思うてもいたであろうが、これは皆、神が抑えていたのである。ぢばが、すっかり教会本部の開筵式《かいえんしき》も済んで、何もかもぢばの上に一つに治まって、それからそのぢばから許された、教会本部の部下教会であって初めて、その教会こそ、生涯末代の理があるのである。であるから、開筵式も済んで、すっかりぢばに定まりがつくまで、暫くの間待っているのがよい。このことを、後々の教会の設立を思い立っている者にも伝えて承知さしてくれ、というようにお諭し下されてあるのであります。

教会本部の開筵式は、元初《もとはじ》まりの二十六日、すなわち後の秋の大祭日がその当日であったのであります。この十月二十六日という日こそは、どこどこまでも親神様の思惑の日であったのであります。秋を合図に見えかけるとのお言葉も、しばしばあるのでありますが、こうしたことをも仰せ下された一つでもありましょう。

前に「神一条」の項にも申し上げたように、どこまでもこの世の中は、天は月様、地は日様と仰せ下されましたように、月日抱き合わせの天理の御守護の懐《ふところ》住まいの中に、支配されておるのであります。

その元の神、実の神であらせられるところの天理王命こそ、ぢばに伏せ込まれておられるのであり、またその月日のやしろであらせられるところの教祖が、姿をおかくし下されてありましても、永久にぢばにお留《とど》まり下されて、お働き下されてあるのであります。この親神様および教祖がお出張り下されて、この御守護の理を頂いておるのが、国々所々において、教会として、名称の理を頂いておられる所であります。

ぢばを離れて東京において、応法《おうぼう》として許された教会本部が設立されても、その部下として、こうした生涯末代の理の頂けないのは当然のことであります。ぢばの理の上にある教会本部の部下として許された教会であってこそ、生涯末代の理のある教会であることを、よくよく悟らせてもらわにゃならんのであります。

ぢば一つ理は独り立ち出来てある

ぢば一つ理は、独り立ち出来てあるのやで。今一時の所を変えて。渡る川も渡る、連れて通る道も通る。誰々とも言わん。これ〳〵という者寄って運んでみるがよかろうと。元々の思案、神の道というものは、よう聞いて置かねばならん〳〵。（明治二一・三・九）

このおさしづは、明治二十一年旧正月二十六日、教祖の一年祭を、おやしきにてお勤め下されましたその時に、警察騒ぎがあって、せっかく遠方からはるばると帰った信者が数万というほどにも多数であったにもかかわらず、皆おやしきから追い払われて、教祖の一年祭も勤めることができなかったのであります。そこで、これでは何と言っても申し訳のないことである。教祖の年祭を勤めさして頂くためには、どうしても教会というものを置かなくてはならんということに決心がつき、その教会を設立するに対し、心得までに願われたおさしづの一節であります。

「ぢば一つ理は、独り立ち出来てあるのやで」と仰せ下されますように、このぢばの理こそは、人間世界をお創《はじ》め下されました元の親、この世の元、すなわち世の中あらゆるものの御守護の根源である。従って、このぢばの理をなす、そのもう一つの別の源はないのであります。実にぢばの理こそは、誰にも頼らない、根本のものであります。であるから、元の親が、子供に許してくれと願い出る理はないのであるが、今の場合一時のところ、場所を変えて、教会本部の設置もさせるのである。が、元々のこの世の中、人間の始まり出しの元の理をよく心に治めて、今日のところ、渡らにゃならん川も渡るようにと、教会設立に対する心構えをお諭し下されたのであります。

　ところが、このおさしづの前に、やはりこの日の同じおさしづを願っておられる一節に、どんな事も聞いて置かにゃならん。十分道と言えば、世界から付けに来る。世界からろくぢという道を付き来る。濁ったく道でどうもならん。一つ所より吹いたる枝くく、一寸《ちよつと》吹いたる芽は、今度は折れん。十分枝が吹くと。どんな事も聞いて置け。（明治二一・三・九）

とのおさしづがあるのであります。「十分道と言えば、世界から付けに来る」とありますように、いずれにしてもこの世の中の出来事は、月日抱き合わせの天理の御守護の世界の中のことでありますから、警察が来るということも、親神様の大きな思惑の中の出来事であって、警察騒ぎが起こったので教会の設立のことにもなってくるのである。このふしから教会というものが出来るというのも、ふしから出た一つの芽であって、このふしによって教会の芽が出て、次第に芽が枝となり、しかもこの芽は折れることなく次第に八方に芽が吹いて、道は段々に栄えるというような、有難いお諭しを頂いておられるのであります。

この人間世界は、どこまでも親神様のなされる御守護のまにまにご支配を受けて通らせて頂くのであって、その親神様こそ、世の元であって、これを構成しておるところの元はないのである。実に、ぢば、月日、教祖、これは一つであって、「ぢば一つ理は、独り立ち出来てある」のであります。

いかな事も何言うも彼《か》あ言うも、じっとして居《い》た分《ぶ》にゃ分からん〳〵。呼びに来る、出て来る。出て来い、行く。出て来る。これは皆神がして居る。これをよう心得にゃならん。　（明治三七・三・二九）

とおさしづにあるごとく、呼びに来るのも、出て来るのも、これ皆、親神様のなされる大きな思惑の上からのことであるのであります。

　これを、おふでさきをもって申し上げさして頂くならば、

　このとこへよびにくるのもでゝくるも
　神のをもハくあるからの事　（五　59）

と仰せ下されてあるのであります。

　これを、前述の山名《やまな》分教会の、地方庁から再度の却下のあったことに対しても「神が抑えて居たのやで」と仰せ下されてあるおさしづをも思い合わせる時、いよいよ月日親神様の御守護の世界であることを、確信せずにはおら

れないのであります。

ぢばの理の尊さ、月日親神様の御守護の偉大さ、教祖の温かな親心、今さらのごとく感じられて、この道の結構が身にしみるのであります。

結局この世の中に起こるいかなる出来事も、月日親神様の思惑のままにできることであって、たとえ外部から、いかなる事情が起こったとしても、これもまた明日の道の上のための親神様の思惑からの出来事であると思案をして、これを生かして通らしてもらわにゃならんのであります。これがお互いの通り方であります。ぢば一つ理こそ、世の中の根本、御守護の本元なのであります。

扉開いて世界をろくぢ

ぢばにこそ、天理王命がお鎮まり下されるのである。そしてこのぢばに、姿はおかくし下されているのではあるが、教祖は永久に、存命同様にお留《とど》まり下されて、扉を開いて一列人間をお見守り下されて、お働き下されておるのであります。

教祖お姿をおかくし下されます前夜、すなわち明治二十年二月十七日（陰暦正月二十五日）「教祖の身上御障《さわ》りに付、いかゞと飯降伊蔵により願」をされているのである。すると、

さあ〳〵すっきりろくぢに踏み均《な》らすで。さあ〳〵扉を開いて〳〵、一列ろくぢ。さあろくぢに踏み出す。さあ〳〵扉を開いて地を均らそうか、扉を閉まりて地を均らそうか〳〵。（明治二〇・二・一七・夜）

とのおさしづがあったのである。そこで一同から「扉を開いてろくぢに均らし下されたい」と答えられますと、飯降伊蔵様の持っておられる扇がこの時に開いて、

成る立てやい、どういう立てやい。いずれ〳〵引き寄せ、どういう事も引き寄せ、何でも彼《か》でも引き寄せる中、一列に扉を開く〳〵〳〵。ころりと変わるで。（明治二〇・二・一七・夜）

とおさしづ下されたのである。「扉を開いて世界をろくぢ」という、あの有

名なお言葉の出たのは、このおさしづからであります。

天は月様、地は日様、月日抱き合わせの天理の御守護の懐《ふところ》住まいであると仰せ下されるごとく、教祖はぢばに留まって下されてありましても、扉を開いて世界を見守りお働き下されておるというのが、現状の姿なのであります。

ところが人間というものは、この月日御守護の世界であると言いながら、また、教祖は扉を開いてお働き下されているのであるとは言いながら、これを信じず、この教祖の親心をついうかうかと忘れて、この道の御用をさして頂きながらも小さな人間心に頼って、大きな親心を見失《みうしの》うてしまって、日々は案じ心で、この道を通っているということになりがちになるのである。

そうしたことを明治二十一年の七月に、平野《ひらの》楢蔵《ならぞう》先生の身上のおさしづの上に、かくお諭し下されてあるのであります。

さあ〳〵身の障《さわ》り〳〵。第一一つ〳〵、皆《み》んな一つ聞き分け。尋ね出る理がある。今一時は世界中という。どちらやろ〳〵、一時始める〳〵、いつの事やと思うて居《い》る。あちらの国に一つ、あちらの所に一つと、どうもこれまで聞かしてある〳〵。遅れ来てある処々《ところ〳〵》、年が明けたら、ろくぢと言うてある。なれども、皆案じてどんならん。扉を開いて、世界をろくぢに踏み均《な》らすと言うてある。扉を開いて、世界をろくぢに踏み均らしに廻《まわ》りて居る。なれども皆んな、案じてどんならん。筆に記した通り、皆出て来るのやで。遅れてあるのや。皆心定めて居るなれども、心に一寸《ちょっと》掛かれば案じてどんならん。これ皆んなよう聞いて置け。扉を開いてろくぢに踏み均らす、と言うてした通りに、皆踏み均らす。速やかと踏み均らさにゃならん。ほんに成程《なるほど》と言う。そこで一寸々々身に障る。案じる事はない。悠《ゆ》うくりと心を治めてすれば、身の障りもすうきり無い。（明治二二・七）

平野先生の身上のお障りの上から、一同の者に、かくお諭し下されてあるのであります。

平野先生の身上の上から、このおさしづが出ておるのではありますが、扉を開いて世界をろくぢに踏みならす、と仰せ下されてあるのであるが、一同の者には、まだこの教祖の親心の程が悟れないことが、はっきりと仰せ下されてあります。

しかも教祖には、「扉を開いて、世界をろくぢに踏み均らしに廻りて居る」と明言して下されておるのでありますが、「なれども皆《み》んな、案じてどんならん」と仰せ下されてあるのであります。そして、「筆に記した通り、皆出て来るのやで。遅れてあるのや。皆心定めて居るなれども、心に一寸掛かれば案じてどんならん。これ皆んなよう聞いて置け。扉を開いてろくぢに踏み均らす、と言うてした通りに、皆踏み均らす。速やかと踏み均らさにゃならん」と厳しくお諭し下されてあるのであります。

　このおさしづは、明治二十一年のことであります。それからの今日までの道、いかがでありましたろう。いよいよ部下教会の出来始めたのは、明治二十二年からのことである。それから次第次第に教会の数も増してくるとともに、教祖の親心を慕《しと》うて帰ってくる子供も、次第に増してきたのではありましたが、あのおさしづ当時にすらも、遅れておる、世界をろくぢに回っておるのに、案じてどんならん、と仰せ下されておるお言葉をよく思案させて頂いて、今日の道にも、将来の道にも、このおさしづを、しっかり生かして通らせてもらわにゃならんのである。教祖がお互いの心に乗ってお働き下されるという信念を、しっかり摑《つか》ませてもらわにゃならんのであります。

月日より外に親はあろうまい

この世に親という理はめん〳〵の二人《ふたり》より外《ほか》にある理はあろうまい。その親を離れて何処《どこ》で我が身が育とうか。親という理が外にもう一人《いちにん》あろうまいがな。皆々聞いて置け。神の話は見えん先に言うのが神の話や、をやの話や。さあ〳〵この話の理を忘れんよう。（明治二一・八・九）

月日両神がおられて、無い人間、無い世界をおつくり下されたのである。月日両神こそ、この世の中の元の親、実の親神様であります。月様は水、日様は温《ぬく》み、この御守護から離れてお互いは生命がありましょうか。

これは決して我々お互い人間だけではないのである。この世の中の天理の御守護の懐《ふところ》住まいの中にあるもの、いかなる生き物も、皆この御守護の外に出ることはできないのである。草木をはじめ、いかなるものの成育成人も、皆この御守護のおかげであります。

　さて教祖こそ、月日のおやしろであらせられたのであります。月日のお心を我が心として、我々にたすかる道をお教え下されたのであります。月日様が実の親神様であるごとく、教祖こそ、我々のたすけのをやであります。この世の中に、親が二人も三人もあったら化け物や。にもかかわらず、教祖におやさまと申し上げずにはおられないところを、よく思案しなくてはならんのであります。

　教祖御在世当時のお道すがら、今のおやしきの姿から思う時、実に夢のようにしか思えないのであります。あの御苦労の道すがらの当時、今に結構になるのやでと仰せ下されて、先生方をお連れ通り下されたお言葉のごとく、ただ今はこうしたおやしきの姿となっているのであります。実にこれは、月日親神様の御守護の世界、親神様の御守護でなければ、人間力では、とうていできがたいことであります。

神の話というものは、聞かして後で皆々寄合《よりお》うて難儀するような事は教

えんで。言わんでな。五十年以来から何にも知らん者ばかし寄せて、神の話聞かして理を諭して、さあ〳〵元一つの理をよう忘れんように聞かし置く。さあ〳〵それでだん〳〵成り立ち来たる道。（明治二一・八・九）

このおさしづは、前述のおさしづの続きでありますが、教祖のお言葉というものは、その時には人間心の者にはなかなか分からないものである。心には治まりがつかんのである。教祖を「をや」と摑《つか》まして頂いて、初めてたすけて頂くこともできるのである。教祖御在世当時、たすけて頂いたか、たすけて頂けなかったかの分かれ道は、ただ教祖を、実のをやであると、真から摑めなかったか、摑めたかにあったのであります。

教祖のお話というものは、たすけてやりたい親心から出たお話である。そのお話を聞かして頂いて、たすけて頂くことのできないのは、我が心に、我が持ち前の人間心があるからである。だから教祖のたすけてやりたいとの親心からお聞かし下されるお話が、心に聞かれんのである。心に治まらんのである。だからたすからんのである。五十年以前からこの道始まったのであるが、何にも知らん、学者でもない、智者でもない者ばかりに、この道のお話を聞かして下さって、そして今日の道になったのであります。
この道は学者だから聞けないのではない。みんな教祖の可愛《かわい》い子供である。誰にでも聞けるお話である。聞かん心がたすからんのであります。

さあ救《たす》けにゃならんが神、救からにゃならんが精神。

（明治三八・七・四）

教祖はぢばなるこのおやしきに、御存命同様にお留《とど》まり下されて、御守護を下されています。といって、このおやしきのお側《そば》近くに住まわして頂いておっても、いまだに教祖のお話の聞かれない、たすからない方もおられますが、遠方はるばるたすけて頂きたいとお帰り下される方も、たくさんにおられます。これ皆親里や、ぢばや、教祖がおいで下さるなればこそであります。「親を離れて何処《どこ》で我が身が育とうか。親という理が外にもう一人《いちにん》あろうまいがな」と仰せ下されて、皆様のお帰りを、たすけたい親心でお待ち下されておるのであります。
こゝはこのよのもとのぢば

めづらしところがあらはれた　（五下り目　9）

と仰せ下されるのも、人間世界をお創《はじ》め下された、実の神、元の神なる「おやさま」がおいで下されるからであります。このおやしき以外に、どこにこうした珍しい所があるでありましょうか。「親という理が外にもう一人あろうまい」と仰せ下されるのはここであります。

天理王命とは天の月日である

この所神一条、五十年以前からの元の理を聞いて心に治めよなら、成程《なるほど》の理も治まろう。天理王命と称するは、一つの宗旨である。天理王命と元一つ称するは、天の月日である。元一つ始めるは女一人《にん》である。元よく聞いてくれ。長々元一つ分からなんだ。未《ま》だ〳〵ほんの一寸《ちょつと》の初まりである。危なき道や〳〵思えども、何にも危なき道やない。何ぼ往還道でありても、心に誠無《の》うては通れようまい。心に誠一つさいあれば、何にも危なきはない。楽しみ一つの道やある、と、諭してくれるよう。

（明治二一・七・三一）

このおさしづは、日本橋《にほんばし》大教会の初代会長である中臺勘蔵《なかだいかんぞう》先生のおさしづである。天理王命と申し上げるのは、無い人間、無い世界をお創《はじ》め下されました月日親神様のことである。教祖こそ、月日親神様のおやしろとおなり下されまして、親神様の思召《おぼしめし》をお教え下されたのであります。いつも申し上げますように、月様とは水、日様とは温《ぬく》みの御守護であります。この月日抱き合わせの天理の御守護の懐《ふところ》住まいをさして頂いておるのが、我々お互い人間世界の生活の姿である。

たん／＼となに事にてもこのよふわ
神のからだやしやんしてみよ　（三　40・135）

すなわちお互いは、温みと水気《すいき》の御守護の月日親神様の体内住まいをさして頂いておるのであります。

私の目は、私というものの本心が私の二つの目で現れてあるごとく、天にて形の上に月日と現れておられるのは、月日体内の目のようなものであるとも聞かして頂いておるのであります。すなわち温み、水気の御守護の体内であることが、月日にてお現れ下されておるのであるとも拝察されるのであります。天理王命様こそは、温み、水気の御守護の元の親神様なる月日であるのであります。

　ところがこの親神様の思惑をば、教祖が月日のやしろとおなり下されてお説き下されたのであるが、これがなかなかその当時の人々には、分からなかったのである。道は段々と教祖のお働き、御守護によって大きくはなっているのではありますが、まだまだこの教祖の思召を知らない者がたくさんにあるのであります。

　このおさしづは、中臺先生がこの道におつき下された初めの明治二十一年の七月というのでありますから、やっと東京において、教会本部の設置をされて、その本部がぢばに移転することに定まったのであるが、その教会本部の開筵式《かいえんしき》すら、いまだ勤めておられない時分のことである。形から言うならば、まだまだ細々とした教会組織となった初めであります。

　さて、形から言うならば、危なっかしい道のように見えて、皆がそう思うであろうが、このお道を通らして頂く限りにおいては、決して危ないこともなければ、心配なこともないのである。ただその通り方の心にある、とお教え下されてあるのであります。

では、いかなる通り方が、危なくもなく、結構に安心して通ることができるのであるか。これ言うまでもなく、「何ぼ往還道でありても、心に誠無《の》うては通れようまい。心に誠一つさいあれば、何にも危なきはない。楽しみ一つの道や」と仰せ下されてあるのであります。

人をたすける心が誠、誠一つは天の理、とも仰せ下されてあります。人をたすける心が天理に叶《かな》うのであります。

日々《にちく》暗がりではならん、暗がりでは通れん。夜の暗がりは通れるなれど、昼の暗がりは通れん。これをよう聞き分け。（明治三四・一〇・一三）

この世の中は、月日抱き合わせの天理の御守護の世界である。月日の御守護の世界ならば、月日のおやしろなる教祖の仰せのままに通らせて頂くより外《ほか》ないのである。夜の暗がりであるならば、提灯《ちょうちん》を持って行けば通れるかもしれんのである。がしかし、昼の暗がりは、提灯では通れんのである。この世の中は、親神様の体内住まいならば、親神様の御守護にすがるより外ないのである。親神様の仰せそのままを、我が心の灯火として通らせて頂く、これほどの安心はないのである。すなわち人をたすける真実誠、これが、いかなる危なかしく見える細々とした道であっても、やがては、楽しみの道に出して頂くことのできる、唯一の導きともなる灯火である。

中臺勘蔵先生は、東京の日本橋の魚河岸《うおがし》の魚問屋の主人であった。が、日本橋大教会の初代の会長になられた方であります。

身上かしものやかりものや

身の内かしものや、かりものや、心通り皆世界に映してある。世の処《ところ》何遍も生《うま》れ更《か》わり出更わり、心通り皆映してある。銘々あんな身ならと思うて、銘々たんのうの心を定め。どんな事も皆世上に映してある。何程

宝ありても、身の内より病めばこれ程不自由はあろうまい。自由自在《じうよじざい》心にある。この理をわきまえ。　（明治二一・一・八）

身上の御守護は神様のかしもの・かりものである。心一つが我がの理として、心使いの自由をお許し下されておるのである。が故に、人間というものは、我が身の気ままに、我が身を思うままに日々通るところから、ついうかうかと我が身、我が心にほこりを積んで通るのである。我が身に現れる限りにおいては、その原因はみな我が身我が心にあるのである。

我々お互いには、この世だけではなく、何代とも知れない過去があるのである。その前生前生に、どんないんねんを積み重ねておるやらも分からないのである。そのいんねんが、この世において、我が身の姿が鏡に映るがごとくに現れてくるのである。そのいんねんを切ることを教えて下されて、たすけて頂くことのできるようと教えて下されたのが、この道であり、このための教えであります。

世上を眺めてみれば、上も限りがなければ、下にも限りがない。その下々の世上を眺めて、自分もあんな身であったならば、と我が身に引き比べて、我が身の苦しい中からでもよろこんで通れとおっしゃるのである。そのよろこぶ心こそ、たんのうと仰せ下されるのである。これがたすけて頂く心であります。

この世の中に、どれほどの宝があっても、財産が山ほど積まれてあっても、「身の内より病めばこれ程不自由はあろうまい」と仰せ下されるごとく、病んでおる身上には、宝も財産も使い道はないのである。身上さえ達者に暮らさして頂くことができるなら、これほどの結構はないのである。その身上の結構なる御守護を貸して下されるのは、皆めいめいの我が心にある、とお聞かし下されるのであります。

人間というものは、皆神のかしもの。いかなる理も聞かすから、聞き分け。心の誠、自由《じよう》自在《じざい》と。自由自在何処《どこ》にもあらせん、誠の心にあるのや。身は神のかしもの、心は我がもの、心次第にかしものの理を聞き分け。

（明治二一・二・一五）

身上は神様のかしもの・かりもの、心一つが我がの理、心通り身上貸すとおっしゃる。ではいかなる心に、身上結構御守護を頂くことができるのであるか。「心の誠、自由自在と。自由自在何処にもあらせん、誠の心にあるのや」と仰せ下されるのである。

「誠一つが天の理。天の理なれば、直《す》ぐと受け取る直ぐと返すが一つの理」（おかきさげ）とも仰せ下されるのであります。実に誠の心こそ、親神様に受け取って頂くことのできる種であります。人をたすける心は誠真実、誠真実は種、種は小さなものである、とも仰せ下されるのである。さて、人をたすけさして頂くためには、我が身不足の心では、人をたすけることはできないのである。どこまでも我が身の不自由、我が心の不自由をさして頂いて通るところに、人をたすけさして頂くという御用もさして頂くことができるのであります。

成らん中たんのう、治められん処《ところ》から治めるは、真実誠と言う。前生いんねんのさんげとも言う。
（明治三〇・七・一四）

人というものは、我が身の言い分を通したい、我が身のためには、どこまでも我が思いを立てたいというのが、人間心の持ち前のようである。お互いが皆これであるが、この世の中は、我が身の思うようになっていくものではない。天理の世界である。天理の世界ならば、天理に叶《かな》うような心でもって通らして頂くより外《ほか》ないのである。我が心に治まらんところを治めるということは、これはなかなかできないことである。相手のために、相手を生かすために、我が心を抑えるということになる。これはなかなかできないことである。このできないところを治める心が、真実誠である。このたんのうが前生いんねんのさんげであると言って受け取って下されるのであります。また、

身上不足なりて何のたんのうは出けやせん。なれど、不足中《なか》たんのうは前生いんねんのさんげと言う。（明治三九・五・三）

とも仰せ下されてあるのであります。ならんところをたすけて頂くためには、ならんところをたんのうするので、人の通り返しのできない、前生前生のほこりの積んだいんねんのさんげとして御守護おたすけ下されるのである。

いかなる事情、身上いずれにしても、これをよろこんで、たんのうの心で通らして頂くのが、お道を通らして頂く者のたすけて頂く心であります。

たんのう

難儀さそ、不自由さそという親は無い。幾名何人ありても、救《たす》けたいとの一条である。その中隔てにゃならん、隔てられんやならん、という処《ところ》、世上見て一つの思案。この理を聞き分け。一つはたんのうと。善き種蒔《ま》けば善き芽が吹くも、世上見て一つのたんのうとの心定め。たんのうとの理を持ちて、案じる事は要《い》らん。案じては案じの理を回る。案じは要らん、と、大きな心を持ちて理を治め。善き種蒔けば善き実《み》がのる、とのさしづ、と。（明治二二・六）

世界中は可愛《かわい》い我が子、一人残らずたすけ上げずにはおかん、と仰せ下されるのが、教祖の親心である。であるが故に、この世の中の可愛い子供に、難儀さそう、不自由さそうという親はないはずである。にもかかわらず、病気で悩む人、事情で苦しむ人ができるというところをよく思案せにゃならんのである。これは言うまでもなく、皆我が身の心から、我が身の行いから、かようにも隔てにゃならん、隔てられにゃならんようになるのである。言い換えれば、皆我が身に、昨日まで、前生前生に蒔《ま》いた種が、今日の我が身の姿、我が身の境遇になって現れてくるのである。種にはよい種ばかりではない。悪い種を蒔けば、悪い理の芽生えがある。これが天理である、と仰せ下されるのである。

ここのところを、世上を見て、こうなってくる理のあるところをよく思案せにゃならんのである。とともに、世間にはまだまだ身上で苦しんでいる人もある、事情で困っている人もあるのであるから、これを我が身のありさまと見比べて、やはりたんのうをして、よろこんで通らせてもらわにゃならんのである。前（身上かしものやかりものや）にも申しましたように、今日までのいんねんを切って頂き、たすけて頂く道はたんのうである、と仰せ下されてあるのであります。

昨日までの道をたすけて頂くためには、たんのうこそが、昨日までの道すがらのさんげとして受け取って頂き、これがたすけて頂く心であります。とともに、今日から、明日への道を結構に通らせて頂くためには、「善き種蒔けば善き芽が吹く」と仰せ下されるように、種を蒔かねば、芽が生えない。花も咲かない。実《み》もならんのであります。

かくお諭し下されるところを思案する時、現在の我が身に起こる事情、身上の苦しみは、我が身自身の前生前生から昨日までに蒔いてきた種が、今日の我が身に生えてきて、我が身の苦しみとなって、見せて下されておるのである。このいんねんを納消《なっしょう》さして頂くためには、たんのうと仰せ下されておるのである。

結局は、いかなる我が身の境遇も、心勇んで通らせてもらわにゃならんと仰せ下されるのである。このたんのうの精神さえできるならば案じることはいらん。いかなる苦しみが、身上事情となって降りかかってきても、よろこび勇んで通らにゃならん。にもかかわらず心を苦しめ案じ心で通るならば、案じの種を蒔くようなもので、またまた案ぜにゃならんことが身に現れてくる、と仰せ下されるのである。どこまでも、この道を聞き分けて通らして頂くためには、たんのうの心をもって、よろこび勇んで通らせてもらわにゃならんのであります。真に我が心からよろこべないでは、よき種も蒔かしては頂けないのである。よき種が蒔けなければ、明日によき花も、美しい実も頂けないのである。大きな心をもって、通らせて頂かねばならんのであります。

たんのうについて、今一つおさしづを引用さして頂くならば、

人間はかしものや／＼と聞かしてある。世界にはいかなる事も皆映してある。それ世界に映る。世界は鏡や。皆々めん／＼心通りを身の内へ皆映る。前生の事もどうなるも、皆身の内へ映すと聞かしてある。たんのうと。いかなるもたんのうと。

（明治二一・二・四）

と仰せ下されるように、我が身の現在の苦しい身上、苦しい境遇をたすけて頂く心構えは、どこまでもたんのうである。これこそ前生のいんねんのさんげとして、おたすけ下される心構えである。そしてこのよろこびと勇みの心が、我が心の足場となって、いかなる苦しみが降りかかってきても、陽気に突進することのできる精神ともなるのである。

千人万人のよろこべん中を、よろこんで通る心がたんのうであります。この心はお道でなければ味わえないよろこびであります。この心こそ、お道の

精神であり、お道でなければたすけて頂けない、その精神であります。これ言うまでもなく、たんのうの精神であり、陽気ぐらしの元となる精神であります。

可愛い親心で育つ

さあ〳〵どんな事も持ち込むで〳〵。これまでをやが皆通り来たる道、聞いても居《い》る、見ても居る。皆談じ合《お》うて通りてくれ。大きい心を持って通れば大きい成る、小さい心を持って通れば小そうなる。親が怒って子供はどうして育つ。皆、をやの代《かわ》りをするのや。満足さして連れて通るが親の役や。皆、満足さして、元のぢばや親里やと言うて、満足して帰るのやで。どんな事も談示して満足さすよう。（明治二一・七・七）

道において、一日でも早くたすけてもろうて、一人の人も導かしてもらうという立場の者は、大きな親心をもって子供を育てさしてもらわにゃならんのである。後に続く者は、これは皆親神様の可愛《かわい》い子供、その子供を、親に代わって育てさしてもらうのや、子供の粗相のないように、世話をさしてもらわにゃならんのや、という大きな親心をもって、通らせてもらわにゃならんのである。

教祖が可愛い一条をもって、我が手に抱きかかえるようにお通り下された、その親心によって、たすけて頂き、お導き頂くことができたのである。その親心の程は皆も見ている、聞いてもいるのである。道の成人は、どこまでも温かな、大きな親心でなければならんのである。月日の親心こそが教祖の親心であり、この親心こそは、世界を抱きかかえて下される大きな親心である。この御用をさして頂くお互い、小さな人間心でこの大きな御用をさして頂くことができようか。

「大きい心を持って通れば大きい成る、小さい心を持って通れば小そうなる」と仰せ下されておるのであります。にもかかわらず、教祖の御用をさして頂くお互いが、小さな人間心で、この教祖の可愛い子供と仰せ下される人たちを、がみがみ叱《しか》って、その子供をどうして育てることができるか。子供を仕込む、育てるというのは、皆親の理で育てるのである。「皆、をやの代《かわ》りをするのや。満足さして連れて通るが親の役や」と仰せ下されるのであります。こうして何も分からん子供であっても、温かな親心で満足させ、よろこばして連れて通るので、その理が先方に流れて、「皆、満足さして、元のぢばや親里やと言うて、満足して帰るのやで」と仰せ下されるのであります。大きな温かな親の理が、子供の育つ親心であります。親の理が育つ理であります。

さあ〳〵尋ねる事情から、一つの理という事を、一つの理に話すなら、どういう世界を通るもよう聞き分けて。元というはをやという。をやという理は可愛《かわ》い理に育てば、どんな所も育つ。親と成りて育つるは可愛いという理を以《もつ》て育てるよう。これだけ一寸話《ちょっとはなし》置こう。

（明治二二・一一・二九）

このおさしづは、東京の本部出張所を分教会に引き直されるについて、本部からその治め向きに行かれる時のお言葉である。

道の御用はいずれにしても、おやしきの御用である。ぢばの御用、教祖の御用である。教祖の御用ならば、教祖の親心を我が心として、さしてもらわにゃならんのである。「元というはをやという。をやという理は可愛い理に育てば、どんな所も育つ。親と成りて育つるは可愛いという理を以て育てるよう」と仰せ下されてあるのであります。

子供を育てるのは、どこまでも親の温かな愛情である。この親心溢《あふ》れる愛情に抱かれて、子供はすくすくと成人するのである。

道の治め向き、成人は、どこまでも親の理をもって、可愛いという親心をもって、さしてもらわにゃならんのである。いかなる場合であっても、この温かな子供可愛い親心が先方に通じて、そこに成人を見せて頂くことができるのである。月日親心とは、言うまでもなく、温《ぬく》み、水気《すいき》の御守護である。これが世の中の、物を活《い》かす、物の成人をさして頂く、元の御守護であります。この御守護を離れては、そのものの生命すらもないのである。

ただ何でもない世界に日々は生活をさして頂いておるように、皆は考えておるかもしれないのであるが、月日抱き合わせのこの天理の御守護の懐《ふところ》住まいであるということを、まず忘れてはならんのである。

可愛い親心には、誰でもついてくるのである。この親心にさえ、素直に、正直についていくならば、これほどの安心の道はないのである。この道の御用は、月日親神様の、教祖の可愛い子供をたすけてやりたいとの、その御用をさして頂くのが、お互いよふぼくの御用であります。なればこそ、教祖の親心をお互いの親心として、可愛い一条にて何もかもさして頂かなくてはならんのであります。そこに育つ理があるのであります。

縁談

さあ〳〵小人《しょうにん》の処《ところ》、さあ〳〵小人々々、さあ〳〵小人々々連れて戻りた〳〵。一寸《ちょっと》生《うま》れ出し大変の処、案じる事は無い。どう成るこう成る、又々《また〳〵》の処尋ねる事情をさいてある。今の処一つ分かる。今までの処早く呼び出せ〳〵。一つの処早く名を呼び出せ。待ち兼ねて連れて戻りた。

親が子となり、子が親となり、名を呼び出せ。一時名を呼び出さねば分かろうまい。さあ〳〵生れ更《か》わりたで。名ははる。名は付けたる印の名でよい。一時呼び出さにゃ分かろうまい。（明治二一・四・一六）

このおさしづは、明治二十一年四月十六日、山澤為造《やまざわためぞう》先生の娘様であるおさよ様が、お生まれになって六十日目であるという時に、身上お障《さわ》りの上からおさしづをお願いになった、その時のおさしづであります。するとこうしたお言葉を頂かれたのである。すなわち、「さあ〳〵小人々々連れて戻りた〳〵」と仰せ下されて、いかにもおやしきにいんねんのあるお子様がお生まれになったことを仰せ下されてあるのである。

そして、生まれるなり身上病んで大変なことやと思うであろうが、身上のところはちょっとも心配することはない。身上となって、こうして尋ねて出ることを待っているのである。それでは誰が生まれてきたのであるか、生まれてきた子供の名を言わなくては分からないであろう。早く早くその名を呼び出すがよい。今日の日まで、子供の帰ってくるのを、待って待って待ち兼ねて連れて帰ったのである。それは誰であるか、その名を言わねば分からないであろう。その名ははるというのや。親が子となり、子が親となって、この世の中に生まれかわって、帰ってきたのである。はるが帰ってきたのであるが、この世の名前はもはや付けた名前があるからそれでよい。が、生まれてきた子供は、はるが帰ってきたのである。このように、はるである、はるが帰ってきたのであると、はっきりはるの名前を呼び出さなければ皆の者にも分からないであろう、というような、誠にはっきりとしたおさしづであります。

　こうした人の名前まで明瞭に仰せ下されるおさしづは、実に珍しいのである。これはまさしく、教祖の娘様であらせられた、そして櫟本《いちのもと》の梶本惣治郎《かじもとそうじろう》先生に御嫁しなされた、おはる様のことであります。

　かく申し上げる時、山澤おさよ様は、もはや生まれられた時に、「親が子となり、子が親となり」と仰せ下されてありますように、梶本家にお帰り下されることになっていたのであります。

　縁談というものは、皆神様の思惑のままに結ばれるものである。親が子となり子が親となり、皆先祖さんが、その尽くしたところへ帰ってこられるのが縁談であると、教祖が仰せ下されたと聞かして頂いているごとく、このおさしづにおいても、そのことが明瞭に分からせて頂くことができるのである。

その後、明治三十九年七月十一日に、「梶本宗太郎二十七才山澤サヨ十九才結婚願」を、おさしづにお願いになっているのである。すると、

さあ〳〵尋ねる事情〳〵、尋ねる事情は、さあ〳〵縁談々々事情、さあ〳〵もう十分〳〵待って居《い》た〳〵。早く〳〵運ぶ〳〵。さあ〳〵許し置こう〳〵〳〵。（明治三九・七・一一）

と、実に親神様の、この事のあることを待って待って待ち兼ねておられることが、ありありと伺われるのであります。

人間生まれるということも、これは言うまでもなく、月日親神様の思惑である。また、出直すということもまた親神様のなさることである。ともに、この縁談の結ばれるということも、実にこれは偶然のことでないはずである。親神様の陰より糸を引くようになされることであるに違いないのである。すなわち親が子となり子が親となって帰ってくる、その家の先祖さんが帰ってこられるのである、と仰せ下されるのが、お道の縁談に対する信仰である。

この信仰の上に立って、家庭生活をおくる時、夫婦はその家の台である。その土台に破れ目の起ころうはずもない。長い人生の道すがらにおいて、人間のお互いならば、争い事も起ころうかもしれん、喧嘩《けんか》事もあったとしても、帰れ、帰ってやろうという切り口上も出ないであろう。その家に尽くされた先祖さんが帰ってこられたというのが、お道の結婚観である。それなら、帰れ、帰ってやろうと言っても帰っていくところがないのである。

親が子となり、子が親となって帰ってくる。これがお道の縁談であります。こうしたことが以上引用さして頂いたおさしづにおいて、誠によく分からせて頂くことができるのであります。

心澄み切る教え

人の言う事を腹を立てる処《ところ》では、腹の立てるのは心の澄み切りたとは言わん。心澄み切りたらば、人が何事言うても腹が立たぬ。それが心の澄

んだんや。今までに教えたるは腹の立たぬよう、何も心に掛けぬよう、心澄み切る教《おしえ》やで。

（明治二〇・三・二二・二時）

このお言葉は、刻限話の一節でありますが、この簡単なお言葉の中に、お互いお道の者としての日々の心構えが、はっきりとお諭し下されてあります。人は皆、誰彼が自分にどう言うたから、自分が腹が立つというように、その原因を相手の人にもっていくのであるが、お道を通らして頂いておるお互いは、すなわち教祖のお諭しから言いますと、「腹の立てるのは心の澄み切りたとは言わん。心澄み切りたらば、人が何事言うても腹が立たぬ」と仰せ下されますように、我が腹の立つのは、我が心が澄んでいないからである。我が心がまだ出来ていないからであると、こう悟らせてもらわにゃならんのであります。

この腹立ちについて、伊三郎《いさぶろう》父が、教祖からこうお諭し頂かれた話があります。

「伊三郎さん、おまはんは、外では人にやさしく人つきあいのよい人であるが、我が家に帰って女房の顔をみて、がみがみ腹を立てておこるのは、あれは一番にいかんことやで」

というように教祖からお諭しを頂かれました。このお言葉が、しんから心を打ったとみえて、その場で「今後決して腹は立てません」と精神を決められました。それからというものは、家に帰って母の顔を見て、母が何を言おうが、決して腹が立たんようになった、という話であります。

この道は、教祖のおっしゃることならば、その場でハイと素直に受けさして頂いてこそ、そこに御守護があるのであります。

それからというものは、母の態度言葉には、前々から変わったこともないのでありましょうが、父の心には腹の立つようなことが映らんのであります。これは父の心が澄んだのでありましょう。澄んだ心には、悪い影も映らんのであります。私の子供心からの父の印象にも、父が腹を立ててがみがみ叱《しか》っておることは覚えんのであります。

こうしたことが、このおさしづの中に、「今までに教えたるは腹の立たぬよう、何も心に掛けぬよう、心澄み切る教《おしえ》やで」と、こうお諭し下されてあるのであります。

腹立ちということは、ちょっとした物のはずみで起こることでありますが、このちょっとしたことが原因で、とんでもない間違いが起こるのであります。あの時にちょっと腹を立てたばかりに、生命さえ損ねたというような大問題にもなるのであります。腹立ちは、よくよくつつしまなくてはならん心使いであります。

今までの修理肥で作り上げた米が、百石貰《も》ろたら、百石だけある間は喰《たべ》て居《い》らるゝ。今度無い世界を始めたる親に凭《もた》れて居れば、生涯末代のさゝづけやで。これは米に諭して一寸話《ちょっとはなし》して置く。

（明治二〇・三・二一・二時）

このお言葉は、前の刻限の続きであります。この教祖からいろいろとお教え頂くまでは、ちょうど形に譬《たと》えて言うならば、「今までの修理肥で作り上げた米が、百石貰《も》ろたら、百石だけある間は喰《たべ》て居らるゝ」と仰せ下されるように、百石は百石だけのものであります。これが人間世界の通り方である。ところが、たすけてやりたい親心でこの道をお始め下されました教祖の教えを、しっかり我が心に悟らして頂き、その教えのままに通らして頂くならば、「今度無い世界を始めたる親に凭《もた》れて居れば、生涯末代のさづけやで」と仰せ下されてあるのであります。

さづけというものは、我が身に頂戴《ちょうだい》さして頂いて、我が身にだけ取り次げない、人だすけでなければ使えないものである。しかも、人だすけに使わして頂くならば、たすける者の誠真実によっては、いかなる医者の手余り難病であっても、たすけさして頂くことのできる有難いおさづけの理である。

さて、このおさづけの理を頂くためには、人間心を捨てて、誠真実に心澄ましたその心魂に、おさづけの理をお渡し下されるのである。すなわち前に申しましたように、どこまでも心の澄んだ者が、おさづけを頂いて、それを道具として人だすけの御用もさして頂くことができるのである。

真の我がものは、尽くした理、働いた理、すなわち人をたすけさして頂いた理こそ真の我がものであって、しかもその尽くした理、働いた理は生涯末代とも仰せ下されるのであります。これを思う時、この世無い人間、無い世界をお創《はじ》め下された教祖から下されるおさづけを、我が人生の路銀《ろぎん》として使わして頂くならば、これ実に生涯末代の徳を頂くことになるのであります。

神やしきぢば

さあ〳〵分からん事は答々《こたえ〳〵》、どんな事でも返事するで。日々《にち〳〵》世界から見て、ぢばや〳〵と言うは、人間賢い処《ところ》から出来たか、口の達者な者から出来たか。神が出て来たる。皆考えて勘考《かんこう》が成るか〳〵。

（明治二三・四・一三・午前六時五〇分）

この道はどうしたところから始まっているのであるか。賢い人間がいて、この道を始めたものであるか。口の達者な者がいて、この道を始めたものであろうか。そんなことは言うまでもないことである。

すなわち無い人間、無い世界をお創《はじ》め下された月日親神のおやしろとして、旬刻限の到来とともに、教祖がその月日のおやしろとおなり下されて、可愛《かわい》い子供を一人残らずたすけ上げずにはおかんとの親心をもってお始め下されたのが、この道であって、その人間をお創め下されたその所が、実にこのぢばであり、そのぢばにこそ、月日親神様のおやしろであらせられる教祖が今もなお、御身をおかくし下されてあるが、存命同様にお留《とど》まり下されているのである。であるが故に、世界中の子供は、ぢばやぢばやと言うて帰ってくるのである。そのぢばなるが故に、世界世の中の元の神、実の神なるが故に、いかなることも分からんことを尋ね出よ、と仰せ下さるのである。これは言うまでもなくたすけ一条のその上のことであります。

さあ〳〵尋ねる〳〵処《ところ》、人数皆揃《そろ》うて居《い》るか。一つの話、話はよう聞き分け。聞いて何か順序運び掛ける。話通りの理を通らねば何もならん。このやしきは何やしきと言うか、聞いて居るか。神やしきと言う。神やしきならば神のまゝ聞くならば神が支配する。これはこうして置け、どうして置けと言うならば何にもならん。さしづ通り出来んとすれば、さしづは要《い》らん。尋ねるにも及ばん。（明治二三・四・一九・午後九時三〇分）

さて、いかなることも、たすけ一条の上からのことならば、尋ね出るがよいのだから、皆がいろいろと尋ねて万事のことも運んでいくのである。が、お諭しを頂いたならば、そのお諭し通りに守って運んでいかなくてはならんのであるが、我が身勝手の上から、人間心でその理をはずして、都合のよい我が身勝手の通り方をするようでは、せっかくたすけ一条の親心からのお諭しではあるが、何にもならんことになるのである。「このやしきは何やしきと言うか、聞いて居るか。神やしきと言う。神やしきならば神のまゝ聞くならば神が支配する」と仰せ下されてあるのであります。

　たすけ一条の親神様、教祖のおいでになる神やしきである。そして、この神様のご支配なさる、すなわち天は月様、地は日様の温かな天地の御守護の懐《ふところ》住まいというのがこの世界の姿であって、その御守護の中に生活をさして頂いておるのが、我々の生活のあり方である。であるならば、いかなる身上、いかな事情、人間に関するたすけ一条のことならば、このおやしきから聞かして頂くところの御守護によらなければならんのである。

　ところが、天理の御守護の上からの、たすけてやりたいたすけ一条の上からのおさしづであるにもかかわらず、その理をはずして、人間心でどうしておけ、こうしておけというようなことでは、御守護も頂けないのである。教祖のおさしづを頂いて、教祖の仰せを守らないようなことでは、教祖の御守護はないのである。

「おやしきの土を踏んだら、いかなる願い事も叶《かな》えてやろう」とさえも、教祖が仰せ下されたおやしきである。この有難いおやしきであるが、この結構の理を踏みつけにして、この理を人間心で我が身勝手に通っておるようなことでは御守護は頂けないのである。

おやしきの御守護の結構の理が言葉に現れておるのが、おさしづである。であるから、おさしづにこそ、月日の親心、すなわち教祖の温かな、たすけてやりたい、けがのないように連れて通ってやりたい親心が現れておるのである。おさしづの有難い結構がここにある。そのおさしづを守らない、人間心でそれを用いないというようなことでは、月日の御守護の世界にあって、月日の御守護を断っているようなものである。温かな親心の教祖の御手の中から逃れようとするようなものである。それでたすかる御守護を頂くことができようか。おさしづは月日のおやしろであらせられる教祖の御《み》教えである。

これを忘れてはならんのである。

皆様がぢばやぢばやとお帰りになるそのおやしきこそ、神やしきである。この神やしきなるが故に、教祖の御教えであるおさしづをお出し下されるのである。

親里分かり出した

さあ〳〵始め掛けるで。皆《み》んな揃《そろ》うて始め掛けるで。言わいでも分かるやろう。さあ〳〵何に急ぐ〳〵。たった一つの台を急ぐ〳〵。聞き分けるなら、さあ〳〵早く出し掛け〳〵。さあ〳〵親里が分かり出した〳〵〳〵。さあ〳〵元々一つのあと〳〵。（明治二一・九・三〇・午後六時）

このおさしづは、東京において教会本部が設立されたのであるが、その教会本部をば、早くおぢばのほうへ移転しなくてはならん、とお仕込みになっておられる刻限話の一節であります。

教会本部は世界のいわゆる教会本部であるのではない。ぢば、すなわち親里なる所、人間をお創《はじ》め下された元々一つの所、そのぢばにあってこそ、教会本部の理のあることをお仕込み下されておるのである。

であるから、教会本部がぢばにあることによって、教会本部という一本の木も次第次第に大きくなるのであり、そのことによって、このぢばこそ世界人類の親里であるということも、次第次第に分かってくるのである。教会本部がぢばに移されることによって、親里なるぢばの理を形に示すことになるのであると、実に重大なるお仕込みを下されておるのである。

決して単なる教会の移転の問題ではないのである。このぢばの理の上に立っておる教会本部なる故に、その部下教会も次第に大きく盛んになって、道は次第に大きくなることもできるのである。

世上の理は今までにも何処《どこ》にもある。急がいでも／＼よい／＼。神一条の道はどうでも付けにゃならん、付けさゝにゃならん／＼。さあ／＼皆《み》んな揃《そろ》うて、日々《にち／＼》に心が勇めば、神も勇む。さあ／＼皆んな揃うて運ぶ

（明治二一・九・三〇・午後六時）

事情。

このおさしづも、前の刻限の後のほうにお示し下されてあるお言葉であって、世界の教会というようなものであるならば、そうやかましく言って急ぐ必要もない。が、この道は、人間世界をお創め下された元の親神様の御守護によって立つ教えである以上は、その御守護の本源であるぢばの上に立って初めて、その御守護も頂く神一条の道である。それを思う時、皆が揃《そろ》うて、しかも勇んで、一日も早く神一条の道を歩まにゃならんのである。この心で皆が心揃うて勇むならば神も勇む、さあみんなも心一つに揃うて、勇んで教会本部のぢばに移ることに運びをつけにゃならん、とお仕込み下されてあるのであります。

神一条の始め出し、何も難しい事は言わん。難しい道はをやが皆通りたで。をやの理思えば、通るに陽気遊びの理を思え。心に掛かる事があれば、陽気とは言えん。皆《み》んなろくぢに均《なら》して了《しま》うで。あちらが分からん、こちらが分からん。元の所より分からんから、分からせんのやで。この

理を聞き分け。（明治二二・一〇・一二）

どうせい、こうせいと、いろいろむつかしいことをおさしづで言うようにあるが、決してむつかしいことはないのである。この世の中は月日親神様の神一条の世界である。おさしづによって、どうせい、こうせいと仰せ下されるそのままを実行するならば、ちょっともむつかしいことがないのである。本当にむつかしいと言うならば、教祖のお通り下された道こそ、御苦労の道であったのである。がしかし教祖は、御苦労を御苦労としてお通り下されたでありましたろうか。苦労でも何でもないのやでと仰せ下されて、その道を勇んでお通り下されたのである。教祖のお道すがらこそ、形は御苦労であっても、そのお心は陽気でお通り下されたのである。そして、これがひながたの道であると、お残し下されたのである。

月日抱き合わせの世界において神一条の道を通らせて頂いて、実にこの道こそ安心の道、よろこびの道、陽気でなければならんのである。が、めいめいこの道を通らせて頂きながら、我が心、人の心を見ては日々通るところに、人間心に曇って、親神のお心も見定められずに、案じ心で通るところに、御守護も頂けないのである。

月日の世界、いずれは月日の御守護に抱かれ、たすけて頂く日のあることは言うまでもないことであるが、あちらの者が分からん、こちらの人が分からんというのも、元なるぢばの理、教祖の理、月日の理の分からんところに、たすからん者もまだあるのである。

教会本部が、ぢばの上に立つ、これはぢばの理、教祖の理、月日御守護の理の形に現れたものであることを悟らせてもらわにゃならんのである。神一条の始め出しとも悟らせてもらわにゃならんのである。

教会本部がぢばにあってこそ、教会本部の理があるのである。

心の誠が強いのやで

強い者は弱い、弱い者は強いで。強い者弱いと言うのは、可怪《おか》しいようなものや。それ心の誠を強いのやで。心定め。先も長くの道と思えば、

とんと心を定めて、腹を立てゝはどんならん。（明治二〇・一二・四）

人間心は強いのである。これは形の上で、いくら強いように見えていても、いつかは必ず折れるのである。負けるのである。が、この世の中は天理の世界である。天理の世界ならば、天理のまにまに通らせて頂くより外《ほか》ない。この通り方を教えて下されたのが教祖の道である。

教祖こそ、いかなる場合も、相手の人をたすけてやりたいとの親心でお通り下された。「反対する者も可愛《かわい》我が子、念ずる者は尚《なお》の事」（明治二九・四・二一）というような大きな親心で、可愛い子供を抱きかかえるようにお通り下された。この親心の分からない者は、たすけて頂くこともできなかったのである。

人をたすける心は誠真実、誠真実は種、種は小さなもの、とおっしゃるのである。形にも見えないような小さな種、弱々しいものである。地の下に踏みつけられてしまうようなものである。が、種である以上は、誠真実である以上は、必ずや生えるのである。生えた以上は、これまた、天を摩《ま》すような大木にもなるのである。

教祖御在世当時のおやしきの姿、教祖を見ては親神様と見る者は指折り数えるほどしかないありさまであり、それのみか、教祖のなさることを見ては、笑いそしったものであった。が、今日のおやしきの姿、道の姿は、教祖の可愛い子供をたすけてやりたいとの誠真実の種が、こうした姿になってきておるのである。まだまだこれからである。大きく道の育っていくのは、伸びていくのは、これからである。教祖のたすけてやりたいとの親心が皆様の誠の精神に乗って働いて下されるのは、まだまだこれからである。

「それ心の誠を強いのやで。心定め。先も長くの道と思えば、とんと心を定めて、腹を立てゝはどんならん」と仰せ下されるように、これは小松駒吉《こまつこまきち》先生に下されたおさしづである。このおさしづが先生の心の定規となっていたのでありましょう。先生は優しい、和やかな心の方であった。が、この先生の誠真実の種が、御津《みつ》大教会の姿にもなっているのでありましょう。

日々《にちく》という常という、日々常に誠一つという。誠の心と言えば、一寸《ちょつと》には弱いように皆思うなれど、誠より堅き長きものは無い。誠一つが天の

理。天の理なれば、直《す》ぐと受け取る直ぐと返すが一つの理。よく聞き分け。又《また》一つ、一名一人《にん》の心に誠一つの理があれば、内々十分睦《むつ》まじいという一つの理が治まるという。それ世界成程《なるほど》という、成程の者成程の人というは、常に誠一つの理で自由《じゅうよう》という。よく聞き取れ。

このお言葉は言うまでもなく、皆様百も承知のおさづけのおかき、さげである。お互いの心の定規として、常にこの心で通らせてもらわにゃならん心の尺度である。

教祖は、遠方からはるばる帰ってこられた方々には、必ず「ようまあ遠方のところ、はるばる帰っておいでたなあ。国々所々で成程の人、感心な人、手本雛型《ひながた》になってもらうのやで」と仰せ下されるのである。これが誠の人である。この誠の人は、ちょっと見たところ、実に弱いようにも見えるでありましょう。人からは笑われそしられる、あんな人というようにも見えるでありましょう。が、道は天然自然とおっしゃる。その誠の種は、必ずや生えるのである。生えた以上は、必ず天理に叶《かの》うた種である。小さくとも、いずれは天を摩すような大木になって、残るのである。

元は小さな種である。種に大きなものはない。種は小さなものである。人の目にもつかんようなものである。が、人をたすける心が誠真実であって、誠真実が種と仰せ下される以上は、この誠真実の種さえ蒔《ま》けば必ずや生えるのである。

この道、元は、教祖の誠真実の一つの種から生えてきたのである。これが皆様お互いのひながたである。「日々常に誠一つという。誠の心と言えば、一寸には弱いように皆思うなれど、誠より堅き長きものは無い。誠一つが天の理。天の理なれば、直ぐと受け取る直ぐと返すが一つの理。よく聞き分け」とおっしゃるのである。これがおかきさげの、お互いに下される心の置きどころとして通らして頂くお言葉である。心の誠にこそ、教祖のお心も乗ってお働き下されて、この心にこそ、数倍の力もお貸し下されるのであります。これがおたすけ人の何よりもの強みである。

どんな事も皆神がしたのやで

長い間の年限待ち兼ねたであろう。退屈であったたであろう。あちらでもこちらでも、こんな神の道、苦労でならなんだであろう。ちゃんと話が出て来るで。どういう道も通して来たで。皆神がしたのやで。長い道退屈であろう。あちらへ知らせ、こちらへ知らせ、こんな事とは聞いて居《い》たなれど、こんな事とは官《かん》にも知らなんだ。この道よう忘れんと随《つ》いて来た。皆一同へ礼を言わす日も直《じ》きに来る。

（明治二〇・八・二五・夜一一時）

このおさしづは、明治二十年八月二十五日夜十一時の刻限話のお言葉である。

教祖御在世当時の御苦労の道すがらを仰せ下されたお言葉である。その当時というものは、神の道とは言いながら、実に御苦労の道すがらであったのである。実に長い間、いつになったらこの神の道も結構な道に出ることができるのであろうかと、皆も待ち兼ねたことでもあったろう。がしかし、その苦労の道も、決して無駄になるのではない。必ずや、あんな苦労の中も通らして頂くことができたと、ちゃんと後々の語り草にもなって出てくるのである。これ皆後々のこふき話となって残るのである。いわば神が皆こうした道すがらを通らしたのである。神の思惑であったのである。

神の思惑でこうした道すがらを通したことでもあったのであるが、みんなとしては、長い長い退屈なことであったであろう。それは皆、親神には分かっている。いずれは結構な道になることは誰彼にも話し伝えていたから、この道の結構になることは分かっていたであろう。が、よもやお上（官）には、こうした道になるとは知らなかったであろう。であるなればこそ、教祖をあした御苦労にお連れ申したのでもあろう。

まあとにかく、この苦労の中、この教祖の道を忘れず、離れずついてきてくれた、御苦労の道をようまあ通ってくれた、皆が通ってくれたればこそ、今日のたすかった日もあるのやと言って、人々が礼を言ってよろこんでくれる日も、もう今に来るのである、と、教祖の御苦労の道すがらを、教祖の教えを一つの頼りとして、道一条にお通り下された古き先生方のお心をおねぎらい下されている、誠に親心溢《あふ》れたるお言葉であります。

どんな事も皆神がして居《い》たのやで。どういう事も、こういう事も、学者でも分からんで。一寸《ちょつと》に分からん。どうしたらよい、こうしたらよいと、人間の心で出来る事は一つもあらせんで。人間の心で出けた事は一つも無いで。皆知らん事言う。皆聞いてどんな風が吹くも分からんから、道が分からん道を通して来たで。これからは、ちゃんと箒目《ほうけめ》が付けてやってあるような道を通す。今までゝ聞いたる事もあったであろう。又《また》外れたる事もある。もう皆ちゃんと掃除目《そうじめ》付けてあるで。今や早いで。ちゃんと荒切りして了《し》もた。成る成らんもない。天よりちゃんと、西も東も皆抑えて了もたで。話の道は付けるで。（明治二〇・八・二五・夜一一時）

このお言葉も、前の刻限話の続きのお言葉である。

いずれにしても、この世の中のことは、皆神の思惑のまにまに、天理の世界ならば天理のまにまに、物事というものは出来てくるのである。皆親神が支配のままになさることである。だからこのことは、人間の知恵、力のなす業ではないから、人間の心でできることは一つもない。これまでというものは、人間心で分からん、知らんこと、見えんことを言ってきて、今日のこの道になってきたのであるから、今日までの道というものは、どんな暴風が吹くやら分からん、実に先の分からんような、暗闇のような道を通してきた。が、今日となっては、道もはっきり分かりてきて、言わばきれいに邪魔ものもない、箒《ほうき》で掃き清められたような道に出してある。今日までに道はどういうように進んでいくのであるか、その段取りもあらかた出来てしもたのであるから、道の付く付かんもないのである。天からちゃんと邪魔になるものは、抑えてあるのであるから、教祖の話通りの道が付くのである、と、いかにも楽しい道を教え下されて、勇まして下されておる、誠に親心溢れた有難いお言葉であります。

　これを思う時、たすけ一条のこの道通らせて頂く限りにおいては、何の心配もなく、お言葉のままにままに、親神様の思惑のまま、お互いは進まして頂くより外《ほか》ないのであります。

この天理の世界にある限りにおいては、何事であろうとも、これ皆親神様のなさる御守護の中に抱かれるごとく、親の懐《ふところ》に住まわして頂いておるのが、お互いの現状である。ましてや親神様の御用をさして頂くという道のよふぼくにおいては、親神様の御守護のなきはずはないのである。これを思い、これを信じて道の御用をさして頂かねばならんのであります。

病でない、心が身上に現れる

一つ心、我《われ》と我がでに我が身を責めるで。あちらでほゝ、こちらでおほゝと言うて居《い》たらよい。又《また》何でこうせにゃならん思い、心あちらでほゝ、こちらでほゝと言うて居たらよいのやで。一つの心が身に付き、何処《どこ》も悪いのやないで。病でもない。心澄み切れば、そのまゝ何にも難しい事は無い。あちらでほゝ、こちらでほゝ、と言うて居たらよいのやで。家《うち》へ帰りて、篤《とく》と言うて聞かせ。

（明治二〇・三）

このおさしづは、梶本松治郎《かじもとまつじろう》先生の父上である惣治郎先生の身上の上から、お願いになったおさしづである。

身上病んでおるのは、我が心をあれやこれやと病んでおるので、我が身上も病むのである。言わば我が身上を我が身で責めているのである。身上は神様のかしもの・かりもの、心一つが我がの理、心通り身上貸す、とも仰せ下されましたように、心さえ朗らかに通らせて頂くならば、身上も速やかに御守護を頂くのである。身上はどこも悪いのではない。病ではないのである。心さえ澄み切ることができたならば、身上もそのままに御守護下さるのである。何にも心に、あれやこれやと苦に思わずに、朗らかに日々は通るがよい、と、心にいかにも、陽気に勇んで通るようと、お諭し下されてあるのである。

道はどこまでも、陽気に、勇んで通らせてもらわにゃならんのである。お互いは人間のことであるから、心に苦のない者はないはずである。が、その心に悩みや、苦のあるところを、勇んで通るのがお道の通り方である。よろこべんところをよろこんで通るのがお道の通り方である。ならん身上もたすけて頂くことができるのであるとお諭し下されてあるのである。有難いお諭しではないか。

三才児《みつご》、生《うま》れ三才の心に成って、明日《あす》は楽しみ。一つ定め何にも無い、三才児穏やかに暮らす。何よりそこで結構々々。こうして行かねばならん。まあ〳〵三才児三才心に成りて、三才の心に成って何も要《い》らん、機嫌好《よ》う遊んで結構々々。心《こころ》心配無いよう改め替え。（明治二〇・三）

このおさしづもやはり、前のおさしづと同じく梶本惣治郎先生のご身上の上から、前のおさしづの前に下されたお諭しである。

三ツ子のような、人間心のない素直な心になって通るよう、明日のことについても、何の心配心も使わずに、ああ結構やなあと、明日を楽しんで、こう我が心を定めて通るならば、身上は何にもないのである。三ツ子の心こそ、何の障《さわ》りもなく、心鮮やかなものである。こうして暮らすのが、何よりの結構なことである。心に結構とよろこぶ心が、我が身上も結構と通らせて頂くことになるのである。この心で日々は通らせて頂くよう、三ツ子の心こそ、「生まれ児《こ》の心には何も欲しい物は無い。……持たせば持ち、持たさにゃ持たん」（明治四〇・一・二〇）と仰せ下されるように、これが三ツ子の心である。

こうした心になって、日々は機嫌よう、陽気遊びのような心になって通るよう、心はどこまでも病まず、苦を苦にせず勇んで通るように、心の持ちようを改めるようと、くれぐれも心の悩みを捨てて通るようと、これまた温かな親心で、お諭し下されてあるのであります。

身上はどこまでも神様のかしもの・かりものでありまして、心の勇みが、身上の御守護を頂く台である。心を倒せば身上も倒れるというのは、ここであります。

さあ〳〵何かの処《ところ》、さあ〳〵よう聞き分けて。何かの処、たすけ一条、勇める処話を伝え。心発散すれば身の内速やか成るで。病というはすっきり無いで。めん〳〵の心が現《あら》われるのやで。さあ〳〵授ける処、しいかり受け取れ。

あしきはらひたすけたまへ天理王命、三遍づつ三遍。（明治二〇・九・五）

このおさしづは、山田《やまだ》伊《い》八郎《はちろう》先生（敷島《しきしま》大教会二代会長）のおさづけを頂かれた時のおさしづである。

　おたすけというものは、心の病、身の病、とも仰せ下されるように、身上をたすけさして頂くためには、まず心をたすけさしてもらわにゃならんのである。身上をたすけて頂くためには、神様に受け取って頂くような心にならしてもらわにゃならんのである。神様に受け取って頂く心とは、言うまでもなく、勇みの心、陽気な心、これが何よりも肝心なことである。ここのところを、「たすけ一条、勇める処話を伝え。心発散すれば身の内速やか成るで。病というはすっきり無いで。めん〳〵の心が現われるのやで」と、よく分かりやすくお諭し下されてあるのであります。これこそおたすけ人の心構えであります。

苗代は元のぢば

さあ〳〵聞いてるか、聞き分けるか。世界は広い。広い世界の元なれば、

広いだけの事を為《な》さねばならん。さあ〳〵種苗《たねなえ》、苗代《なわしろ》は、元のぢば。修理肥は誰がする〳〵〳〵。遠い所より種を蒔《ま》きに来る。種を蒔いたら肥《こ》えをせねばなろまい。これをよう聞き分け。

（明治二〇・三・一一・午後七時）

このおさしづは、明治二十年の刻限話である。これはお道のたすけて頂く根本の精神を、こうした誠に簡単なお言葉で、しかも誠に分かりやすく、子供にでも得心のできるようにお諭し下されたお言葉である。

ぢばは世界の元である。御守護の根源である。すなわち無い人間世界をおつくり下された月日親神様のおいで下されておる所である。その親神様の御守護のまにまに日々はお互い暮らさして頂いておるのである。その広い世界の元であるぢばこそ、世界の子供一人残らずたすけ上げたいとの親心の、教祖のおいでになる所である。

さて、この世の中は天理の御守護の世界である。天理の世界ならば、蒔《ま》かん種は生えんのである。この種と苗代《なわしろ》に譬《たと》えて、たすかる理、たすかる道をお諭し下されてあるのである。

「さあ〳〵種苗、苗代は、元のぢばと、誠に明確にお教え下されてあるのである。「ぢばの土を踏んだら、いかなる願い事も叶《かな》えてやろ」。これは教祖のお聞かせ下されたお言葉で、ぢばの有難い結構なる親心をお聞かせ下されたのである。このぢば、この親心にすがる心が、たすけて頂く心である。このぢばにこそ、月日のおやしろであらせられる教祖が、今も存命でおいで下されるのであって、一人残らずたすけ上げずにはおかんと、お待ち下されておるのである。

子供が親を思うて、何でもと思うて運ぶ心は誠真実、誠真実は種、種は小さなもの、とも仰せ下されるのである。このぢばに通う心、ぢばに運ぶ心、ぢばにつなぐ真実こそが、たすけてあげたいとの親心につながる心であって、これがたすけて頂くことのできる種である。種は小さなものと仰せ下されるが、形の大小ではない、精いっぱいの真実が種である。この真実がたすけて頂く種と仰せ下されるのである。この種を蒔かして頂く苗代こそ、元のぢばであると仰せ下されるのである。すなわち天理の世界における、たすけて頂く根源がぢばであると、誠に分かりやすく仰せ下されておるお言葉である。

さあ〳〵運ぶ処《ところ》、ぢば一つ運ぶ処、一つの理、一つのこうのう、いかなるもぢば一つ、一条《ひとすじ》の道。
（明治二一・三・一二）

このおさしづは、明治二十一年の教祖の一年祭が執行されようとした時、図らずも警察騒ぎがあって、せっかくの一年祭も執り行うことができなかったのである。その結果、どうでも教会本部を設置してもらわにゃならんということに、初代真柱様はじめ、先生方の議決がなり、いよいよ東京に出願ということになったのである。そしてその時に、初代真柱様のご上京になるその先発として、諸井国三郎先生、清水与之助《しみずよのすけ》先生がお越しになることをおさしづにてお伺いになりました。その同日に諸井先生ご自身が身上であったので、そのことをお伺いになった時のおさしづの一端である。

これを思わして頂く時、東京に出願のためお越し下されるのであるが、真に運ぶ所は「ぢば一つ運ぶ処、一つの理、一つのこうのう、いかなるもぢば一つ、一条の道」と仰せ下されて、今はやむを得ず東京府へ出願するのであるが、その運ぶ所の精神の取り違いのないように、懇々《こんこん》とお諭し下されておるものであると、察し申されるのである。すなわち、ぢばこそは、この世の中の御守護の本源である。あらゆるものの元である、親であることを、はっきりとお教え下されたのである。

この世の中は、月日親神様の御守護の懐《ふところ》住まいである。この御守護の世界に出して頂いておる限りにおいては、月日親神の神一条である。人間の道には千筋ある。が、神の道はただ一つである。真にたすけて頂きたいと運ぶ所は、ぢば一つ、一条《ひとすじ》の道である。いろいろと、あれやこれやと人間心を使って、あちらの道、こちらの道と遠回りをするのであるが、どうでもたすけて頂きたいと、親を慕《した》うて運ぶ真実の種を蒔かして頂く所は、元のぢば、おやしきであることを、前おさしづの、種、苗代に譬えてお諭し下されるとともに、運ぶ所は、かく「ぢば一つ、一条の道」と、簡単明瞭にお教え下されてあるのであります。

神一条の始め出し

神一条の始め出し、何も難しい事は言わん。難しい道はをやが皆通りたで。をやの理思えば、通るに陽気遊びの理を思え。心に掛かる事があれば、陽気とは言えん。皆《み》んなろくぢに均《なら》して了《しま》うで。あちらが分からん、こちらが分からん。元の所より分からんから、分からせんのやで。この理を聞き分け。

（明治二二・一〇・一二）

このおさしづは、東京において、教会本部の設置ができて、その教会本部がおやしきに移転されることに、おさしづの上から定まって、その後、東京において、その場所をば、教会本部の出張所にする、あるいは分教会にするとかの事情が起こったので、その治め向きに、本部から先生方が行かれるという上からの、おさしづの一節である。

おやしきなるぢばに教会本部が移転されて、いよいよぢば一条、神一条の始め出しである。この際、何も分からん、むつかしいことを言うのでない。

いかにもむつかしい、通りにくいようなことを、みんなに強《し》いるようにもあるが、決してむつかしい、通りにくいことを言うのでない。本当に通りにくい、むつかしい道と言えば、教祖がもはや通って下されたのである。教祖のお通り下された親心を思うならば、今日の道において、いかなるよろこべん道であるとしても、心勇んで陽気に通らしてもらわにゃならんのである。

この道通らせて頂きながら、人間心で、あれやこれやと我が心を痛めて通るようなことでは、この道通らせて頂いておるとは言えんのである。教祖には、いかなる道すがらも、我が心陽気に勇んでお通り下されたのである。そして、これがひながたやとお残し下されたのである。しかも教祖の思惑は、世界をろくぢに踏みならすとの大きな思惑である。付けかけた道なら、必ず付けずにはおかん、一人残らずたすけ上げずにはおかん、と仰せ下されるごとく、これが教祖の親心である。

にもかかわらず、教祖のこの親心の分からない者が、あちらにもある、こちらにもあるというのは、元の理が分からんからである。教祖こそ、無い人間世界をおこしらえ下された月日親神のお心を我が心としてお通り下された、元のおやさまである。この教祖のおいで下される、おやしきなるぢば、しかも月日親神様のお鎮まり下される元のぢばに、教会本部が二つ一つの理として移転されたのである。これこそぢばの理のある教会本部である。教会という形によっての神一条の始め出しである。

この神一条の始め出しであるこの際、あれやこれやと東京において、我が心に不満があり、我が心に不安あるというようなことでは、陽気な道すがらを通らせて頂くために、この道通らせて頂きながら、実に通りがいもないことである。この道通る限りにおいては、すっかり神一条にもたれ切って、我が心の不満も、案じ心もなく通らせてもらわにゃならんのである。誰が分からん、彼が分からん、いろいろ分からんことを言うが、ぢばなる元の理、そこには月日親神様がお鎮まり下さり、月日のやしろの教祖が存命でお働き下されることを、しっかり我が心に治めるなら、教会本部のぢばにおいての始め出し、これ実にもっともなことであり、これこそ親神の思惑であるのであります。

天然自然の道聞き分け

天然自然の道、皆聞き分けにゃならん。いずれへ尽《つく》すれど、一つの道に集める。人間心の理は世界の一つの理である。危うき道を見にゃならん、通らにゃならん、聞かさにゃならん。元々一つの理に帰る。早く一つの理を聞き分け、見分け。天然自然一つの理を見れば、行末《ゆくすえ》一つの道を見る。どうやこうやと言わん。尋ねるから一つの理を聞かそう。育てるで育つ、育てにゃ育たん。肥《こ》えを置けば肥えが効く。古き新しきは言わん。真実あれば一つの理がある。皆よう聞き分けてくれるよう。

（明治二一・九・二四）

このおさしづは、東京において教会本部が設置されていたのであるが、その教会本部がぢばに移されて、東京出張所が設けられることになった。ところが、前々から（教会本部当時の頃から）の信者で出張所の信者になっていた者があったので、そうした信者を、東京に布教しておられる上原《うえはら》佐助《さすけ》先生の信者に加入してもらって、出張所の講社というものを設けないことにしてもらいたいとの願い出が、上原先生から願ってこられた上からのおさしづである。

　この道は天然自然の道である。成ってくる理が天理と仰せ下されるごとく、これをしっかりと心に聞き分けにゃならんのである。であるから、いずれに尽くしても、その尽くした種を受け取って下される親神様は一つである。すなわち天理の道は一つである。ところが、あれがよい、こうしたならば我が身には都合がよいというような、我が身勝手な通り方をしているようなことでは、これは道でない世界の通り方であって、それでは、思わぬ危うき道も見にゃならん、通らにゃならんことになるのである。

　どこで尽くしても、かしこで働いても、その尽くした理は、皆元々一つ理なる、ぢばの親神様に受け取って頂くことになるのであるから、そんなどうしたらこうしたらという人間心を使わずに、成ってくる天理を楽しんで、尽くす真心一筋に通るがよい。その天理一条に通るならば、必ず行く先には、結構な有難い道にも出して頂くことができるのである。これが天理である。

どうせい、こうせいというような形のことを言うのやない。この精神でしっかり育ててやらにゃならんのである。育てるならば育つ。肥を置けば、肥が効いて成人もする。ぢばの理は親心である。物事というものは、温かな親心で育つのである。

誰の信者でもない。彼の信者でもない。皆教祖の可愛《かわい》い子供である。この可愛い子供を預からして頂いておるのである。この子供を過ちのないように、けがのないように育ててやることが肝心なことである。こうして真実をもって尽くしてやるならば、そこには必ず成ってくる理がある。尽くしてやる、育ててやるというその真実が大切な種になる。この種さえ蒔《ま》いておくならば、この世の中は親神様の御守護の天理の懐《ふところ》住まいである。必ず生えてくるのである。この道は天然自然の天理の御守護を頂く道である。尽くし損、働き損はないのである。これをよく聞き分けにゃならん。聞き分けささにゃならんのである。

名称頂く元一日の日の心

さあ〳〵尋ねる一条、一つのさしづ、さあ〳〵所々に名を下ろす〳〵。年限経《た》ちた一つの所、案じは要《い》らんで。皆揃《そろ》うて心を治め。所に理を無けらならん。皆《み》んな心を揃うてすれば、どんな事も出けるで。急《せ》く事は要らんで〳〵。心を揃うて、あちらこちら〳〵、皆揃うて、心の理をろっくに治まれば、理を治めるで。皆心を揃うて、談示は第一。ろっくに心を治まれば、綺麗《きれい》に治まる。一日の日、話一日の日。

（明治二一・二二・二二）

このおさしづは、郡山《こおりやま》大教会なる郡山天竜講分教会の設立を願っておられる時のお許しのおさしづである。今日ならば、教会設立のお許しの件については、さして心配もなく、これが当然のこととして問題もないのである。この当時としては、教会の設立はなかなか問題であったのである。教会本部の設立が、これなかなかの問題であったので、初代真柱様はじめ当時の先生方のご苦痛の種であったのである。それが誠に思いに反して、すらすらと都合よく設置されたのである。その後間もなく部下教会の設立の願い出となってきたのである。

さて、教会設立のお許しをするについては、まず第一にお道の上に年限も経《た》ってある、郡山という一つの理のある所でもあるから、人間心を使って心配する必要もない、決して案じることもいらん、と仰せ下されてあるのでありますす。そして、所には一つの名称の理も無けにゃならん、と仰せ下されてあるのである。が、ただ名称を頂きたいと願うだけではならんのであって、まず最も肝心なことは、みんなが心を揃《そろ》えるということが大切なことであって、この一つ心に皆が結び合うならば、いかに土地柄として、むつかしい所であったとしても、決して心配はない。みんなの心が、たすけて頂いたよろこびに一つ心になるならば、どんなむつかしい中も神の御守護で設立もさして頂くことができる。

「急く事は要らんで〳〵」と仰せ下されてご注意を下されてありますが、これは当時の先輩の先生方としては、教会本部も設立ができたのであるから、我《われ》こそ一日も早く教会設立をさして頂いて、天下晴れてのおたすけもさしてもらいたい、またおつとめもさして頂かにゃならんという、先生方の心を戒めておられるものであると伺われます。急ぐよりか心を揃えることが何より肝心なことであることを、繰り返し繰り返し仰せ下されてあります。そして心を揃えるためには互いに談じ合いをすることが大切である。心をうちとけて談じ合いをすることが第一で、ここに心の理もろっくに治まる。ろっくに何の不平もなく一つ心、一つ理に治まるなら名称の理も許す、親神様も出張って下される、教祖も出張って下される。みんなが一つ心に、ろっくに心治まれば、これほどきれいなことはない。これが名称の理を頂く心構えである。

この名称のある所、集まる人は数限りもなくあったとしても、一つ心、一つ理に心も揃うて、きれいな一つ心にならして頂くこと、これが名称の理の許されてある唯一の条件でなければならんのであります。このきれいに治まった一日の日、互いに談じ合ったこの心の揃うた一日こそ、名称の許された元一日の日であります。この元一日の日の心こそ、いついつまで忘れてはならんのであります。

たすけ一条は天然自然の道

さあ〳〵事情尋ねるから知らそ。さあ〳〵たすけ一条、急がしい〳〵。中に一つ片付けば又《また》一つ、さあ〳〵たすけ一条急がしい〳〵〳〵。これも救《たす》ける元や、台や、理や。さあ〳〵たすけ一条は天然自然の道、天然自然の道には我が内我が身の事を言うのやないで。天然自然の道は、長らえて長く通る事が、天然自然と言う。天然自然の道通るには、難儀な道を通るので、先の楽しみと言う。今十分の道通るのは先の縺《もつ》れと成るのやで。さあ〳〵天然自然の理、この理を皆に聞かして楽します。さあ〳〵先々長らえて天然自然の理を待つ。

（明治二一・八・一七）

このおさしづは梅谷四郎兵衛《うめたにしろべえ》先生が、当時おぢばに勤めておられたのであるが、大阪のほうでのおたすけが忙しいので、帰ってくれるようにとの上から、「梅谷四郎兵衛大阪へ帰宅に付さしづ」願われた時のお言葉である。

なるほど、大阪のほうでは先生がおぢばにおられることでもあるから、なおさら忙しいことではあろうが、こうしておぢばで勤めておられるなればこそ、大阪におけるおたすけも上がるのであり、この勤めが元になり、台となって御守護を頂くのである、と、ぢば勤め、ぢばに尽くすことの有難い結構なことをお諭し下されてあるのであります。

そして、たすけというものは天然自然の天理の御守護である。この御守護を頂くためには、我が家のこと、我が身のことを考えておるような、そんな天理に叶《かな》わん心使いでは御守護を下さるものではない。そしてまた、天然自然という天理の御守護を頂くには、長らえて長く通ることが天然自然というのである。また天然自然という天理の道を通る者には、今日の苦労難儀の道を除《よ》けておるようなことでは、明日の結構はないのである。今日の難儀の道もよろこんで通るところに、明日の有難い御守護を頂く道にも出して頂くことができるのである。

であるから、今日我が目の前の生活を見て、立派な暮らしが十分にできるからといって、その贅沢《ぜいたく》な道すがらが我が道であるというような、浅はかな心で通っておるようなことでは、きっと先では、苦しい心で、悶々《もんもん》とした、もつれた我が境遇になるのであると、お戒め下されておるのである。今日の道の苦労は、必ず明日の楽しい道に出して下されるのである。すなわち楽は苦の種、苦は楽の種とも仰せ下されるごとく、これが天理の御守護の世界である。これをよく思案して、皆の者にも諭してやらにゃならんのである。

この道というものは、いかにも皆には、苦労の道を通すようであるが、これは決して苦労のために通すのではない。先では結構、有難いなあと、よろこぶその日のあるために、今日の道の上の苦労をよろこんで通ってもらうのである。そして肝心なことは「天然自然の道は、長らえて長く通る事が、天然自然と言う」と仰せ下されるごとく、なんぼ苦労しても、今日や明日だけというような心では、ちょうどいくら苗木に一度に肥料をたくさん置いても、一夜の間には大木にならんごとく、道は長く続いてこそ、結構御守護も見せて頂くのであることを忘れてはならんのである、とお諭し下されてあるのでありあます。

晴天の心

さあ〳〵心うっとしいてはどうもならん。うっとしい日には何をすれども速やかなる事出けん。この理を一つ聞き分け〳〵〳〵。又《また》晴天の日の心を以《もっ》て何事もすれば、晴天というものは何をすれども、速やかな事が出けるものである。世界中曇り無けねば気も晴れる。速やかなるものである。めん〳〵も心よりこうのうという理を無けねばならん。晴天の如《ごと》くの心を定め。この理もよく忘れんよう。

（明治二一・八・九）

このおさしづは、明治二十一年の頃から、本部において、今日のいわゆる別席というものが行われたのである。その時に取次人が別席をさして頂くその心構えを、このようにお諭し下されたおさしづであります。

まず第一に、別席をさして頂いて、聞く人によろこびを与え、心も陽気にすがすがしく、気持ちよく晴れやかになって頂くためには、その話を取り次がして頂く者が、我が心うっとしい心では、清らかな、澄み切って頂く話もできないものである。晴天の心がまず第一肝心なことである。

晴天というのは、日様のお勇み下される心の現れである。この心こそ、我々お道お互いの心でなければならんのである。勇む心に、親神様の御守護も下されるのであります。ならん中も、お互いの勇む心に乗って親神様はお働き下されるのである。

親里ぢばに帰らしてもらって、話の一つも聞かしてもらい、人だすけをさして頂きたいために、おさづけを頂きたいという者にとっては、この晴天の心が一番に大切な心構えである。そしてこの晴天の心こそが親神様に受け取って頂く心である。

めんめんは、この心に立てかえらせて頂くからして、この心にこうのうの理として、人だすけになくてはならん、おさづけという有難い理をお授け下されるのである。

陽気ぐらしの人間が、親神様の思惑の人間であり、それが最初、親神様としてお受け取り下される人間である以上は、おやしきに帰って、別席も運ばして頂き、うつうつとした人間心をすっかり捨てて、澄み切った晴天の心になってもらわにゃならん御用をさして頂く、その取次人が、まずこの心、すなわち晴天なる心をもって、取り次がして頂くということが、一番大切な心構えである。

日も明るく照り輝いた晴天の日の気持ち、これは何物にも代えられない有難い天の恵みである。この有難い、結構というよろこび、ぢば帰りの子供に、その子供はたとえ心の中はうっとしい悶々《もんもん》の心で閉ざされていても、温かな親心のぢばに帰った子供の心に、話を聞かして、ああ結構やったと、陽気な晴々とした心で、国々所々へ帰らせるのが、ぢば帰りの子供に仕込む別席である。その一度二度三度と度重ねて、仕込まれて、満席となってその心魂までも、誠真実と澄み切ったその心に、おさづけの御理をお渡し下されるのである。

晴天の心、この心にならして頂いた時、いかなる御用をさして頂いても、「何をすれども、速やかな事が出ける」と仰せ下されるのである。まずこの心、この理を忘れんようにと、取次人への心構えを諭して下されてあるのであります。晴天の心、これこそお道すべての者の精神であります。

子あるも無きも前生いんねん

子多くて難儀もある、子無《の》うて難儀もある。子ある中に、未《ま》だや〳〵、未だ追々《おい〳〵》という者もある。これ皆前生のいんねんである。いんねんと言うて分かるまい。皆これ世界は鏡、皆人間生《うま》れ更《か》わり、出更わりしても、心通り皆身に映してあるから、よく聞き分け。難儀の難儀、不自由の不自由もある。それ夫婦の中も、子無いというも、よう聞き分け。いんねんと。

（明治二一・二・一五）

このおさしづは、大江《おおえ》大教会の初代会長の中西金次郎《なかにしきんじろう》氏が、子供の無いところから、子供のことにつき伺っておられるおさしづである。

世の中には、子供が多くて難儀しておられる人もあれば、また子供が無いために困っておられる人もある。子供がたくさんにあって難儀しておられる上にも、まだ次々と生まれておられる人もある。実にいろいろである。これは皆、前生のいんねんである。いんねんである以上は、その与えられた境遇をよろこんで通らしてもらわにゃならんのである。

お互いには、前生はどうした通り方をしてきたかは、これは分からんのである。が、今生に現れておる我が身境遇の上からよく思案するならば、手にとるように分からして頂くことができるのである。世界は鏡と仰せ下されるように、よきにつけ、悪《あ》しきにつけ、鏡のごとく皆映るとおっしゃるのである。すなわち通ってきた前生過去に蒔《ま》いた種は、善悪ともに、めいめいの身に、境遇に現れるのである。

この世の中は天理の世界である。天理は公平である。めいめいの心通り皆現れるのである。だから暮らし向きの難儀で苦しんでおる人も、身上不自由で病んでいる人も、またまた夫婦の中何の苦しみもなく、身上達者に通らしてもらっていて、何一つ不足もない身分境遇であっても、子供の一人も頂けないというのも、これ皆いんねんであるというところをよく思案せにゃならんのである。

そしてその次、引き続いて、
小人《しょうにん》というても、一才二才三才以上と言い、皆一人々々一人のあたゑと、

だん／＼話を聞いて、都合よいあたゑ、よく聞き分け。一つの小人のあたゑという。一つの真実定め。子無《の》うて一つのたんのうありて、一つのたんのうという。一寸《ちょつと》のさしづして置こう。

（明治二一・二・一五）

生まれてくる子供も、皆めいめいの自分の持ち前のあたゑというものを持って生まれてくるのである。その子供が与えられないというのは、自分にそのあたゑがないからである。自分に都合よく子供を与わるというのも、また与わらんというのも、皆前生のいんねんであって、そこのところをよく思案をして、たんのうをして通らせてもらわにゃならんのである。子供が無いからといって、どうこう言うのやない。たんのうの理は真の誠とも仰せ下されるのであるから、子無《の》うて困るであろう、このよろこべんところを、たんのうして自分の今の境遇をよろこんで通らにゃならんのである。

これこそ親神様に受け取って頂くたんのうである。人のよろこべん中よろこんで通る心、これがたんのうである。だから、たんのうは人の通り返しのできない、いんねんのさんげとして受け取って下されるのである。子供が無いといって不足をするのやない。前生いんねんのさんげとたんのうして通らにゃならんのであります。

神一条に立つ婦人会

お道における女と男という立場は、いずれが重い、軽いという違いはないのである。世界ではその違いはあると考えるかもしれないのではあるが、お道における限りにおいては、女であるから劣っているということはないはずである。その男女の別なく、その働きと効能のあるなしによって区別されるより外《ほか》ないのである。

その働き、効能を積まして頂く上から、女たりともそれ相当の道の仕込みをしなければ、道具であっても立派な道の御用に立つ道具にはならんのである。というところから、まず本部において、婦人会というものが始められたのである。これは明治三十一年の三月二十五日のおさしづによって、本部に婦人会が出来たのである。

婦人会として始め掛け。これ人間が始め掛けたのやない。神が始めさしたのや。これは古い道にこういう理がある、こういう事があると、互い〳〵研究始めたら、いかな理ある、どんな理もある。元々一人から艱難《かんなん》苦労の道通り、又《また》中に道始まる理に繋《つな》ぎ、事情から始め通りたる者ある。たゞ年限ありて心にこう無くば古いとは言えようまい。こうのう無くば、まあそうかいなあというようなもの。……婦人会というは何のためにするのや。義理でするやない。又人間の体裁でするやない。又世上に対してするやなし。婦人会というは、道始めて互い〳〵の諭し合いの道治めてやれ。

(明治三一・三・二五)

このおさしづを拝読さして頂くならば、婦人会の成立の意義がよく分かり、女といえどもこの会によって、まず第一に、互い互いに諭し合い、研究し合って、古い道にはこうした理が伏せ込まれた、道はこうして始まったというようなことを話し合って、それを我が心に治めて通らしてもらわにゃならんのである。

この婦人会というものは、世界のいわゆる何々会というような、見栄《みえ》や、体裁のためにするのやない、どこまでも神一条の女としての恥じることのない身の治まり、心の磨き合いが肝心なことであるとお諭し下されてあるのであります。

　こうして婦人会によって、女として道の御用に立たして頂く心もできれば、決して男にも負けない、しかも女なるが故に、というような有難い道の御用もさして頂くことができるのである。そのことを次の明治三十一年三月三十日朝の刻限のおさしづに、再び婦人会に関してお諭し下されてあるのであります。

やしきという元という。世界から見て、あゝあんなんかいなあと言うてはどうであろう。そこで婦人会の事情を始めさした。埋《うず》もれて居《い》る者、これも心に運ばにゃならん。心の路銀《ろぎん》多分集めにゃならん。それ婦人会の台が出けて来た。世界から出て来る。今日《きょう》は女の人に席を受けた。ほんに分かりよい。あんな人ぢばにありたかと、一つ理を付ける。今日の

刻限、度々出る刻限やない。
（明治三一・三・三〇・朝）

かくも有難いお言葉を下されてあるのである。お道の中に婦人会という台が出来たが故に、「今日は女の人に席を受けた。ほんに分かりよい。あんな人ぢばにありたか」と仰せ下されるような女も出来てくるのである。
これ必ずしも本部だけの問題ではない。各教会においても婦人会のこの精神であるならば、あの教会にも、「あんな人がおられたか」と言われる女も出来て道の御用もさして頂くことができるのであります。

ひながたの道

難しい事は言わん。難しい事をせいとも、紋型《もんかた》無き事をせいと言わん。皆一つ〳〵のひながたの道がある。ひながたの道を通れんというような事ではどうもならん。あちらへ廻《まわ》り、日々《にち〳〵》の処《ところ》、三十日と言えば、五十日向《むこ》うの守護をして居《い》る事を知らん。これ分からんような事ではどうも

ならん。ひながたの道通れんような事ではどうもならん。長い事を通れと言えば、出けんが一つの理。世界道というは、どんな道あるやら分からん。世界の道は千筋、神の道は一条《ひとすじ》。世界の道は千筋、神の道には先の分からんような事をせいとは言わん。ひながたの道が通れんような事ではどうもならん。どんな者もこんな者も、案ぜる道が見え掛けてはどうもなろまい。

（明治二二・一一・七・午後一〇時四〇分）

このおさしづのお言葉は、教祖のひながたの道について、お諭し下される有名なるお言葉である。

教祖は親神様の思召《おぼしめし》をお伝え下されるとともに、いかにしたならば、いんねんの深い可愛《かわい》い子供もたすかることができるかと、我が身自らたすかる道をお通り下されて、お残し下されたのである。これすなわち教祖の五十年のひながたの道であります。であるから、教祖は口先だけで、どうせいこうせいと仰せ下されてあるのでない。こうしたならばたすかるのであると、はっきりと我が身お通り下されて目の前に見せて下さっておるのであるから、何の案じ心もなく、人間心を捨てて、そのまま通らして頂いたらよいのである。

であるのに、人間心で、案じ心で通れんようなことでは、せっかくたすけてやろうと仰せ下さってあるにもかかわらず、たすけて頂くこともできないのである。しかも日々は、教祖の親心で、三十日先の道を通っておる子供のために、五十日も先に行って、先回りをして、子供のけがや、間違いのないように、御守護お働き下さっておるのである。この教祖の親心の分からんというようなことでは、この道信心さして頂いておっても、そのかいもないのである。

また、ひながたの道を通れと言うのではあるが、教祖は五十年の長い年限お通り下されたからといって、五十年そのまま通れと仰せ下されるのではない。人間心の世界の道は、相手の人ごとに違って、その道は幾筋、千筋もあるであろうが、この天理の道なる教祖のお残し下された道は、天理の世界に天理の道はただ一つであるごとく、教祖のひながたとしてお残し下されたただ一筋の道こそ、たすけて頂くことのできる、実に安心なるただ一筋の道であります。

そして、しかもこの親神様の仰せ下される道は、先がどうなるやら、こうなるやら分からんというような、先の分からん、頼りない道を仰せ下されるのではない。仰せ通り通らして頂くならば、必ず結構なる御守護を頂くことのできる道をお教え下されてあるのである。その道を我《われ》自ら通ってお残し下されてあるのが、教祖のお通り下さった道すがらであるのであります。これより確かな道はないのであります。

今日のこの結構なる道に出して頂いておるのは、これ言うまでもなく、教祖のお通り下された道すがらに蒔《ま》かれた人だすけの種の現れであります。案じる道が見えてからは、どうにもならんのである。倒れてからは致し方もないのである。その案じる道の見えないように、教祖のお通り下されたひながたの道を通らして頂くより外《ほか》ないのであります。神の道はただ一筋であるのであります。

ひながたの道より道無いで

ひながたの道を通らねばひながた要《い》らん。ひながたなおせばどうもなろうまい。これをよう聞き分けて、何処《どこ》から見ても成程《なるほど》やというようにしたならば、それでよいのや。十年あとの道は、どんな事を説いても、いか程説いても、そんな事は無い、何を言うやらと言うて居《い》たのや。国々の者やない。そこからそこの者でも分からなんだ。なれど十年経《た》ち、二十年経ち、口に言われん、筆に書き尽《つく》せん道を通りて来た。なれど千年も二千年も通りたのやない。僅《わず》か五十年。五十年の間の道を、まあ五十年三十年も通れと言えばいこまい。二十年も十年も通れと言うのやない。まあ十年の中の三つや。三日の間の道を通ればよいのや。僅か千日の道を通れと言うのや。千日の道が難しのや。ひながたの道より道が無いで。何程急《せ》いたとて急いだとていかせんで。ひながたの道より道無いで。

（明治二二・一一・七・午後一〇時四〇分）

教祖は我々可愛《かわい》い子供をたすけんがために、ひながたの道をお通り下されたのである。このひながたの道を通りもせずに、なおしておくようなことでは、本当に教祖に申し訳もないことである。あの人は感心な人や、どこから見ても、ほんになるほどの人やと言われるようになるならば、それでこそ、教祖のひながたの道も通らして頂いておることになるのや。今でこそ、教祖のお通り下された道も、これ人間のひながたであると言ってはおるが、教祖の御在世の頃は、何を言っていると、教祖のお説き下されることを本当にせず、笑いこそすれ、それを聞く者もなかったのである。

　その御苦労の程は、口にも言えん、筆にも書き尽くせん御苦労であった。が、千年も二千年も通ったのやない。わずか五十年の間であった。が、お前たち子供には、五十年も三十年、いや二十年、十年も通れと言うのやない。十年の中の三つ、すなわち三年千日の間を通ってくれと言うのや。たとえ三日の間でも、教祖のお通り下されたあの当時の、教祖のあの誠真実の心で通れるならば、必ずや三年千日は通れるのや。その三年千日の道を通ってくれと言うのや。が、その三年千日の道が、なかなか人間心ではむつかしいのや。

この世の中は天理の世界である。天理の世界ならば、天理に叶《かな》う教祖のお心、教祖の御身行いより外《ほか》に通り方はないのである。いくら人間心で、近道もあろうと、あれやこれやと我が身思案にまかせて急いだとて、天理に叶わん通り方では、結構に御守護を頂いて、たすけて頂くこともできんのである。教祖のお残し下された、このひながたの道より外に、通る道はないのである。「十年の中の三つや」と、三年千日という通り方の有難い御守護を頂く通り方を、このおさしづによって、お互い道の子供にお教え下されているのである。

　このおさしづにこそ、教祖の親心がよく現れております。我が身には「口に言われん、筆に書き尽《つく》せん道を通りて来た。なれど千年も二千年も通りたのやない。僅《わず》か五十年。五十年の間の道を」と言いながら、子供には「十年の中の三つや。三日の間の道を通ればよいのや。僅か千日の道を通れと言うのや。千日の道が難しのや」と仰せ下される親心をしっかり悟らせて頂いて、どうでもこのひながたを我が心として通らせて頂いて、たすけて頂かねば、申し訳ないのであります。

古き道は親、新しい道は子

さあをやの道を通りながら、をやの道の理が分からん。古き道があるから新しい道がある。古き道はをや、新しい道は子という。さあ〳〵だん〳〵に新しい道を通ろうとするで、古き道が忘れる。よう聞き分け。古き道があるで新し道という。古き道は埋《うず》めて了《しま》う。

（明治二二・一〇・九・午前一時四〇分）

この道をお始め下されてから百二十何年という、もう昨日今日の道ではない。従って道も大きくなった。が、まだまだこれからである。世界をろくぢに踏みならすまでの道である。また親ゆずりの信仰も、二代三代あるいは四代という今日の道ともなったのである。

親がこの道でたすけて頂いたがために、この道を信心させて頂いておる。形から言うならば、その信心さして頂いていることには変わりがない。が、その親のたすけて頂いた、その元の結構の御守護を頂いた理が分からないで、信心しているというようなことでは、せっかく同じこの道を通らして頂いて、その親の後を通っているがために、その結構の理を頂いておるというだけでは、何にもならんのである。道も段々と大きくなり、年限も次第に重ねてくると、こうした後嗣という者も次第にたくさん出来てくるのではないか。こういう私自身、我が心に深く反省をさして頂いておるのである。道が結構になると、こうした者も段々と増すことであろうと思われる。

親があって子があるごとく、我《われ》の今日の道のあるのは、親の通られた道から出た我の道である。この道は一つ理なる天理である。ところが、昔の道と今日の道とは違うから、その通り方も今日のように通らなくてはならん、というようなことを言う人がある。「さあ〳〵だん〳〵に新しい道を通ろうとするで、古き道が忘れる」と仰せ下されるごとく、元一日の日が忘れがちになるのである。元一日のたすけて頂いた日のことを忘れて、今日のたすけて頂く日があるであろうか。

道はただ一つ、一つ理、一つ心である。どこまで行っても天理の世界はただ一つである限りにおいては、親のたすけて頂かれた御守護の理を、我が一つ心として通らしてもらわにゃならんのである。これこそが天理の世界におけるたすけて頂く道である。世の中は変わっても、社会は新しくなっても、天理には古きも新しいもないはずである。古くから通られた親の理を忘れて、我が身の通っておる新しい道もないはずである。

親を忘れて我が身がないごとく、親の理の上に立つ我が現在の境遇をしっかり生かさしてもらわにゃならんのである。世は新しく変わっても、道のあり方の精神には変わりはないのである。親があって子がある。古き道があって、新しい道があるのである。我が新しい道を通るがために、古き親の理を埋《うず》めてしまう道はないのである。

道は一つである。その一つ天理の道に、古き新しいはない。古き道は親なる道の理を生かしていくところに、新しき者のこの道を通らして頂くこともできるのである、とのことを忘れてはならんのである。

修　理　肥

蒔《ま》き流し〳〵、あちらにしょんぼり、こちらにしょんぼり。蒔き流しはどうもならん。蒔いたもの修理する。あちら一人育て、こちら一人育て、何処《どこ》へ種蒔いたやらという処《ところ》から生えて来る。眺めて見れば、その道筋一粒万倍《いちりゅうまんばい》という。百石蒔いて百石取る話では分からん。たゞ一つの理から出けて来た。この話は深い心の話、……。

（明治二九・一〇・一〇・夜一二時三〇分）

ものの成人というものは、ただ種を蒔《ま》いたというだけでは成人するものではない。種を蒔いたならば、修理もせにゃならん。肥も置かにゃならんのである。これが天理である。これが天理である以上は、特にお道においては、修理、肥ということは必要大切なことである。この世話もせずに、捨てておくというようなことでは、これこそ蒔き流しであって、あちらにしょんぼり、こちらにしょんぼり、見るも哀れな姿となって、誠に申し訳ないことにもなりかねないのである。

道の修理ということは、親の息をかけるということである。この親の息をかけるということは、誠に有難い結構な御守護となって現れるものであって、親の理は神の理とも仰せ下されるように、そこには実に不思議な親神様の御守護も見せて下されるのである。

形から言うならば、修理を受けた人は、一人であったとしても、しかもその一人も、どこに種を蒔いたやら分からんというような、実に見る影もない、しょんぼりしか見えんというほどの者であったとしても、親の息をかけて頂いたその御守護によって、その修理を頂いたその道筋は、一粒万倍《いちりゅうまんばい》というほどにもの有難い結果となって現れるのである。これがこの道における修理の結構、有難味である。たすけてやりたいとの親の息、親心は一粒万倍である。修理という親の息をかけて頂くこの御守護は、こうした有難いものではあるが、この修理を頂いても、これを結構と受ける理、生かす心がなければ、この有難い一粒万倍という御守護も頂けないのである。「この話は深い心の話」と仰せ下されるのである。

この結構一粒万倍分からん。煩《うるさ》い〳〵なあと思ては、どうもならん。楽しんだ理はいつまでも〳〵。孫子の代まで楽しんでくれるよう。

（明治二九・一〇・一〇・夜一二時三〇分）

とまで仰せ下されてあるのである。形は受けても心に結構、しかも一粒万倍と仰せ下される親心が分からんで、うるさいうるさいというような心で受けるせっかくの修理肥も、置いて頂くどころか、流してしまうような結果にさえもなりかねないのである。

この結構や、有難いことや、と楽しんだ理は、いつまでもいつまでも、孫子の代まで楽しんでくれ、とまで仰せ下されるのである。

この道は、受ける理、生かす理、これ皆我が心一つの深い心の道である。道の子供の成人は、温かな親心で成人するのである。親心は一粒万倍である。蒔いた種は一つであっても、頂く理は一粒万倍の御守護がある。これが道の修理である。修理の有難味はここにあるのであります。

古き理が第一

古き道というは、前々《ぜんぜん》より固めたる。新しき道というは、雨が降れば崩れるというが新しき理。もうこれ世界に無い。道の始めたる処《ところ》、一時ではあろうまい。五十年以来、だん／＼固めたる道、新しき道は、何時山崩《なんどきやまぐえ》するやらこれ知れん。古き理がこれ第一という。人間も若き年寄《としより》という。若きは先長い。年寄はまあ一日の日はやれ／＼。心の安心という道を通さにゃならん。

（明治二二・一〇・九・午前一時四〇分）

古いものは、新しいものに比べて、いかにもつまらない、値打ちのないものに思われがちであるかもしれないが、これはただの形の上から考えただけのことである。が、そこに苦労があり、真実があるならば、その古いものこそ実に値打ちのあるものである。しかも、いついつまでも滅びるものではないのである。道をこうした譬《たと》えに述べて申し訳もない次第であるが、このお道にこそ、古いものの新しいものに比較もできない尊さがあるのである。

お道も今日となっては、なかなか昨日今日に付いた道ではないのであって、今日のお道の土台には、教祖の親心が、いっぱいに伏せ込まれてあるのである。五十年という、可愛《かわい》い子供一人残らずたすけ上げずにはおかんという、その教祖の真実が土台となって、固められたその上に立っておるこの道である。昨日今日出来た、そんな軽い道ではないのである。いかに石垣がしっかり積んであったとしても、いかに堅固に土手は築かれてあったとしても、それが決して崩れないとは保証はできないのである。

流れる橋を落ちないで食い止めた人柱の話がある。そこには生命を投げ出した真実が伏せ込まれてあるのである。

道の今日は、教祖は言うまでもないことであるが、道に伏せ込まれた初代からの苦労と真実、これが道の土台をなしておるのである。この伏せ込みの理は、決して流れることも、崩れることもないのである。この古き理が第一と仰せ下されるのである。いくら永久に崩れないものであっても、それを崩せば崩れるかもしれないのである。古いものがあって、新しいものがその土台の上に立たせて頂いておるのである。

それは人間においてもその通りである。古い者は、新しい者からその理を立てにゃならん、生かさにゃならんのである。若い者は、その先は長い。よいことがあるなら、よろこばすことがあるならば、まず第一に古い者、親をよろこばさにゃならんのである。こうして古き理、親という理、元という理を立てるのが道である。今日この立てた理が、明日立ててくれる我が理となるのである。

道はどこまでも古き理に生きる。親という理に立ち切るのが道の通り方で、我が道のいかに新しき道であったとしても、崩れることもなく、立たせて下される御守護を頂く元は、古き理に生き、親という理に立ち切ることである。

天の理潰れた事はない

さあ〳〵いかなる事情、たゞ尋ねる処《ところ》、どんな説も聞く。どのような話聞いても案じる事は要《い》らん。皆分からんから皆言うのや。この事情をよ

く聞き分け。長らえての処分からん処よりだん〳〵通り来たる処、誠真実一つの理はどのように潰《つぶ》そうと思うても、どないにも出けるものやない。よう悟りて置け。真実誠天の理、天の理が潰れたというような事はない。何ぼ潰しに掛かりても潰れるものやない。一度下ろした理は真実の理、何にも案じる事は無いで。（明治二三・五・二六・午前一〇時）

このおさしづは、大阪の船場《せんば》分教会において、いろいろとお道の悪口を言う者があって、今にも分教会が潰《つぶ》れるというようなことを世間で評判を立てるものであるから、このことをおさしづに伺われた時のお言葉である。これは今日においても、このお言葉こそ、教会の者として、しっかり心に治めて通らしてもらわにゃならんのである。

世間ではどんな悪説悪口《あっこう》を言う者がいても、この道を通らして頂く限りにおいては、決して人間心を出して、案じるものではない。ああこうと、いろいろお道の悪いことを言うが、お道のいかなるものであるか、分からんから言うのであって、大阪における道やない、この道、教祖御在世当時の道のすがらもよく思案してみるがよい。いろいろと非難もあり、攻撃もあったその道が、段々と道も付いて、次第に大きくなってきたのではないか。

この道とは人をたすける真実の道ではないか。何が強いと言っても、誠真実ほど強いものはないのである。誠こそ天理に叶《かな》う天の理である。天理の世界、天理に叶う誠真実の潰れようはずもなければ、潰れたというようなことは、いまだかつて聞いたこともないのである。世間からなんぼ潰してやろうと悪説雑言《ぞうごん》を吐いても、それは潰れるものではない。

教会という名称の理の頂いておる所は、人をたすけさして頂く道場ではないか。たすけてもらった、たすけさして頂いたという、よろこびの集まっておる所が、教会の許されておる名称の理のある所ではないか。と同時に、親神様のお出張り下される所、教祖もお出張り下されて、皆様に乗ってお働き下されている所ではないか。こうした皆さんの真実の固まったような教会が、なんで潰れようはずもないのである。だから案じ心を出さずに、しっかり通れとの有難いおさしづである。

さて、ここに教会の者として、よく悟らしてもらわにゃならんことは、外からはいかなる力をもってしても、決して潰れようはずはないのであるが、せっかく名称の理を頂きながらも、長い道中道すがらにおいて、人をたすける真実でなければならん教会本来の御用を忘れて、人間心に走るならば、これは問題外である。親神様、教祖お出張り下される限りにおいては、名称の理の潰れようはずもないのであるが、理はあっても、それの理に沿う働きがなければ、これ誠に申し訳のない教会の姿とも、ならんとも限らないのである。

教会にもいろいろとある。寂しい教会もある。真実の花の咲いておる教会は、実に陽気な姿である。この陽気ぐらしこそ教会本来の姿であることを忘れてはならんのであります。

いずれに尽くせど一つ道に集める

天然自然の道、皆聞き分けにゃならん。いずれへ尽《つく》すれど、一つの道に集める。人間心の理は世界の一つの理である。危うき道を見にゃならん、通らにゃならん、聞かさにゃならん。元々一つの理に帰る。早く一つの理を聞き分け、見分け。天然自然一つの理を見れば、行末《ゆくすえ》一つの道を見る。どうやこうやと言わん。尋ねるから一つの理を聞かそう。育てるで育つ、育てにゃ育たん。肥《こ》えを置けば肥えが効く。古き新しきは言わん。真実あれば一つの理がある。皆よう聞き分けてくれるよう。

（明治二一・九・二四）

この道は天然自然の天理の道である。天理の世界ならば、種を蒔《ま》かにゃ生えんのである。種は何であるか。人のために尽くした、たすけた心は誠真実である。その誠真実が種である。この心で通るならば、いかなる所でいかなる人にこの種を蒔いても、一つの天理の世界である。一つのこの天理の道に尽くした、働いたことになるのである。

ところが、これと反対に人間心で通るならば、これは世界の道であって、通ろうまいと思っても、危うき道に出にゃならんのである。お道の者は元々教祖からお聞かし下された天理の道を通らせてもらわにゃならんのである。この天理の道さえ踏みはずさずに通っておるならば、必ずや行く末は結構な道に出して頂くこともできるのである。これが天理である。どうもこうも人間心で言う必要はないのである。尽くした働いた理は、どこへも行くのでない。真に我がものと言えば、尽くした理、働いた理だけは我がものである。

この理をもって、しっかり育てにゃならんのである。育てにゃ育たんのである。この真実をもって育てさえするならば、必ずや育つのである。また、物には肥を置かにゃならんのである。肥を置かにゃ成人もないのである。成人のためには必ず肥も置かにゃならん。道の肥とは何であるか。言うまでもない、苦労難儀は道の修理肥ともお聞かせ下されてあるのである。ああよしよしというような、その人の機嫌をとるようなことをしていては、その人のためにはならん。成人の肥にはならん。

言葉ではきつく聞こえても、何でも成人をさしてやりたい真実から出た言葉ならば、言葉は肥ともお聞かせ下されるように、その人の成人の肥ともなるのである。道には年限の理というものもある。が、古いから道聞き分けて通っているとも限らない。新しいから道を通っていないというわけのものでもない。いずれにしても真実こそが道を通る者の肝心な通り方である。真実は人のために尽くす心である。人のために働く心である。親神様に受け取って頂く心である。これが種である。

この種さえ蒔くならば、天理の世界である。蒔いた種ならば必ず生えてくるのである。このおさしづは、当時東京においておたすけ布教をしておられた上原佐助先生から、信者のことについて伺ってこられたにつき、この精神をもって通るようにとのおさしづである。このおさしづは、おたすけ人、否《いな》、お道である者すべての者へのお仕込みであることは言うまでもない。これが天理の世界におけるお互いの通り方であると思案せにゃならんのである。

一同へ礼を言わす日も来る

長い間の年限待ち兼ねたであろう。退屈であったであろう。あちらでもこちらでも、こんな神の道、苦労でならなんだであろう。ちゃんと話が出て来るで。どういう道も通して来たで。皆神がしたのやで。長い道退屈《い》であろう。あちらへ知らせ、こちらへ知らせ、こんな事とは聞いて居たなれど、こんな事とは官《かん》にも知らなんだ。この道よう忘れんと随《つ》いて来た。皆一同へ礼を言わす日も直《じ》きに来る。どんな事も皆神がして居たのやで。どういう事も、こういう事も、学者でも分からんで。一寸《ちよつと》に分からん。どうしたらよい、こうしたらよいと、人間の心で出来る事は一つもあらせんで。人間の心で出けた事は一つも無いで。

（明治二〇・八・二五・夜一二時）

このおさしづは、明治二十年の八月二十五日の夜中の刻限話のおさしづである。当時としては、まだ教会も出来てないお道の状態であって、実に昨日までのお道の姿は、どこもかしこも苦労苦労の道であった。その苦労の道すがらをお通り下された先輩の先生方に、親神様が心から苦労をねぎらってられる誠に有難いお言葉である。

神の道とは言いながら、ひとかたならぬ苦労の道すがらも通さしたことであるが、今に皆の苦労話も、あんな苦労の道も通られたと人の語り草に話されて、決して無駄にはならんのである。また、こうした苦労の道すがらを通ったというのも、これは皆、親神の思惑にて通らしたのである。今に結構になるのやと言って通らしたように、その結構な道にもぼつぼつ出して頂くこともでき、よもやお上の役人たちも、こうした結構な道になるとは、思いもしなかったような道にも出して頂くことができるのであるが、今日までよくもよくもこの道から離れずに通ってきてくれた。この苦労に対しては、必ずや一同に礼を言わす日も間近に来るのであると、実に有難い親心のこもったおさしづである。

いずれにしても、この道は、親神様の思惑の内に働かして頂いておるのである。人間の知恵、力によってなる道でない。いわんや学者だからといってこの道の分かろうはずはないのである。ただ一つ親神様の仰せそのままなる教祖のお心を飲み込んで、それにもたれて通るより外《ほか》ないのである。その仰せの道は、目の前には、いかに苦労であっても、いかな難儀な道であっても、教祖の仰せさえしっかり守って、その天理の道を通るならば、決して通り損ない、苦労の仕損もないのである。つまり道のためならば、いかに苦労苦労であっても、明日の結構の道に出して頂くための、それが道すがらであることを仰せ下されてあるのである。

　これは過去における道すがらの苦労に対する、ねぎらいのおさしづであることはもちろんであるが、今後における道すがらにおいても、この通り方でなければならんのである。今日の道の上における苦労は、明日の我が身結構とたすけて頂くことのできる道に出して頂くための道すがらである。道の苦労は人だすけである。この道を通らして頂いてこそ、一同に礼を言わす日も来ると仰せ下されるのである。

神一条の道立てにゃならん

人間心の事情要《い》らん。すっきり人間心要らん。これから先は人間心すっきり要らん。もうこれから神一条という道を立てにゃならん、立てさゝにゃならん。立てさして見せる。成るも一つの理、成らんも一つの理というは、前々《ぜんく》に諭してある。さしづ通りに通るなら、働き掛ける。どん

な事もさしづ一つの理を以《もっ》てするなら、どんな事も神一条の道を通るなら、通して見せる。

（明治二二・一〇・二三・午後一〇時）

この世の中は、天理の御守護の懐住《ふところずま》いである。この世の中におらせて頂く限りにおいては、我が身勝手、我が身の思案からしては通れるものではないのである。人間心で我が思うように通れるものであるならば、困って泣く者もない。失敗をして倒れる者もないのである。この天理の世界において、たすかる道、人間として通らなくてはならん天理の道をお教え下されたのが、教祖の御《み》教えである。この御教えのままに通らせて頂くより外《ほか》ないのである。すなわち神一条でなければならんのである。これが教祖お説き下されたこの道であり、これを形にお示し下されたのが教祖のひながたの道である。

この世界において、これより外に通る道がないのである。付けかけた道なら、必ずや付けにゃおかんと仰せ下されるように、必ずや神一条という道を立てにゃならん、立てさにゃならん、立てさしてみせる、と仰せ下されるのである。

天理の世界ならば、成るも成らんも、そこにはそうならなくてはならん理がある、種があるのである。それを心に置かずに、何ほどどうしよう、こうしようと人間心を使っても、成るものではないのである。

　おさしづというものは、教祖のお言葉である。この天理の世界において、このたすけてやりたいとの親心から出た教祖のお言葉より外に、何がこれ以上に確かなものがあるであろうか。かく思案して、このおさしづの理によって、我が心、我が身の行くべきめどうとするならば、これほどの有難い確かな道はないのである。親神様の御守護の懐住まいならば、親神様の仰せのまにまに通らせて頂くより外ないのである。

　人間には、目の前のことしか分からない、見えないのである。明日のことが分からん。否《いな》、一寸先のことが分からんのである。この暗闇を、心も明るく、しかも安心をして、通らして頂くことのできるというのが、教祖のたすけてやりたいとの親心の現れとも言うべきおさしづである。「難儀さそう、困らそうという神は出て居《い》んで」（明治二〇・三・二五）と仰せ下されるごとく、教祖を信じ、これを我が心、我が行いの指針として通らせて頂くことこそ、天理の世界、天理の道を歩ませて頂くお互いのつとめである。

笑われそしられても結構と、目の前に見える事情は、我が身にとっては苦しみであり、悲しみであったとしても、これを踏み越えて行くところに、必ずや可愛《かわい》い子供をたすけ上げずにはおかんとの有難い境地に出さして頂くことができるのである。「あゝよかった」と、心も明るくよろこべる我が身の境遇に出して頂くことができるのである。

どんなこともさしづ一つの理をもってするなら、神一条の道を通るなら、必ずやたすけ上げずにはおかんと仰せ下されるのである。必ずや通してみせると仰せ下されるのである。

人間始めた証拠にをびや許し

第一の所に元始めたをやの証拠、元々夫婦に成った一つの理には、代々又《また》続け繋《つな》ぐ〳〵。大変な事を言い掛けたな。これで元の神、元のをやの理に、人間生《うま》れる処《ところ》、人間生れ代々続く。そうしてどうじゃ、人間生れ

るをびや許し。それはどうじゃ〳〵、さあどうじゃ。をびやさんしき許す、それはどうじゃ。すっきりと今一時出来る、たゞ一つ出来て了《しま》う。すっきり常の通り〳〵。さあどうじゃどうした、常の通り産をして了う。常の通り毒は要《い》らず。いつ〳〵すっきりいんじりとも動かず〳〵、僅《わず》かの日じゃで。皆世界一時、そのまゝ常の通り、これが第一をや人間始め証拠。

（明治二二・九・二三・午前四時）

このおさしづは刻限話であるが、ぢばなる所は、人間を初めてお創《はじ》め下されたおやしきであり、その親神様のおいでになる証拠に、をびや安産のお許しの御供《ごく》をお下げ下されるのである。このことについてお話し下されてある。人間を初めておつくり下された親神様であり、今においても夫婦の理において子供をお与え頂くことのできるのも、人間おつくり下された元の親神であるこの御守護によってである。夫婦であるから子供が出来るとは限らないのである。

たいないゑやどしこむのも月日なり
むまれだすのも月日せわどり　（六　131）

と仰せ下されるごとく、これ皆月日親神様の思惑によって与えて頂くことができるのである。その思惑によって与えて頂いた子供なるが故に、月日の御守護によって身を二つに、この世の中に出して頂くことができるのである。

　この親神様のおやしきなるが故に、帰ってきた子供にをびや安産のお許しの御供を下されるのである。それを戴《いただ》かせて頂くならば、人間をおこしらえ下された親神様からの安産お許しの御供であるから、これほど安心なことはないのである。願い通り安産をさせて頂いて、その身上は平常の通り、とおっしゃるのである。平常の通りとおっしゃるからには、食べ物も、何を食べたら悪い、あれを食べにゃならんと、いろいろ毒忌《い》みもするのが世界普通であるが、安産お許しを頂くならば、毒忌みばかりではない、高枕、腹帯もいらんとおっしゃるのである。

　こうしてをびや一条において、平常の通りの身上をもって御守護下さるというのも、これ人間をおつくり下された元の親神様なるが故である。この御守護こそ、世界に二つとない親神様なるが故であり、このぢばこそは元初《もとはじ》まりのおやしき、人間お宿し込み下された中山五番屋敷なる尊いぢばの理である。

私はここで申し上げたいことは、ぢばの理の尊さ、この尊さは何が故であるかを申したいので、これは言うまでもない、今言ったように、無い人間をおこしらえ下された元の親神様のおいでになる元のおやしきであるからである。あまりにも口癖のように言っていながら、その尊さに慣れていはしないか。これをよく反省させてもらわにゃならん。お道の結構は、万事この元の話を真から結構と分からせて頂いて、ぢばの理の結構を摑《つか》ませて頂くところに、結構、御守護も頂くことができるのである。「これが第一をや人間始め証拠」と仰せ下されてあるのである。

親に背けば神に背くも同じ事

さあ〳〵身上々々から尋ねる〳〵。何かの事も聞き分けねばならん。十分々々の処《ところ》、いんねんの事情が分からん。さあ〳〵身上に不足あれば、

これ分かるやろう。さあ〳〵神さん〳〵と思うやろう。神は何にも身を痛めはせんで。さあ〳〵めん〳〵心から痛むのやで。めん〳〵の親の心に背けば、幽冥《ゆうめい》の神を背き〳〵て、まる背きとなってあるのやで。めん〳〵の親が言う事に、悪い事言う親はあろうまい。身上に不足あれば、この理を諭してやってくれるよう。

（明治二一・九・一八）

このおさしづは、永尾《ながお》よしゑ奥様の目の障《さわ》りにつきお願いされた時のおさしづである。こうして身上になるのも、身上になるだけのいんねんがあるからである。身上の御守護を貸して下されるのは親神様ではあるが、その身上になるについては、皆めんめんに身上にお障りを頂くだけの因《もと》があるからである。いかにも神様が人間に罰《ばち》でも与えられるように思うであろうが、たすけてやりたい親心の親神様には、可愛《かわい》い子供を苦しめようはずはないのである。これは皆めんめんの通ってきた心使いが身上となってお示し下されて、お仕込みを下されるのである。

このおさしづにおいて、親と仰せ下されてあるのは、永尾奥様の親、すなわち飯降本席様のことである。本席様は道の上においては、実に立派なる本席という理の上に立って御用をして下されてあるのであるが、一面形の上、人情の上から言うならば、永尾奥様の肉親の親である。そういうところからつい人間心、情に流れてその理に従われなかったというところもあったのでありましたろうか、その心使いをお戒め下されてあるのであろうか。

道の信仰から言うならば、親の理というものは、実に重い理である。たとえ身の親であっても、その親の理に背くということは、目には見えなくとも、天理の親神様に背く理となるのである。親の理は神の理、親に孝心月日に受け取る、とも仰せ下されるのがお道の信仰である。

親の理はたすけてやりたい親心である。その親がこうああと子供に仕込むことに、悪いこと、子供のためにならんようなことを言う親はないはずである。この親の理を真実に受けるところに御守護となって現れるのが、お道の信仰の要《かなめ》であるというところをお仕込み下されてあるのである。

私の伊三郎父のお話に、ある教会長の子供が身上になられた。あれやこれやといろいろに心のさんげをなされた。がしかし、どうにも御守護が現れない。その時に、いかようのさんげをしても御守護が見えんならば、先祖の名を呼び出すがよい、と言われた。そのお話を頂いて御守護を頂きました、とたすけて頂かれた本人から、この話を聞かして頂いたことがある。

　これは何でもないような話ではあるが、お道の信仰から言うならば、重大なことである。先祖さんの名を呼び出すということは、親の理を生かす、親の理に生きることである。親なくしてめいめいはない。親を立てる理、生かす理が、我が身の今日の結構と生かさして頂く元である。親は身の親であっても、その親の理に生きることが、お道の信仰に生きることであることを、このおさしづにおいてお諭し下されてあるのである。実に有難い大切なおさしづである。

こうのう無くてはどうもならん

さあ〳〵一代は一代の苦労を見よ。長々の苦労であった。二代は二代の苦労を見よ。三代はもう何にも難しい事は無いように成るで。なれど人間はどうもならん。その場の楽しみをして、人間というものはどうもならん。楽しみてどうもならん。その場は通る。なれども何にもこうのう無くしては、どうもならん事に成りてはどうもならん。これをめん〱もよう聞け。

（明治二二・三・二一・午後一一時）

このおさしづは明治二十二年三月二十一日午後十一時という夜中の刻限話の中の一節である。道長らく通らして頂いておる者への慰めのお言葉であり、道三代にもなったならば結構な境遇にも出して頂くことを仰せ下されてあるのであるが、その三代だからと言って、まごまご何の効能もない通り方をしておっては、とんでもないことになる、という上からの厳しいお諭しである。

道一代というものは、誰にしても長々の苦労である。苦労の道を結構と通らして頂くから、いんねんも切ってもらえるのである。二代もやはりその通りであって、親が苦労の道を通ったから、その苦労におじけをさしたり、それから逃げるというようなことがあっては、せっかくの親の通られた苦労も、何の役にも立たんことになってしまうのである。そこが、お道のたすかるたすからんの分かれ道になる。その二代の苦労も切りぬけて、三代にともなれば、いよいよお道の結構も我が目の前に現れてきて、物けの結構にも、その日その日も通れるようになる、ということをお教え下されてあるのである。

がさて、この三代がまた実に肝心な時である。何にもむつかしいことはないようになるのであるが、人間心になって、その日の暮らし向きは不自由もなく、親々の通られた徳によって、目の前の物質の結構に慣れて、その日その日をただただ物質の楽しみばかりにおぼれて通っているならば、とんでもないことになってしまうのである。何の効能もなく、その日を居《い》食《ぐ》いをしておるならば、その日は通れもするであろうが、「何にもこうのう無くしては、どうもならん事に成りてはどうもならん」と仰せ下されるのである。

　物けがあるから通れるのではない。この道をしっかと聞き分け、その日その日を結構と我が心に治めて、効能を積まさしてもらわなくてはならんのである。

　この道は楽々の中に道があるのでない。心に結構と感じて、その結構に応えるだけの心構えがなければならんのである。その心構えが、身の行いに現れて、道の上に一つの効能にもなって現れるのである。働きもなく、何の効能もなければ、早い話は、この身上を貸しては下さらんのである。身上のない私はないのである。

　身上は神様よりのかしものである。心一つが我がの理、我がのものである。心通り身上を貸して下されるのである。であるから、いかに身分が高くとも、物けがあったとしても、天理の世界に叶《かな》う通り方をさしてもらわにゃならんのである。

　誠は天の理である。人をたすける心は誠真実である。誠真実は種である。種を蒔《ま》かねば生えてこないのである。種なくしてはたすからんのである。

おさづけの理（一）

さづけというはどの位《くらい》どれだけのものとも、高さも値打《ねうち》も分からん。さづけ〳〵も一寸《ちょっと》に出してある。一手一つにもさづけ出してある、同じ理を出してある、皆一手である。重い軽いありそうな事情は無い。だんだ

んたゞ一つ、さあ受け取れという。それだけどんな値打があるとも分からん。道具でもどんな金高《かねだか》い値打でも、心の理が無くば何にもならん。

（明治二三・七・七・午前三時）

このおさしづは、本席様腹痛につきお願いなされると、おさづけについてこうしたお諭しを下されたのである。

　おさづけの理というものは、それを取り次がして頂く時、どれほど有難いとも、その値打ちが分からんというほどにも、御守護の頂けるものである。たすける者の誠真実によっては、いかなる医者の手余り、難病でもたすけさして頂くことのできる、有難いおさづけの理であると仰せ下されるのである。実に、教祖の可愛《かわい》い子供、一人残らずたすけ上げずにおかんと仰せ下されるように、その高さも、値打ちも分からんと仰せ下されるのが、実にこのおさづけの有難味である。

　そのおさづけの理には、人によって重いさづけ、軽いさづけというような、区別のあろうはずはないのである。誰も彼もが、皆教祖の可愛い子供である限りは、重い軽いの区別のあろうはずはないのである。皆一手のおさづけを出してあると仰せ下されるのである。

　が、その同じ理のおさづけを頂いても、たすかる者もあるが、また御守護の頂けんという者もあることは事実である。それはその人の心の問題である。心一つは我が理、と仰せ下されるように、皆十人十色というように、その心は違っているのである。それはちょうど同じ道具を使うにしても、その道具を使う人の使い方によっては、いかに立派な道具であっても、よく切れ味のする道具であればあるほど、その使い方を誤れば、そこには思いがけない間違いも起こるのである。大人の使う立派な道具、これを子供が使った時、とんでもない間違いも引き起こさんとは限らないのである。

　おさづけは人だすけのために、なくてはならん立派な道具である。それだけに、その道具を使わして頂くだけの心をもって使わしてもらわにゃならんのである。その使う心構えは何であるか、それは言うまでもない誠の心である。すなわち人をたすける心が誠真実と仰せ下されるごとく、この誠の心が人だすけをさして頂くことのできる心、誠一つは天の理とも仰せ下されるごとく、この誠の心がおさづけを使わして頂くことのできる、御守護となって現れる種ともなるのである。

この誠の心は、一体どこから現れてくるのであるか。これは月に一度の別席を頂いて、そのお仕込みの中から頂かして頂くことができるのである。だから、おさづけと別席とは別々に離せるものではない。九度の別席を運ばせて頂いて、ほんになるほどと、誠真実我が心に治まって頂いてこそ、別席の理を頂いた、ということになるのである。この誠真実の心に治まってもらわにゃならんことを忘れて、印を貰《もら》ったらそれで別席が済んだというようなことでは、せっかくの有難いおさづけは頂いても、誠の心がなければ、人をたすけるという心も起こってこない。いわんや形のおさづけを使わして頂いても、そこには御守護も頂けないということになるのである。よく心得なくてはならんことである。

おさづけの理（二）

さづけ〳〵の処《ところ》、よう聞き分け。日々《にち〳〵》の席をする。席をすればさづけは渡す。その時の心、受け取る時の心、後々《のち〳〵》の心の理がある。日々まあ一日の日、結構という理を忘れて了《しま》う。どうも残念でならん。なれど運ばねばならん。そんならその者にはやろう、この者にはやらんというような隔ては無い。今貰《もろ》うて直《す》ぐとほかす者でも渡さにゃならん。一時の間、定める心の誠であるから、どんな者でも、こんな者でも心があるから、をやのそばへ来て貰《もら》わにゃならんという。（明治二三・七・七・午前三時）

このおさしづは、前掲のおさづけに関するおさしづの続きである。

月に一度の別席を運びに来る、そして九度の別席が済んで満席になったら、おさづけは下されるのである。これは子供可愛《かわい》い親心である。いかなる人といえども、あのおさづけを頂く時の気持ちは真剣である。であるから、親心として下されるのである。がしかし、人間というものは、その時の気持ちを生涯として我が心に留《とど》めておくならば結構であるが、一日の心、生涯の心、と仰せ下される、その一日の心をいつしか忘れてしまうのである。

教祖から言うならば、残念とも思われるのであるが、子供可愛い親心になってみれば、渡してやらにゃならん。お前にはやろう、お前にはやらんというような隔て心はない。誰にでも同じようにおさづけを渡してやらにゃならん。今貰《もろ》うてすぐにほかす者にでも、可愛い親心からすれば、渡してやらにゃならんのである。

そのおさづけを頂く時の真剣な心、これは人である限りには、心がある限りには誰にでもある。その心に渡してやらにゃならんのである。そのおさづけを頂いて、その時の心が、教祖のお受け取り下される心である。だから、どんな子供も、心がある限りは、ぢば帰りをさして頂いて、教祖からおさづけを頂かしてもらわにゃならんのである。

が、前にも言ったように、別席を頂いて、誠真実の心にならなければ、いかに結構なおさづけを頂いても、人をたすける心は誠真実、誠真実は種、と仰せ下されるように、その誠真実がなければ、人をたすける心が起こらん。

人をたすける心が起こらんならば、せっかく頂いたおさづけも使わない。使わないおさづけならば、せっかく頂いても、落とした、返したも同様ではないか、と仰せ下されるのである。であるから、結構なおさづけは下されても、誠真実が治まってなければ、おさづけを頂きながら、その場に落として帰る者もある、返して帰る者さえもあると仰せ下されるのである。

おさづけは天の与えである。教祖の可愛い子供を思う親心からの下されものである。いかに結構な天の与え、これを頂くならば何の不自由もない、道の路銀《ろぎん》とまで仰せ下されるおさづけの理であっても、これ使わして頂かなければ、我が身のいんねんも切ってはもらえんのである。種を蒔《ま》かにゃ生えんのである。が、天理の世界、天理に叶《かな》うこのおさづけを使わして頂いて、人だすけという、この誠真実の種さえ蒔かして頂いたならば、決して蒔き損ないも、生え損ないもないのであることを、しっかり悟らしてもらわにゃならんのである。

お道と医薬

さあ〳〵難しい事は一つも無い、難しい事を言うやない。よう聞き分けにゃならん。どういう事もこういう事も、人間心を以《もっ》て難しいように仕掛けて来る。何処《どこ》そこでそら今やならん。元々医者は要《い》らん、薬は呑《の》む事は要らんという事は教《おしえ》には無いで。元々医者にも掛かり、薬も呑み、医者の手余り救《たす》けようというは、誰にも医者に掛かる事要らん、薬呑む事要らんというは、どっから出たのや。手余りを救けるのは誰も何とも言うまい。神さんに救けて貰《もろ》うた、始め掛けのようなもの。めん〳〵通りよい処《ところ》を通り難《に》くうする。

（明治二三・七・七・午前一〇時半）

このおさしづは、前に「さづけというはどの位《くらい》どれだけのものとも、高さも値打《ねうち》も分からん」（明治二三・七・七・午前三時）と仰せ下されて、おさづけによっていかなる身上もおたすけ下さる、結構御守護のことをお諭し下されてある。それでこのおさづけによっておたすけの御用をさして頂くのであるから、薬飲むことといらん、医者にもかかることいらんと、人間考えからこうした問題も起こしがちである、というところから、このおさしづとなってお諭し下されたのである。

　この道のおたすけは、だめの教えと仰せ下されるのである。だめの教えということは、あちらでもたすからん、こちらでもたすからん者でもたすけて頂くことができるから、だめの教えと仰せ下されるのである。薬を飲んではならん、医者にかかってはならんというようなことは教えにもない。医者も薬も、これ皆、親神様の御守護の中にあるのであって、医者にかかったから皆たすかるか、薬さえ飲んだならそれで皆、必ずたすかるものでもない。いずれにしても、親神様の御守護でなければたすからんのである。

　親神様の御用をさして頂くようふぼくであるおさづけ人は、もっと大きな心で、「まさかの時には月日の代理」（明治三五・七・二三）とも仰せ下されるのがおさづけ人のことであるから、小さな人間心で医者や薬を止めたり、医者の邪魔をしておるようでは、かえって道のきずを付けるようなものである。医薬の妨害をするようなことでは申し訳もないことである。もっとその上に立って、大きな心で、道の大きな御用をさして頂かねばならんのである。

　お道はおたすけが生命である。そのおたすけの中でも、身上たすけが一番に肝心な御用である。身上たすけこそ、親神様の最も大切な御用である。その大切な身上たすけをさして頂くのには、おさづけの理こそ、なくてはならん大切なものである。そのおさづけにこそ、たすける者の誠真実によっては、いかなる医者の手余り、難病であっても、たすけさしてやろうとの結構なる御守護を下されるのである。

　その結構なるおさづけを頂いたがために、こうした間違いを起こすというようなことでは、誠に申し訳ない。大きな月日親神様の御守護の世界において、大きな親神様の御用をさして頂くお互いが、小さな人間心では、何とも申し訳もない次第である。医者の手余り、捨てもの同様の者をたすけさして頂くのが、教えの台と仰せ下されるのである。

　この道は決してむつかしい道ではない。人間心がむつかしい道にしてしまうのであると仰せ下されるのである。

さしづは神一条

人間心の事情要《い》らん。すっきり人間心要らん。これから先は人間心すっきり要らん。もうこれから神一条という道を立てにゃならん、立てさゝにゃならん。立てさして見せる。成るも一つの理、成らんも一つの理というは、前々《ぜんぐ》に諭してある。さしづ通りに通るなら、働き掛ける。どんな事もさしづ一つの理を以《もっ》てするなら、どんな事も神一条の道を通るなら、通して見せる。

（明治二二・一〇・二三・午後一〇時）

この世の中は、月日抱き合わせの天理の御守護の懐《ふところ》住まいである。月日親神こそ、無い人間世界をおこしらえ下された、元の親神様、実の親神様である。その月日親神様のおやしろこそが、教祖である。おさしづは教祖のお言葉である。というのは、形の上から言うならば、飯降伊蔵先生なる本席様の口から出たるお言葉であるが、飯降本席様の心から出たるお言葉ではない。「これは誰の言葉と思うやない。二十年以前にかくれた者やで」

これは明治四十年五月十七日のおさしづである。四十年から二十年前にさかのぼったならば、明治二十年である。二十年前にかくれた者と仰せ下されるごとく、教祖のお言葉である。

実際の問題として、本席様ご自身のお口から出たものではあるが、本席様ご自身には、何と仰せ下されたか分からないのである。おさしづには書き取りというものが必ず付くのである。その仰せ下されたその書き取りを、後から本席様に申し上げる。すると「そんなことおっしゃったのかえ」と仰せになるというのが、実状であった。

おさしづは本席様のお口から出たものであっても、教祖のお言葉であることは決して間違いないのである。教祖のお言葉であるから原典である。教祖は月日のやしろであらせられるのである。

この世の中は月日の世界である。そして、月日の御守護から一歩も出ることはできないのである。「天という。天の理掛からん所無い」（明治二七・一・二）と仰せ下されるのである。いかなる所へ行っても、上を見れば天である。天理の掛からん所はない、と仰せ下されるのである。天理の御守護から逃げるということは、魚が水から飛び出すようなものである。そこには生命というものはないのである。

　長々しく書きましたが、今後はおさしづによってお諭しを頂きましたならば、何の心配もなく、その仰せのままに通らして頂くことこそが、神一条の道を歩まして頂くことである。人間心をもって、あれやこれやと迷い心をもって通るのやない。成るも成らんも天理の御守護である。おさしづをもってこの道通るなら、必ず神一条という道に出してみせる。であるから、目の前の事情からあれこれと人間心も出るであろうが、おさしづこそ神一条の道であると、心からこれをもって進むなら、親神の御守護もあり、この世の中は、親神のご理想である、月日抱き合わせの温かな天理の御守護の懐住まいの世界にしてみせる、と仰せ下されるのであって、これでこそ、親神様の人間に対する思惑の世界である、陽気ぐらしの世界である。

ふしんとひのきしん

事情は大抵《たいて》の事やない。一寸《ちょつと》その理は受け取る。たすけとても一日なりともひのきしん、一つの心を楽しみ。たすけふしぎふしん、真実の心を受け取るためのふしぎふしん。

（明治二三・六・一五・午後八時三〇分）

お道には、ふしんというものは、実に大切なものである。形になって現れるものではあるが、その形になって現れるについては、まず心の現れが形のふしんとなって現れるところに意義のある、たすけふしんともなるのである。子供が親を思うて運ぶ心は誠真実、誠真実は種、種は小さなもの、と仰せ下されるように、この親によろこんで頂く、この心の現れが形になってふしんとなるところに、たすけて頂くことのできる種とも受け取ってもらえるのである。

ふしんをするためには、お金がなければできない。材木がなければ家も建たないのである。がしかし、そうしたものは、いわゆる形のつくし・はこびというものは、人にことづけても運べる。郵便ででも送金ができる。が、身をもって尽くすひのきしんというものは、我が身自らが来なくてはできるものではない。

本部にはふしんが始まっている、あるいは教会にふしんが始まっている、と思案するならば、たとえ一日なりとも、その御用をさしてもらわにゃならん。我が家を放って、たとえ一日でもひのきしんをさしてもらいたい、有難いことやと楽しんでさして頂くその心が、親神様から受け取って頂いて、不思議な御守護を頂く種ともなるのである。この心が、親を思うて運ぶ心は誠真実、誠真実は種、種ならばたとえ一日のひのきしんであっても、たすけて頂くふしぎふしんの御守護となってお返し下されるのである。

心のつとめ、身のつとめ、身をもって尽くさして頂く、運ばして頂く、これが道としては肝心な心構えである。親神様に、教祖によろこんで頂く種である。物は借りてでもできる。我が身の真実から運ぶひのきしんは借りるわけにはいかん。我が身が尽くさんことにはできないことである。何がたすかると言うても、このひのきしんほど有難い、結構なたすけて頂く種はないのである。

親を思うて、親によろこんで頂くために形に現れたものが、つくし・はこびである。であるから、これも立派なたすけて頂く種である。が、ひのきしんという、身をもって運ぶ真実の心から出たつくし・はこびも、これまた実に親神様、教祖によろこんで頂く種となるのである。これこそは、物のある者、ない者、誰にでもできることである。誰にでもできるから、教祖から見たならば、誰でもたすけて頂く大切な種に受け取って下されるのである。

お道にはふしんは大切なものである。たすけて頂くことのできる種と受け取って頂くことができるからである。子供が親を思うて運ぶ真実、特に身をもって運ぶ誠真実こそがひのきしんである。ひのきしんぐらいは何でもない、と思われるかもしれないが、その何でもないひのきしんであっても、心の真実のない者にはできないのである。お道のふしんには、ひのきしんが付きものである。真実の心を受け取るためのふしぎふしんのひのきしんである。実に一人残らずたすけてやりたいとの親心の程が、ここにもしみじみと窺《うかが》われる。

ふしぎふしん

ふしぎふしんをするなれど、誰に頼みは掛けん。皆寄り合《お》うて出来たるなら、人も勇めば神も勇む。ふしぎふしんをするからは頼みもせん。

（明治二三・六・一七・午前三時半）

この道のふしんというものは、「真実の心を受け取るためのふしぎふしん」（明治二三・六・一五）と仰せ下されるように、親神様の受け取って下されるのは、この親神様に対する尽くす運ぶ真実の心である。この誠真実が天の理とも仰せ下され、この誠真実こそがたすけて頂く種ともなるのである。

誠真実というものは、人から頼まれたからするというのではなく、我が心の本心からさして頂かずにはおられない、その心から出てこそ、親神様に受け取って頂く種ともなるのである。

みかぐらうたの三下り目に、

一ッ　ひのもとしよやしきの

　　　つとめのばしよハよのもとや
　　　ふしぎなつとめばしよハ
二ッ　たれにたのみはかけねども
三ッ　みなせかいがよりあうて
　　　でけたちきたるがこれふしぎ

と仰せ下されてあるごとく、これがお道のふしんの始めである。元治元年のつとめ場所のふしんのことを、かく仰せ下されてあるのである。

我が心の本心、真実から、有難い結構やとさしてもらわにゃならんという、この心の現れが道のふしんである。だから、これが不思議な御守護、おたすけの種となって現れるのである。親神様、教祖は立派な建物に住まいたいとも仰せになるのではない。可愛《かわい》い子供がたすかる種を蒔《ま》かして頂いて、たすけて頂くことができるから、ふしんを仰せ下されるのである。

元治元年つとめ場所の建築の時、

「社《やしろ》はいらぬ。小さいものでも建てかけ」

「一坪四方のもの建てるのやで、一坪四方のもの建家《たちや》ではない」

「つぎ足しは心次第」

と仰せ下されてあるのである。これがお道における、きりなしぶしんの始めである。

不思議なたすけぶしんである。有難い結構なことやと、このよろこびから、この勇み心から出来たふしんであるから、人も勇めば神も勇む、と仰せ下されるように、親神様に受け取って頂くふしんとなって現れるのである。

親神様、教祖のお受け取り下されるのは、子供がよろこび、陽気に勇むから、およろこび下されて、お受け取り下されるのである。

おやしきのふしんは、ふしぎふしんである。このふしんによって、どれほどの不思議な御守護も見せて頂くことのできる、その種を蒔かして頂くことのできる、不思議なたすけぶしんである。

これを思う時、さして頂かねば、種を蒔かして頂かねば、たすけては頂けないのである。

頼まれなくともさして頂かねばならんのである。断られたとしても、さして頂かねばならんのである。これがおやしきとお互いの関係である。ここにたすかる種があるのである。おやしきのふしんこそ、ふしぎふしんである。

陽気ふしん

これからどんな普請せんならんかも知れん。本普請はいつの事やと思う。不思議の中で小言はこれ嫌い、陽気遊びのようなが神が勇む。

（明治二三・六・一七・午前三時半）

神様のふしんは、不思議なおたすけを頂くためのふしぎふしんである。だから、おたすけを頂くためには、どんなふしんもさして頂かねばならんのである。

それならば、一体お道の本ぶしんというのは、いつの時にさして頂くことができるのであろう。その本ぶしんの出来上がるまでは、きりなしぶしんであって、世の中の人が皆たすけて頂くことができて、道が世界ろくぢに踏みならされた時のおやしきの姿が、本ぶしんの出来上がった時である。それまでというものは、不思議なたすけを頂くためのふしぎふしんである。不思議なおたすけを頂くためのふしぎふしんをさして頂くのに、小言を言ったり、不足心であっては、親神様に受け取って頂くための種にはならんのである。従って、せっかく苦労丹精をしてふしんに参加さして頂いても、御守護となってたすけても頂けないのである。

お道のふしん、すなわち親神様のふしんは、どこまでもおたすけを頂くための種蒔《ま》きのふしんであるから、小言どころか、よろこび勇んで、尽くさしてもらわにゃならんのである。お道のふしん、神様のふしんは、実に陽気である。陽気でなければならんのである。子供が陽気によろこび勇むから、親神様も、側《そば》が勇めば神も勇むと仰せ下されて、親神様に受け取って頂くこともできるのである。

ふしんというものは、形から言うならば、苦労もなくして、なかなか楽々には出来るものではないのである。その中、何でもと親を思うて運ぶ心は誠真実、その誠真実が、天の理であり、たすけて頂く種になるのである。

不思議なるおたすけを頂くための陽気ふしんである。

不思議なる御守護を頂くふしんに、小言はこれ嫌いと親神様も仰せ下されるごとく、小言を言わないどころか、よろこび勇んで、尽くさしてもらわにゃならんのである。

お道の御用は、必ずしもふしんでなくても、よろこび勇むところに御守護も下されるのである。勇むところに教祖も乗って働いて下されるのである。お道には、特にふしんというものは、関係のあるものである。おたすけがお道の御用であるごとく、ふしんというものは、そのおたすけを頂くために意義深いものになってくるのである。

ふしんというものは、親神様、教祖を思うて尽くさして頂いた、運ばして頂いた、その形に現れたものがふしんとなって現れたものである。言わば親に対するつくし・はこびの種が、ふしんとなって現れているのである。教祖のお受け取り下されるのは、子供の陽気勇みである。親神様の御用、教祖の御ためなればこそ、いかなるふしんであっても、よろこび勇んでさして頂くこともできるのである。だから、この子供の心を受け取って下されるのである。ふしんをさして頂くからには、「不思議の中で小言はこれ嫌い、陽気遊びのようなが神が勇む」と仰せ下されるのである。

きりなしぶしん

切り無し普請始めたる。こちらへ建て、どちらへ建て、建てたり取りたり普請無いと楽しみが無い。そこで仮家《かりや》普請、道普請。道普請なら切り無し普請と言うてある。（明治二三・一〇・一〇）

おやしきのふしんはきりなしぶしんである。たすけぶしんである。このたすけぶしんは、教祖の思惑の、世界中は可愛《かわい》い我が子、一人残らずたすけ上げずにはおかんとの、この親心の完成された時、その時に現れたおやしきの姿が、きりなしぶしんの出来上がった時である。

それまでは、いかな立派なものが出来ても、それはきりなしぶしんの出来上がった姿ではない。まだまだきりなしぶしんの完成までの一分《ぶ》の姿である。おやしきの姿は、日々刻々に変わっていくのである。人間心から見るならば

「こちらへ建て、どちらへ建て、建てたり取りたり」と仰せ下されるように、いかにも無駄であり、無法であるかのようにも思われるのであるが、親神様の明日の思惑のための、今日の動きである。

そして動いていくその物は、独りでは動いてもいかない、転んでもいかないのである。その動いていくものの原動力は、皆様のおやしきを思う心尽くしの真実が、その元になっているのである。その心尽くしこそが、たすけて頂く種ともなって、一粒万倍《いちりゅうまんばい》の徳を頂くこともできるのである。であるから、たすけ一条の親神様、教祖には、「普請無いと楽しみが無い」とも仰せ下されて、お勇み下されるのである。ふしんはやはり、たすけぶしんである。陽気ふしんである。

そこで立派なものが出来たと言っても、それは本ぶしんに至る道すがらの仮家《かりや》ぶしんでもある。道というものは、どこまでも「続いてあってこそ、道と言う」（明治三九・五・二一）とも仰せ下されるように、おたすけはどこまでも切り目もなく、続けさしてもらわにゃならんのである。

道の御用は月日親神様の御用である。月日には一日のお休みもないのである。月日様に一日のお休みもあったとしたならば、めいめいの生命はもたないのである。その月日親神様の、お休みもないその親神様の御用をさして頂いておるのがよふぼくであり、これがきりなしぶしんに参加さして頂くよふぼくの心構えである。

親神様、教祖の御用はおたすけである。おたすけの御守護を頂く種の現れが、おやしきの姿に現れておるふしんの姿でもある。

道の御用はたすけの道である。このたすけは世界中可愛い我が子と仰せ下されるごとく、教祖のこの親心に、世界中の子供が、皆々抱きかかえて頂くまで続くのである。この道の続く限り、おやしきのたすけぶしんも続くのである。

ふしんの音は実に陽気である。お道のおたすけは、これまた実に陽気な御用である。泣く泣くではおたすけの御守護も頂けないのである。

ふしんというものも、心を陰気に倒しているようでは、建前の御守護も頂けないのである。おたすけがなければ教祖にもよろこんで頂けないように、たすけふしぎふしんがないと楽しみがないと仰せ下されるのである。

別席の理

月々の席、もう一箇月済んだと思えど、心に理が治まらねば何にもならん。何ぼ席々と言えど、心の理によってこうのうが無い。席をして順序運べば、さづけは渡そう。なれども落《おと》す日もあるやろ。これ知れんで。

（明治二二・一一・二五）

別席というものは、形から言うならば、神様のお話を聞かせて頂くのである。が、ただ話を聞くだけではない。ただ話を聞くだけであったならば一遍でよいのである。が、話を聞いて、話を聞くだけでない、ほんになるほどと、我が身の今日まで通ってきた道をよく反省をさしてもろうて、汚れておる心ならば、清らかな水晶のような澄み切った心になって帰って頂く、言い換えて言うならば、誠真実の心になって帰って頂いて、別席一席を頂いたということになるのである。その一席は二席、三席と済んで満席となる。その治まった誠真実に真柱様から、おさづけの理をお渡し下されるのである。ところが、なんぼ別席を運ばせて頂いても、心に誠真実の理が治まらなくては、こうのうがない。おさづけというものは、たすける者の誠真実によっては、医者の手余り、難病でもたすけさせて下される、有難いおさづけの理である。誠真実の心に乗って御守護下されるおさづけの理である。だから、しっかりと別席の理、すなわち誠真実の心を治めて帰らしてもらわにゃならんのである。

であるが故に、別席というものは、ああした静かな所にて、特に別席人だけをお集め下されてお仕込みを下されるのである。そしてまた、心をしっかり誠真実の心に改めて帰ってもらわにゃならんのであるから、同じ話を九度も繰り返しお聞かし下されるのである。ただ一度聞かして頂くだけでは、悟りのつかんところもあるであろう、聞き違いのところも、言葉の分からんところもあるであろうから、同じ話を九遍お聞かし下されるのである。同じ話を九遍聞かして頂くなら、いくら愚鈍な者でも、ほんになるほどと我が心に治まるであろうと、これが別席の理である。

であるから、いくら月を追って運ばしてもらっても、捺印《なついん》が九つ揃《そろ》ったから、満席になったからおさづけを頂いた、というような別席の運び方をしていては、「席をして順序運べば、さづけは渡そう。なれども落《おと》す日もあるやろ。これ知れんで」と仰せ下されてあるのである。

人をたすける心は誠真実である。その誠真実を我が心にしっかり治めさして頂いてこそ、別席の理を頂いたということになるのである。その人をたすける元となる誠真実がなければ、人をたすける心が起こらん。人をたすける心が起こらんならば、せっかく渡したおさづけも使わん。使わんおさづけならば、落とした、返したも同じことではないかとも仰せ下されるのである。

であるから、別席という理は、結構なおさづけという道の路銀《ろぎん》を頂くためには、しっかり運ばせてもらって、我が心に、将来変わらぬ誠真実を頂かしてもらわにゃならんのである。これを悟らして頂かねば申し訳ない。誠真実を頂くための傍聴も、幾度ともなくお許しを下される親心を思案して、運んでもらわにゃならんのである。

道は可愛い親心に育つ

元というはをやという。をやという理は可愛《かわ》い理に育てば、どんな所も育つ。親と成りて育つるは可愛いという理を以《もつ》て育てるよう。これだけ一寸話《ちょっとはなし》置こう。もう何の事も委《まか》し置こう。どういう事情を計るも、心置き無《の》う可愛いという理を以て扱《あつ》かうよう。それから順々珍し道という。返《か》やし〳〵して話して置こう。

（明治二二・一一・二九）

この道は元教祖お一人から付いた道である。教祖の親心によって、今日の大きなる道に出して頂くことができたのである。道を通らせて頂くお互いは、まず第一にこの親心をもって通らせて頂くということは、何よりも大切なことである。

親心とは言うまでもなく、子供可愛《かわい》い親心である。この親心の中には、いかなる苦労も辞さない。子供のためならば、苦労も苦労としない。この子供を思う心は実に清らかな純真なるものである。

お道の成人は、親の息をかけて頂くところに成人というものがある。これは理屈でなく実際問題である。いかなる事情も、この子供を思う親心によって、その事情も解決させて頂くこともできて、その成人もさせて頂くことができるのである。であるから、道の上のことである以上は、その事柄は何であっても、可愛い親心をもって育てるならば、いかなる事情もまかせてやろう、と仰せ下されてあるのである。

この道の元は、教祖である。この教祖の親心に触れた者こそ、たすけて頂くこともできて、今日の結構にも出して頂くことができたのである。この教祖の親の理を我が心に通らせて頂いてこそ、上に立って治める者の心構えである。

教祖は月日のやしろである。月様は水の御守護である。日様は温《ぬく》みの御守護である。水はいかなる器に入れても、その形通りになるものである。これは教祖の、いかなる者であってもその者の心になって下される親心である。火はいかなる硬い鋼鉄であっても、やわらかく伸ばすものである。いかに心の曲がった者でも、教祖のたすけてやりたいとの温かな親心には、真っすぐになるのも理である。

子供の成人、道の成人、事情のもつれも、いかなる事情であろうが、この教祖の親心をもってするなら、必ず成人もさせてやろう、解決もさせてやろう、そして次第次第に珍しい道にも出してやろう、と仰せ下されてあるのである。道における、上に立っての治め方は、この温かな親心より治まる理はないのである。

月日の抱き合わせの、天理の御守護の懐《ふところ》住まいである。月日親心の教祖の、可愛いたすけてやりたい親心より外《ほか》にないのである。

世界は広いのである。元は一つであり、親は一つである。その親こそ月日のやしろなる教祖である。

「をやという理は可愛《かわ》い理に育てば、どんな所も育つ。親と成りて育つるは可愛いという理を以て育てるよう」

これこそ道の上に立つ者の唯一の心構えである。

おまもりの理（一）

さあ〳〵尋ねる処《ところ》、守《まもり》いつ〳〵続かさにゃならん。赤衣《あかき》という、いついつ続かんなれど、そうせいでもいいと、何尺何寸買《こ》うてそうすればよかろうと思うなれど、赤き着物に仕立てゝ供え、これをお召し更《か》え下されと願《ねご》うて、それを以《もっ》ていつ〳〵変わらん道という。（明治二三・三・一七）

　このおさしづは、明治二十三年三月十七日のこと、おまもりは教祖のお着物である赤衣《あかき》さまをお守りにして、お出しになっていたのでありましたが、その赤衣さまが、すっかりなくなってしまったので、今後おまもりはどうさして頂いたらよろしゅうございましょうか、とお伺いになっている。それに対するおさしづである。

　おまもりというものは、いついつまでも出さなければならんものである。が、教祖お召し物の赤衣さまというものは、限りのあるものである。出してしまえばなくなるのである。もうなくなったからと言って、呉服屋から赤い反物を買ってきて、おまもりの寸法に切って、これがおまもりであると言って出したら、それでよかろうと思うであろうが、それでは理がないのである。

教祖は、めいめいの肉眼には拝することはできないのであるが、おやしきには、存命同様においで下されることは事実である。であるから、教祖のお着物の寸法にそのままに裁って、お着物に仕立てて、どうかこれをお召しかえ下されますようにとお願い申し上げて、お供え申し上げるのである。そのお供え申し上げたものを、お下げさせて頂いて、そのお着物をおまもりの寸法通りに切って、これがおまもりであると、御在世当時にしてきたと同様にしてお出し申すのである。そして、いついつまでも変わらんようにして、お出しさしてもらわにゃならんのである。こうして存命同様に運ばして頂いてこそ、御存命同様のお働きも下されるのである。御守護も下されるのである。

おまもりの結構という理のあるのは、教祖のお召し下されたお召し物である赤衣さまなるが故に、おまもりとしての有難い尊い御理のあるものである。教祖は月日のやしろである。

このあかいきものをなんとをもている

なかに月日がこもりいるそや　（六　63）

とおふでさきにてお書き残し下されてあるごとく、この御理のある赤衣さまなるが故に、危なくて通れない中でも、無事安穏にお連れ通りも下されるのである。

　この世の中は月日抱き合わせの天理の御守護の懐《ふところ》住まいである。この天理の御守護こそ、月日のやしろなる教祖の御守護である。この天理の世界、この教祖の御守護を頂いて、これほど有難い、安心なことがあるであろうか。

　であるが故に、おやしきは帰る所である。帰る所ならどうでも帰ってきてくれねばならん所である。行く所ならば、行かなくてもよいのである。帰る所ならば、どうでもこうでも帰ってくれねばならん所である。このおぢばにおいて存命の教祖は、可愛《かわい》い子供たすけてやろうとお待ち下されてあるのである。そしておぢば帰りをした子供に、けがのないよう、粗相間違いのないように守ってやろうとの教祖の親心のこもっているのが、おまもりである。おぢば帰りさして頂いたならば、このおまもりを頂かしてもらわにゃならんのである。

おまもりの理（二）

さあ〳〵これまで住んで居《い》る。何処《どこ》へも行てはせんで、何処へも行てはせんで。日々《にちく》の道を見て思《し》やんしてくれねばならん。

（明治二三・三・一七）

このおさしづは、前のおまもりのおさしづの引き続いてのお言葉であって、お召し物の赤衣《あかき》さまを仕立ててお供え申し上げて、それをお下げ頂いて、おまもりにするのであるとのお言葉であった。にもかかわらず、「御霊前へ供えますや、本席へ御召し更《か》え下されませと御頼み申しますや、どちらでありますや願」というようなお願いをしておられるのである。

そのお願いに対して、こうした激しいお言葉になってお仕込み下されてあるのである。「これまで住んで居る。何処へも行てはせんで、何処へも行てはせんで」と仰せ下されて、道がこうして、日に日に大きくなって、広まっていくというのは、一体誰が働いているのであるか、よく思案をしてみるがよい。教祖が働いていて下さるなればこそでないか。このところをよく思案せねばならんではないか、と厳しくお仕込み下されたのである。

そこですぐさま「押して、御霊前へ赤衣物に仕立て、御召し下されませと御願い致しますにや」と願っておられるのである。すると、

さあ〳〵ちゃんと仕立てお召し更《か》えが出来ましたと言うて、夏なれば単《ひと》衣《え》、寒くなれば袷《あわせ》、それ〳〵旬々の物を拵《こしら》え、それを着て働くのやで。姿は見えんだけやで、同《お》んなし事やで、姿が無いばかりやで。

（明治二三・三・一七）

と、誠に涙のこぼれるような有難いお言葉を下されたのである。お召しかえが出来ましたと言うて、夏であるならば夏のような着物、いかなる着物をお召し頂いたならば、教祖にも涼しくお通り下されることができるか、また、寒くなったならば袷《あわせ》、というように、その旬々のものをお仕立て申し上げて、お召しを頂くのである。それを着て教祖お働き下されるのであると、仰せ下されてあるのである。

この教祖のお働きの理こそが、おゝまゝもゝりの理の中にこもっているのである。

これが有難いおまもりの理である。天理の御守護の世界にあって、教祖のお働きの理を頂いて、これほど有難い、結構な、御守護の確かなことはないのである。いかにおまもりの理が有難いかを悟らせてもらわにゃならんのである。

であるから、おやしきは帰る所である。どうでも帰ってくれねばならん所と仰せ下されて、可愛《かわい》い子供の帰るのをお待ち下されてあるのである。そしてこの有難いおまもりを下される教祖の親心にすがって、おまもりを貰《もら》って帰ってもらわにゃならんのである。このおまもりは、我が身自身、教祖のおいで下される親里ぢばに帰った者でなければ頂けないのである。

そして最後に、「姿は見えんだけやで、同《お》んなし事やで、姿が無いばかりやで」と、教祖はおやしきにおいて、まさしく御存命にお働き下されておることを、はっきりと教祖のお言葉において、仰せ下されてあるのである。これほど確かな有難いことはないのである。教祖存命にお働き下されておることを、実に明確に仰せ下されておるのである。

嬉しい一つの種は一粒万倍

日々尽《にちくくつく》して嬉《うれ》しい。尽さずして種を蒔《ま》けば、日々帳面をよごして居《い》るようなもの。日々帳面消して居るようではどうもならん。日々嬉しい一つの種は、一粒万倍《いちりゅうまんばい》に成りて日々治まりて来る。これは実が実やないか、反故《ほうぐ》か嘘《うそ》か、世上の理を見れば疑いあろうまい。一つ心持たにゃならん。今夜これだけ話《はなし》して置くによって、明日《あす》は直《す》ぐと席を運ぶで。

（明治二四・一二・一九・夜）

お互いは日々に尽くしもし、運ばせてもらわにゃならんのである。が、その尽くしようにも、心からよろこび勇んで、嬉《うれ》しい嬉しいで尽くさせてもらわなければならんのである。そのよろこび勇んで、心から嬉しいその心が種となってお受け取り下さるのである。親神様、教祖のお受け取り下されるのはその真実の心である。

であるから、形はいくら尽くしても、その心に、しんに嬉しい心もなく、形は尽くしても、人間心の不足でもあるならば、せっかく種蒔《ま》きながら、種が種にもならん。ちょうど帳面にこれこれ尽くしたといって書き上がっておるだけのことであって、帳面に書いてあるからといって、それが種にもならなければ、帳面に書いただけのことであって、何の効能も現れてこない。ならばその帳面を無駄に汚しているようなものである。日々形の種を蒔いても、帳面を汚したり、消したりしているようなことでは、実につまらんことである。種というものは、嬉しい嬉しい心で蒔いてこそ、たとえ小さなことであっても、それを種と受け取って下されて、一粒万倍《いちりゅうまんばい》の御守護を頂くこともできるのである。

これが天理の世界、天理の種蒔きである。天理の世界ならば、種を蒔かにゃ生えん。蒔いた種ならば必ず生えてくる。生えた種なら一粒万倍となって、返ってくるのである。が、不足の心、泣き泣きするようでは、受け取れんと仰せ下されるのである。

こういうことが嘘《うそ》か真《まこと》か、この世の中は天理の世界である。日々に皆、世上の理に現れておるではないか。同じ天理の世界、あの人、この人と人間に変わりはないのである。蒔きながら生えんというのは、蒔いた種が腐っているのである。嬉しい嬉しい心の種こそ、一粒万倍となって生えてくる種であると、仰せ下されるのである。

天理は広い。が、天理の広い世界であっても、種の蒔きようは一つ心である。それは嬉しい嬉しいと、よろこび勇む心の現れであってこそ、種に受け取って下されるのである。

これは教祖のひながたの道にこそよく現れている。教祖の御生涯は、教祖の誠真実の親心の現れであった。可愛《かわい》い子供をたすけ上げずにはおかんというのが、その道すがらであった。教祖の種が今日のこうした道になっているではないか。教祖でなくとも、道に尽くされた、人だすけに終始された先輩の道すがらには、必ずやその尽くされた、働かれた真実の種蒔きが、今日の姿になって現れているのである。が中には、あんなに尽くされたのに、と言われる人であっても、その種が生えないのか、消えているような姿もあるのである。「日々尽《つく》して嬉《うれ》しい」と仰せ下されるこの心こそが、受け取って頂くことのできる誠真実の種蒔きの精神である。通りながら帳面を汚しておる、消しておるようでは誠に申し訳ないことである。

本席という理

一寸《ちょつと》頼み置くと言うは、席と定めたるといえども、今一時にどうせいと言うでない。三人五人十人同じ同席という。その内に、綾錦《あやにしき》のその上へ絹を着せたようなものである。それから伝える話もある。

（明治二〇・三・二五・午前五時三〇分）

このおさしづは、飯降伊蔵先生なる本席様が、明治二十年三月二十五日の刻限にて、いよいよ本席様におなり下された時のおさしづである。すなわち、初代真柱様がその刻限の場所においでになり、飯降伊蔵先生の本席様とおなり下されたことをご承知になりました旨を申し上げられますと、引き続いて出たおさしづのお言葉である。

今からは、飯降伊蔵先生を、おさづけをお渡し下される御用をして下される本席となされるのではあるが、今すぐにどうせいと言うのではない。今日まで、古くから本席様と同様に、お道信心の道をお通り下された先生方もおられるのである。その信仰から言うならば、三人、五人、十人、まあ同じ同席のようなものである。誰を見ても誠真実の心の方ばかりであって、まあ形で言うならば、皆真実の綾錦《あやにしき》のような立派な方々ばかりである。別にどうこうといって違うというようなこともないはずである。が、これをことさらに違《ちご》うておると形をもって言うならば、誰が劣らぬ皆々立派な錦のような誠真実の方々ばかりであるが、強《し》いて言うならば、その立派な錦の上にもう一つ絹を着せたというようなのが、今許した本席というようなものである。であるから、別にどうこうと言うのではないが、今日からはおさづけをお渡し下される御用をされる本席様となられたのである。そして本席様には、お言葉として教祖のお言葉を取り次がれる御用もあるのである、というおさしづである。

　こうしたように、飯降伊蔵先生なる本席様には、おさしづといって、教祖のお言葉をお取り次ぎ下されたのである。その書き取りとなって残っているのが、いわゆるおさしづである。

本席様の偉大であったことは言うまでもない。が、当時の先生方にしても、綾錦と仰せ下されてあるように、皆々誰劣らぬ真実の方々であらせられたのである。そしてこのお言葉から悟らせて頂くのに、飯降伊蔵先生を本席とお許し下されるとともに、その当時の古い先生方に対しても、十分の満足を与えておられる親心が、ひしひしと感じられるのである。「一寸頼み置く」とまで仰せ下されて、「今一時にどうせいと言うでない。三人五人十人同じ同席」とまで仰せ下されておるのである。

教祖の親心は、どこまでも子供に満足を与え、今日まで教祖と共々に古くからお通り下された先生方には、その通っただけの効能は、十分にお受け取り下されておることが、こうしたお言葉の上にも現れておるのである。「綾錦のその上へ絹を着せたようなもの」とは、実に教祖でなければ、この表現はとうていでき得ないお言葉である。

このおさしづによって、飯降伊蔵先生は本席の理を頂かれて、おさづけの取次人とおなり下されたのである。

教祖存命（一）

皆それ〳〵存命中の心で通れば、それだけの道を見せよう。さあ〳〵しっかり筆に書き取って、皆々にも伝えくれるよう。（明治二四・二・二〇）

お道は「教祖存命なり」との信仰に生きるのである。教祖存命なり、存命なり、と、何でもないことのように言ったり、聞いたりしておるのであるが、こんな有難いことはないのであり、この信仰に生きるところにこそ、お道ならではとの、よろこびも、有難味もあるのであり、そこに御守護も下されるのである。

お互い人間というものは、親と離れられないものである。親の理に生きるところに、お互いの結構御守護も頂くことができるのである。これは理屈ではない。実際問題である。お道の成人は、親の息をかけて頂くことによって、成人の御守護もある。親の理に生きるところに、めいめいの生かして頂くこともできるのである。

親と離れられない。これは人間の自然に与わった人情である。子供が親に添うて行く。親の行く所ならば、危ない所でもついて行く。これは人間ばかりではない。生命のあるものならば、畜生でもこうである。

さて、教祖と我々人間との関係、これは言葉ではなかなか言い尽くせないかもしれないが、月日のやしろが教祖であらせられるのである。月日は世の中の元の親、実の御守護の元である。温《ぬく》み、水気《すいき》の御守護である。これと離れては、これを切っては、めいめいお互いもないのである。わたしゃ天理教嫌いや、好かん、と言う人があったとする。その好き、嫌いの言える口も、温み、水気の御守護があるから言えるのである。だから教祖は、「反対する者も可愛《かわい》我が子、念ずる者は尚《なお》の事」（明治二九・四・二一）と仰せ下されて、世界中は可愛い我が子、一人残らずたすけ上げずにはおかんと仰せ下されておるのである。その月日のやしろなる教祖が、永久に御存命にてお働き下されておるのである。

この世の中は月日の世界、めいめい身上も月日の御守護下されておる身上をお貸し下されておるのである。そして月日のやしろなる教祖が、めいめいの上に乗ってお働き下されておるのである。これ以上の結構、有難い確かなことがないじゃありませんか。が、生かす心、摑《つか》む心が、めいめいお互いの、心一つが我がの理である。

二十年間のおさしづによって、教祖存命なりとの有難い信仰をお仕込み下されてある。であるから、皆それぞれ存命中の心で通れば、それだけの道を見せよう。「さあ〳〵しっかり筆に書き取って、皆々にも伝えくれるよう」と、かように仰せ下されているのである。しかもこのおさしづのお言葉それ自身も、本席様のお口から出たお言葉であるが、これ教祖のお言葉であることは言うまでもない。

こうしたところから、特にお言葉として、よく分かって頂けるおさしづを引用さして頂いて、数回にわたって教祖存命なりとの信仰に対し述べさして頂こうと思うのである。

教祖存命（二）

子供可愛《かわ》い故、をやの命を二十五年先の命を縮めて、今からたすけするのやで。しっかり見て居《い》よ。今までとこれから先としっかり見て居よ。

（明治二〇・二・一八・午後）

このおさしづは、教祖御現身《うつしみ》をおかくし下されました直後、内蔵の二階にて、おさしづ下されましたお言葉である。

教祖御身おかくし下されましたのも、子供可愛《かわい》い親心からである。教祖の御身おかくし下された思惑こそは、ここにあったのである。そしてこの思惑に沿って働かせて頂くことこそ、教祖御年祭をお迎え申し上げる意義でもあったのである。

というのは、教祖二十五年の御寿命をお縮め下されたというのも、可愛い子供をたすけるという、教祖の深い思惑であったからである。ところが、教祖御身をおかくし下されて「今からたすけするのやで」と仰せ下されておる

ということは、一体何によって、誰に乗って、教祖がお働き下されるのであるか。このおさしづの続きの後のほうに、

さあ、これまで子供にやりたいものもあった。なれども、ようやらなんだ。又々《またく》これから先だん〳〵に理が渡そう。よう聞いて置け。

（明治二〇・二・一八・午後）

とのおさしづがある。これは、今日まで子供におさづけの理を渡してやりたい、やりたいとは思うておられたのではあったが、その子供可愛い上からのおさづけもようやらなんだのである。が、これから段々におさづけの理を渡そう、このことをよう心にとめておけと仰せ下されて、おさづけの理を段々にお渡し下されて、このおさづけの理によって、可愛い子供をたすけるという教祖の御用をするのやというように、お仕込み下されておるのである。

ここにおいて、教祖お姿をおかくし下されても、今からたすけをするのである。すなわちおさづけの理によって、存命同様のお働きを下されるのである。しっかり見ているがよい、今までと、これから先と、道はすっかり変わるほどに、教祖は存命に働いておたすけをするから、とお仕込み下されてお

るのである。

かく申す時、存命の理を生かして、教祖の仰せ下される、子供可愛い上からたすけするとの教祖の思惑の実現のために、おさづけ人こそ、よふぼくの使命をしっかり我が胸に治めて、教祖存命なりとの信念信仰に生かさせて頂いて、この教祖の御用を、しっかりさせて頂かねばならんのである。これがよふぼくたる、おさづけ人の使命である。これがまた教祖御年祭の意義に生きる者である。

教祖のおよろこび、お勇みは、可愛い子供のたすかるのを見ておよろこび下されることは言うまでもない。これこそが、月日親神様の、そもそも人間を初めておつくり下された親心である。子供のよろこぶのを見て、親、月日共々楽しみたいとの、そもそも人間をお創《はじ》め下された親心であったのである。

年祭活動の盛り上がるのは、よふぼく、おさづけ人が教祖存命の信念信仰に生きて、一人でも多く、教祖の可愛い子供のおたすけの御用に、懸命の熱意を持って盛り上がる姿でなければならんのである。

教祖存命、しかも教祖永久に御存命にお働き下される。これこそお道の強みであり、これこそお道ならではとの御用もさせて頂くことができるのである。教祖存命、子供として、これほどのよろこびはないのである。

教祖存命（三）

あちらへ廻《まわ》り、日々《にちく》の処《ところ》、三十日と言えば、五十日向《むこ》うの守護をして居《い》る事を知らん。これ分からんような事ではどうもならん。

（明治二二・一一・七・午後一〇時四〇分）

この世の中は、月日抱き合わせの天理の御守護の世界である。いずこの国の果てに行っても、この親神様の御守護の中におらせて頂くことには間違いはないのである。そしてその世界の内において、いかに遠方に我《われ》一人おたすけ布教に出させて頂いているとしても、月日の影さす限り、必ずついていくものがある、と仰せ下されるごとく、教祖は陰となり、日向《ひなた》となって、共々にお働き下されておるのである。これを我が心として、この教祖に抱かれているとの信仰こそが、お道のよふぼくの信念、信仰である。

これは高井猶吉《たかいなおきち》老先生から聞かせて頂いたお話である。もちろん教祖御在世当時のことである。めいめいがおたすけのために遠方に出させて頂いて、帰ってくると、教祖も疲れた疲れたと仰せ下されて、おやしきに帰ってきためいめいをお迎え下された、との話である。こうしたことを教祖から聞かせて頂いて、本当に教祖がめいめいの上に乗ってお働き下されるということが、心の底から摑《つか》まして頂くことができて、本当に嬉《うれ》しかった、有難かった、と高井先生から聞かせて頂いた話が、しみじみと私の胸を打つのである。

これが今日においても、お道の御用、すなわち教祖の可愛《かわい》い子供と仰せ下されるこの世の中の人たちにたすかって頂いて、この親心を知って頂く、めいめいの心の置きどころである。

これほどのおたすけ人の心の強みはないのである。いかなる小さい、何でもないおたすけであったとて、めいめいの力でどうこうたすけさせて頂けるものではない。小さな指一本といえども、これは親神様の御守護のかりものである。そしてみれば、これの御守護を下されるのは、親神様の御守護でなければならんのである。これを思う時「あちらへ廻り、日々の処、三十日と言えば、五十日向《むこ》うの守護をして居る」と仰せ下される。これほどのおたすけ人の強み、有難いことはないのである。めいめいのおたすけに行く前から、待っておると仰せ下されるのである。これ実に教祖の、可愛い子供のたすかるのをいかに待ち兼ねておられるかとの、親心の程がしみじみと窺《うかが》えるのである。しかも「これ分からんような事ではどうもならん」とも仰せ下されて、どこまでも人だすけのことを、先回り先回りしてお待ち下されておるのである。

教祖八十年祭をお迎えするお互いの心の置きどころも、このおさしづの教祖のお急《せ》き込み下される程をしっかり摑まして頂いて、ただただ日本だけのことではない、遠方の諸外国といえども、月日抱き合わせの天理の御守護の内に抱きかかえて頂いておる可愛い子供である。しかも一時も早く、一人でも多くと先回りをして待ち兼ねておられるのである。これを実行にうつして、海外布教を目標として進ませてもらわにゃならん、めいめいの心の置きどころでもある。

教祖は先回りをしてお待ち兼ねである。教祖の可愛い子供と仰せ下される世の子供たちもまた、さぞかし手を差し伸べて待っておられるであろうとも思われるのである。

教祖存命（四）

扉を開いて、世界をろくぢに踏み均《な》らすと言うてある。扉を開いて、世界をろくぢに踏み均らしに廻《まわ》りて居《い》る。なれども皆《み》んな、案じてどんならん。筆に記した通り、皆出て来るのやで。遅れてあるのや。皆心定めて居るなれども、心に一寸《ちょっと》掛かれば案じてどんならん。これ皆んなよう聞いて置け。扉を開いてろくぢに踏み均らす、と言うてした通りに、皆踏み均らす。速やかと踏み均らさにゃならん。（明治二二・七）

教祖御身おかくし下された直後のおさしづにて、「さあ〳〵ろっくの地にする」と仰せ下されましたように、「扉を開いて、世界をろくぢに踏み均らしに廻りて居る」とのお言葉通りに、お姿はおかくしになっても、存命通りのお働きをしておって下されるのである。が、これの分からない者は人間心で我が身一人が働いておるかの気持ちをもって、日々通っているものであるから、せっかくお道の御用をさせて頂きながらも、人間心で案じているからどうもならんと仰せ下されているのである。

　道の御用である限りにおいては、教祖こそ存命同様におさづけ人なるよふぼくに乗って働いておって下されるという、この有難い教祖の親心をしっかり摑《つか》ませて頂いてこそ、道のいかなる御用もさせて頂くこともできるのである。我が身一人働いておるというような人間心では、教祖のお望みであるたすけ一条の御用もさせて頂くことはできんのである。

　道の者としては、特に人だすけが何よりの有難い御用であるとして働かせて頂くよふぼくであるお互いには、教祖御存命に働いて下されておるこの信念信仰こそ、実に大切なるものでなければならんのである。

　教祖八十年祭の働きをさせて頂くその原動力も、この信仰のよろこびから出てくるのではないか。天理の世界、月日抱き合わせの懐《ふところ》住まいをさせて頂くお互いとして、月日のやしろである教祖に乗って働いて頂いて、何の叶《かな》わんはずもないのである。しかも「扉を開いてろくぢに踏み均らす、……速やかと踏み均らさにゃならん」とまで仰せ下されて、人だすけの一日も早くその実現の効を挙げさせて頂くことが、教祖の御身をおかくし下されてまでもの親心に叶わせて頂くことのできる御用である。

　しかるに、この時のおさしづにおいて、「筆に記した通り、皆出て来るのやで」、ところが「遅れてあるのや」とまで仰せ下されて、教祖がお急《せ》き込み下されているのである。その遅れをなしているものは何であるか。教祖御存命にてお働き下されるこの信念信仰を忘れて、人間心に皆が案じておる。その案じ心が、この道の教祖の御理想である、世界をろくぢに踏みならすとの思惑の実現をも、邪魔している結果となっているのである。

　天理の世界である。教祖の御守護の懐住まいである。そして、御存命同様に、よふぼくの皆様に乗ってお働き下されている世界である。これをしっかり我が心に刻み込んで、いかなる危ない中も、教祖も共々にお通り下されるのであるとのよろこびに生きて、しっかり人だすけのために御用働かせてもらわにゃならんのである。

教祖存命（五）

さあ〳〵これまで住んで居《い》る。何処《どこ》へも行てはせんで、何処へも行てはせんで。日々《にちく》の道を見て思《し》やんしてくれねばならん。

押して、御霊前へ赤衣物に仕立て、御召し下されませと御願い致しますにゃ

さあ〳〵ちゃんと仕立てお召し更《か》えが出来ましたと言うて、夏なれば単《ひと》衣《え》、寒くなれば袷《あわせ》、それ〳〵旬々の物を拵《こしら》え、それを着て働くのやで。姿は見えんだけやで、同《お》んなし事やで、姿が無いばかりやで。

（明治二三・三・一七）

以上のおさしづは、おまもりの理のお話の時に引用させて頂いたお言葉である。あの時にも言ったように、おまもりは、教祖のお着物をおまもりとしてお下げ下さっているのである。ところが、そのおまもりがなくなったので、

どうしたらよかろうかとお伺いされている。
すると、赤い着物に仕立て、教祖にどうかお召し下されとお願いして、それを下げて頂いておまもりにして出すようとのお言葉があった。その時に、本席様にお着物を着て頂くのであるか、というような願い方をしておられる。その願い方に対してお諭し下された厳しいおさしづがすなわち、「さあ〳〵これまで住んで居る。何処《どこ》へも行てはせんで、何処へも行てはせんで。日々の道を見て思《し》やんしてくれねばならん」とのおさしづとなって、お仕込み下されているのである。

　このお言葉のように、こうして教祖がはっきりと、存命同様にお働き下されているなればこそ、道は次第に大きくなっていくのである。日々の道の姿がこうして御守護となって現れているのは、一体誰が働いているからであるか、よく思案をせにゃならんではないかと、厳しくお仕込み下されているのである。実にこの教祖御存命同様にお働き下されておる、この信念信仰こそ、お道の上に働かせて頂く者の生命である。これを忘れては、お道の御用をさせて頂く者の御守護の根元を失っているも同然である。

そして次のおさしづに、「夏なれば単衣《ひとえ》、寒くなれば袷《あわせ》、それ〳〵旬々の物を拵《こしら》え、それを着て働くのやで。姿は見えんだけやで、同《お》んなし事やで」とまで仰せ下されて、我々の道の上に働かせて下されている者に、実に力強くお励まし下されているのである。これほど有難い、安心なことはないのである。だのに、この有難い教祖の親心を分からんで通っておるようなことでは、誠に申し訳ないことである。

おさしづは、いつも言うように教祖のお言葉である。これをしっかり信じて、我が心の置きどころとして通らせて頂くところに、お道ならではとの御守護もあり、よろこびもあり、楽しみもある。そしていかなる苦労の中も、危ない中も、安心をして通らせて頂くこともできるのである。これがお道ならではとの強みである。教祖はよく敵倍の力とも仰せ下されてお仕込み下されるのであるが、この敵倍の力こそ、教祖のお働き下されることを仰せ下されるものであるとも、悟らせて頂くことができるのである。

教祖は月日のやしろである。この世の中は、月日抱き合わせの天理の御守護の懐住《ふところ》まいである。教祖存命の信仰に生きることこそ、お道のお互いの信念信仰でなくてはならんのである。

教祖存命（六）

さあ〳〵尋ね運ぶ一つの理という。幾重《いくえ》の心がある。何もこれ古き処《ところ》、古きものを脱ぎ捨てたるだけのものや。どうしてくれ、こうしてくれる事も要《い》らん。存命中の心は何処《どこ》へも移らんさかい、存命中で治まりて居るわい。

（明治二四・二・二二）

このおさしづは、教祖五年祭の時にお伺いになっているおさしづである。一年祭は警察騒ぎのため勤められなかった。それで五年祭は教祖の年祭の初めての年祭でありましたので、実にいろいろのことをお願いになっておる。その中の一つで、年祭を勤めさせて頂くのであるが、それについては、あの墓地に参拝をさせて頂くべきものであろうかとお尋ねになっているのである。

実はその当時の教祖のお墓地は、豊田《とよだ》山の現墓地にご改葬になる前のことであったので、勾田村《まがた》の頭光寺《ずこうじ》の善福寺《ぜんぷくじ》の境内に仮埋葬申し上げてあった時のことである。

教祖御存命であらせられることのお仕込みを下されている当時のことであるので、かくも墓参のことについて、ことさらにお伺いになったのであるとご推察申し上げるのである。

すると、墓地という所は「古きものを脱ぎ捨てたるだけのものや」と、はっきりと仰せ下されているのである。お道における出直しというものは、古い着物を脱ぎ捨て、新しき着物を着て、またこの世に出直してくるというのがお道の出直しであるとのこのお仕込みは、前々からもお話し下されてあるところのものであるごとく、この時においても、このことをはっきり仰せ下されているのである。であるから、年祭だからといって別に「どうしてくれ、こうしてくれる事も要らん」と仰せ下されているのである。そして教祖は、「存命中の心は何処《どこ》へも移らんさかい、存命中で治まりて居るわい」と仰せ下されているのである。すなわち、教祖の現身《うつしみ》はかくしているのであるが、まさしく、おやしきに存命中で治まっていると仰せ下されているのである。

毎度毎度繰り返して言うようであるが、おさしづこそ、教祖のお言葉である。その教祖のお言葉にて、おやしきに「存命中で治まりて居る」と仰せ下されているのである。こんな有難い確かなことはないのである。

教祖がこう仰せ下されるように、おやしきなるぢばにおいで下されるなればこそ、皆様方、遠方はるばるとおやしきにお帰り下されるのであり、必ず一人残らずたすけ上げずにはおかん、と仰せ下されるごとく、おぢば帰りによって、珍しい御守護も頂くことができるのである。

また国々所々において、道の上に御用お働き下される皆様方の上に乗って、共々にお働きを頂くこともできるのである。実に道の強みは、こうして教祖御身おかくし下されたとは言え、教祖の存命同様のお働きをもって御守護の頂くことのできるところにある。

教祖は御存命であらせられる。実に有難いことではないか。これこそ道の働きの力をなす原動力ともなる信仰ではないか。いかなる苦しき中も、いかなる危ない中も、教祖は我々と共々にお通り下されるのである。実に有難い極みではありませんか。

教祖存命（七）

さあ〳〵心々、心やで。心を受け取るのやで。一度の処《ところ》を二度三度運べばそれだけ理が日々《にち〳〵》増すという。これ日々楽しんでくれにゃならん。……存命中同然の道を運ぶなら、世界映す又々《また〳〵》映す。さあ〳〵勇もう〳〵〳〵。

（明治二五・二・一八・夜）

このおさしづは、明治二十五年のことでありましたが、教祖御存命であらせられるので、その食事のお給仕について、「日々三度ずつ致しますもので御座りますや」とお伺いになっておられます。それに対してのおさしづのお言葉である。

今日におきましても、教祖殿にご参拝になりますと、お食事時にご参拝になりますと、御殿においてお食事のお給仕をしておられます。このおさしづからであります。すなわち「心々、心やで。心を受け取るのやで」と仰せ下されてありますように、教祖のお受け取り下されるのは、めいめいの心尽くしをお受け取り下されるのである。決して物ではない。教祖を思う心をお受け取り下される。

子供が親を思うて運ぶ心は誠真実、誠真実は種、種は小さなもの、と仰せ下されますように、子供が親を思う誠真実の、形に現れたものであってこそ、教祖がお受け取り下されるのである。教祖がお受け取り下されるならば、たとえそれは小さなものであっても、種としてお受け取り下される。種ならば小さくとも、生える理は一粒万倍《いちりゅうまんばい》の収穫であるごとく、返して下される徳は一粒万倍の徳としてお返し下される。ここにいんねんの悪い者もたすけて頂くことができるのである。

であるから、めいめいが食事を頂くならば、教祖も御存命でおいで下されるのであるとしてみれば、教祖にお食事も差し上げ申し上げなくてはならん。その心をお受け取り下される。「一度の処を二度三度運べばそれだけ理が日々増すという。これ日々楽しんでくれ」と仰せ下される。

教祖のおよろこび下されるのは、めいめい子供のたすかることをおよろこび下されるのである。ご自分が二度のところを三度も四度も食べたいと仰せになるのではない。教祖のおよろこびになるのは、決して形の物を見て、よいものを食べたいとも仰せ下されるのではないのである。子供が親を思うて運ぶ、その理によって、可愛《かわい》い子供もたすけて頂くことのできる種になるから、こう仰せ下されるのである。これをよく思案せにゃならんのである。

この教祖を思って運ぶ子供の真実、これがおやしきにおける形の姿となって現れているのである。おやさとやかたが立派に出来ておる。これ言うまでもなく、道の子供の親を思うて運ばれた種が、バラス、セメント、あるいは鉄筋となっておるのである。言い換えれば、皆様方のたすけて頂くことのできる種が、こうしたものになっているのである。

教祖はどこまでも、我が身のことについてどうしてくれ、こうしてくれと仰せ下されるのではない。めいめいのたすけて頂くことのできる、このたすかった子供を見ておよろこび下されるのである。その教祖は姿をかくしておられるだけである。「存命中同然の道を運ぶなら、世界映す又々映す。さあ〳〵勇もう〳〵〳〵〳〵」と仰せ下されるのである。何の心配もないのである。この存命の教祖をしっかり摑《つか》ませて頂いて、道の御用もしっかりさせてもらわにゃならんのである。

教祖存命（八）

宵《よい》の間は灯《あか》りの一つの処《ところ》は二つも点《つ》け、心ある者話もして暮らして貰《もら》いたい。一日の日が了《しま》えばそれ切り、風呂場の処もすっきり洗い、綺麗《きれい》にして焚《た》いて居《い》る心、皆それ〳〵一つの心に頼み置こう。

（明治二五・二・一八・夜）

このおさしづにおいて、教祖は、たとえめいめいの肉眼にてお姿は拝することはできなくても、おやしき、ぢばにおいで下されることは間違いのない事実である。これがお互いお道を信仰させて頂いておる者の最も肝心な心の置きどころである。

であるから、日が暮れてまいりまして、めいめいが電気のスイッチも入れなくてはならん刻限となったならば、教祖もあすこにおいでになるのであるから、まず第一に教祖に明るく電気も入れさせてもらわにゃならん。これがお互いの心の置きどころである。

さてお言葉のごとく、形の上から、一つのところを二つも点《つ》けて、あかあかとしてくれと仰せになっておられるが、これをただの形の上から考えるならば、教祖が明治十九年に櫟本《いちのもと》の警察で御苦労下された時、朝、東の空からほのぼのと夜が明けてきたことに気付かれ、見張りの巡査のウツラウツラと居眠りをしている机の横にあった置きランプの火を、もったいないからと言って消されたそのお心と、いかにも話の合わぬようにも受け取れるのである。がしかし、教祖の仰せ下される親心は、決して我が身のことを仰せになって、ランプの一つのところを二つも三つも点けてくれとは仰せになるのではない。子供が教祖なる親に、こうした心尽くしによって、すなわち子供が親を思うて運ぶ心が誠真実、誠真実は種、この尽くしたお互いの真心こそたすけて頂く種であることを、よくよく思案させてもらわにゃならんのである。

であるから、たとえ教祖お姿はおかくしになっていて、めいめいにはこの目で摑《つか》むことはできなくとも、教祖はおやしきにはっきりおいでになるのである。そうしたならば、教祖に話の一つもさせて頂いて、今日はこうしたことがあった、こう道の様子である、また何事であっても、これお聞き頂いてという心があるならば、話をして聞かしてくれ、と仰せ下されるのも、これまた教祖がおいでになる、存命においでになる、その信仰をしっかり摑んでおるがためである。

こうして教祖が存命におられることを、しっかり摑ませて頂いて通ることの有難いことを仰せ下されるのである。存命におられるならば、教祖お一人姿がないからといって、放っておけるものでもない。おいでになるならば、お風呂もたいてご入浴もしてもらわにゃならん。その日のお風呂が済んだら、そのお風呂もすっきり流して掃除もして、また明日お入りもしてもらわにゃならん。こうして存命におられる教祖に、子供が仕えるその心がお互いの御守護となって、たすけて頂くことを仰せ下されているのである。

であるから、教祖の存命であらせられることを、皆々にしっかり摑んでもらわにゃならんし、また存命でおられるならば、その教祖に存命同様にお仕え申し上げなくてはならん。こうして教祖御存命にあらせられるこのことをしっかり生かして通ることが、道を通らせてもらう者の大切な心構えであることを、かように分かりやすく、おさしづをもってお諭し下されているのである。であるから、これを皆の者に聞かせて、こうしたように仕えてくれ、否《いな》、どうかたすかってくれと仰せ下されている。この意味をしっかり悟らせてもらわにゃならんのである。

教祖存命（九）

さあ〱尋ぬる事情〱、尋ねにゃなろうまい〱。存命々々と言うであろう。存命でありゃこそ日々《にちく》働きという。働き一つありゃこそ又《また》一つ道という。存命一つとんと計り難《がた》ない道なれど、又日々世界映す事情聞き分け。

（明治二九・二・四）

このおさしづは、教祖十年祭をお迎え申し上げるにつき、お居間のところを存命通りに、火鉢なり、その他のことについて、修繕をさせてもらいたいからといってお願いされておる、それに対するおさしづである。

教祖存命であるとのおさしづのお仕込みは、前々からのことであって、十年祭も近づいてくるにつき、火鉢も日々常々にお使いになっておられましたので、どこか修繕もせにゃならんことにもなったのでありましょう。

ところがそのお道具の修繕のことについても、何にも触れずに、教祖存命に働いておって下されるなればこそ、道も次第に大きくもなり、次第次第に広がって、その道の姿が、おやしきにおける教祖の年祭を迎えるその姿ともなって現れておるのではないか、というように、教祖御存命であらせられることを、このおさしづにおいても、目の前に手に取るようにお仕込み下されておるのである。教祖御存命にてあらせられるという信仰こそ、お道における生命である。教祖のこの御守護こそ、道の不思議なるおたすけにもなり、不思議なる事情の解決ともなって現れるのである。

これと反対に、人間心こそ、この道の御用、御守護を頂くことのできない結果ともなって現れるのである。

神一条がお道の心の置きどころであることは、これ言うまでもないことである。神一条はこれすなわち、教祖にすっかり身も心ももたれ切って通らせて頂く生活である。その教祖こそ、姿は見せて頂くことはできないのであるが、まさしく存命においで下されて、めいめいの上に乗ってお働き下されておることは、これ実に確かなる事実である。

かく申すとき、教祖存命なりということは、いかにも頼りなく「存命一つとんと計り難《がた》ない道なれど、又日々世界映す事情聞き分け」と仰せ下されているのである。なんぼ頼りなく思っていたとしても、教祖存命なりとの信仰をしっかり摑《つか》ませて頂いて、それにもたれ切った時のお道の生活によって、目の前に御守護を頂くということは、誰が何と言っても、見えておる事実である。これは隠すことのできない事実である。これがお道の姿である。

教祖はどこまでも「教祖存命なり」との信仰をお仕込み下されるのである。

火鉢その他の修繕のことについては、このところ何ともそれには触れてはおられないのである。が、教祖御存命である以上は、言うまでもなく、その修繕もさせてもらわにゃならんことは当然のことでありましょう。

これは小さな事柄でありましょう。がしかし、こうした教祖存命なるが故に、この教祖にたとえ一つの小さなことであってもさせて頂くその心が、教祖に受け取って頂くめいめいの心尽くしであって、これがたすけて頂く種ともなるのである。これが年祭の姿、道の子供の成人の姿でもあるのである。

教祖存命（十）

さあ〳〵皆よう思《し》やんをして掛かれば危ない事は無い。影は見えぬけど、働きの理が見えてある。これは誰の言葉と思うやない。二十年以前にかくれた者やで。なれど、日々《にち〳〵》働いて居《い》る。案じる事要《い》らんで。勇んで掛かれば十分働く。心配掛けるのやない程に〳〵。さあ〳〵もう十分の道がある程に〳〵。

（明治四〇・五・一七・午前三時半）

このおさしづは、ご本部の北礼拝殿のふしんの時のおさしづである。今日から言うならば、そう大したふしんのようにも思われないかもしれないのであるが、当時のお道としては、なかなかの大きなふしんであった。またお道としても、初めての大ふしんであったのである。

がしかし、これは大きなふしんだから出来んというのではない。ここのところをよくよく思案をせにゃならんのである。教祖のお姿は見えないであろうが、お道がこうして段々と大きくなっていくのは、教祖が働いておって下されるからではないか。教祖が働いて下さっておるなればこそ、道もこうして大きくなっていくのではないか。こう言っておるこの言葉は、一体誰が言っておる言葉であると思うているのか。これは二十年以前に身をかくした、その教祖が言っておる言葉であることを、よく思案せにゃならんのである。

おさしづは本席様の口から出ているお言葉には違いないのであるが、本席様のお心から出た本席様のお言葉ではないのである。教祖のお言葉が本席様の口から出ておるのである。だから、おさしづも原典の一つである。こうして姿はおかくしになっておられるが、決して案じることはいらんのである。勇んでふしんにかかるならば「十分働く。心配掛けるのやない程に〳〵」とまで仰せ下されて、北礼拝殿のふしんについて、人間心になりがちな当時としての先生方はじめ、一同に勇まして下されているのである。これ実に有難い教祖の親心のこもっておるお言葉ではないか。これこそ、親神様の御用をさして頂く者の心の置きどころをば、かようにはっきりとお教え下されているのである。

教祖は存命にお働き下されているのである。いかなる大きな御用でも、道の御用、教祖の御用である限りにおいては、みんな一同の者に心配をかけるのやないとまで仰せ下されて、ついうかうかしたならば、人間心になって案じ心のお互いに、お励まし下されているのである。

年祭の御用は道の御用、教祖の御用である。ただただこれをさして頂くお互いめいめいが、我が力でさして頂くのでない。我が物でするのやない。教祖が働かして下されるのである。その教祖が存命で働いて下されるのであることを、一時たりともこれ忘れては、この御用もさして頂くことができないのであることを、しっかり我が心において通らして頂くのが、めいめい道の者の、よふぼくの、おさづけ人の心の置きどころであることを忘れてはならんのである。

これは年祭における御用に限ったわけでもない。常々日頃の道のよふぼくの心がこれでなければならんのである。
教祖存命なり、この教祖こそ無い人間世界をお創《はじ》め下された月日のやしろである。その教祖が存命に、めいめい道の者の上に乗ってお働き下されていることを忘れてはならんのである。道の御守護の原動力、生命であることを忘れてはならんのである。

おさしづの理

さあ〱これまで〱皆《み》んな何処《どこ》へ出るも、遠く出るもさしづ以《もっ》て許し置いたる。どんな難しい中でも、戻り来るまでにちゃんと治まりて来る。これさしづの理やで。どんな事でも尻《しり》を固めて来るが理。

（明治二六・二・六）

おさしづは、本席様のお口から出たお言葉である。が、これは言うまでもなく、教祖のお言葉である。教祖は月日のやしろである。教祖こそ、無い人間世界をおこしらえ下された元の親神様なる月日の、人間の姿をしておられるのが教祖である。この教祖の仰せ下されるお言葉こそ、めいめいお互いの、この天理の世界に生活をさせて頂く者の、唯一の指針となるべきお言葉である。そしてまた、この世の中は天理の御守護の懐《ふところ》住まいである。その限りにおいては、おさしづこそ、めいめい通るべき心の置きどころである。これに頼るべき生活、これ実に神一条の生活である。

　おさしづを拝読させて頂く時、「これまで〳〵皆《み》んな何処《どこ》へ出るも、遠く出るもさしづ以て許し置いたる」と仰せ下されるように、誠にちょっとした、これくらいというほどのことであっても、おさしづに頼って巡教にも出ておられることが、よく分からせて頂くことができるのである。であるが故に、「どんな難しい中でも、戻り来るまでにちゃんと治まりて来る」と仰せ下されるように、御守護を頂いておられるのである。これがお道の通り方であり、これこそめいめいの信仰のあり方である。

　おさしづは教祖のお言葉である。おさしづは教祖の親心の言葉に現れておるものである。この世界、これによって治まるというのは、これ当然の理である。

　めいめいの信仰は、親に頼る、親に生きる、これは一番に大切なことである。道の子供の成人は、親の息をかけて頂いて成人をさせて頂くことができる、と教えられておる。これは理屈でなくて、実際問題である。親の理もいろいろにあろう。が、いずれにしても、親、親とさかのぼりますならば、教祖にまで行くのである。親の理は神の理である。

　おさしづは教祖のお声である。この親の声の仰せのままに、この親の声を生かして通らせて頂くところに、めいめいの天理の生活があり、いかなる事情の中も、この親の声を頼りにして行かせて頂くところに、その事情も治めさせて下されるのである。

「戻り来るまでにちゃんと治まりて来る。これさしづの理やで。どんな事でも尻を固めて来るが理」と仰せ下されてあるのである。

　お互い道の者は、何かに頼らなくては通れないのである。この通る者のよりどころこそおさしづである。

　これを今にする時、親の理は神の理である。この親の理に生きるところに、いかなる中も通らせて頂くこともできるのである。いかなる事情の解決もさせて頂くことができるのである。この親の理を頂いていくところ、いかなる道の御用も、無事にさせて頂くことができるのである。これは実に理屈ではない。実際の問題である。何でもないことであるようにあるが、これは実に何でもないことではないのである。実に肝心な心構えである。親の理に生きる、親の理を生かして通る。これ実にお道の唯一の通り方である。

扇のさづけ

さあ〱扇の伺い〱というは、心得までのため、これは古きの道や。僅《わず》か年限は知れてある。教会を治めて居《い》るなら、世界からどうであろうと心掛けて居よう。俺《おれ》も見ようか。今の一時難しい処《ところ》、古き処で止め置きたる処も暫《しばら》くという。用いる者が悪いのや。これ一寸《ちょつと》々々と言う者が

悪いのや。めん〳〵からは出やしょうまい。それだけの心の理が分から ねばどうもならん。扇伺いは言葉では言わん。それから遂《つい》にはこふまん の理が出る。そこで皆止《と》めた事情は古き事情。（明治二三・六・一二）

扇のおさづけについてのおさしづである。扇のおさづけを頂いておられる が、これをどう扱わしてもらったらというようなことを願っておられるので ある。

扇のおさづけというものは、一口に言うならば、このさづけを頂いておる 者が、扇の伺いをすることができるのである。扇の伺いというものは、扇の 動きによって神意を悟らして頂くのである。ただ扇の動きだけで神意を悟ら して頂くというだけのものであるが、これを悪用するならば、ついには高慢 心が出て、ああや、こうやと、いろいろ我が身の悟りが、言葉となって現れ るということにもなり兼ねないのである。それでまた、これを悪用した者も 事実あったので、これは、早くからこのおさづけを頂いた者も相当におられ たのであったが、その使うことを止められていたのであった。ところが、こ うしたことを、今さらながら願っておられるというところから、こうしたお

さしづが出たわけである。そのおさしづの大意は、

「扇の伺いというのは、これは古い道の時分のことであって、古いといっても、その年限は知れてある。たすけ一条に道を通っておるならば、世間からどうか伺ってくれと言ってきたところが、止められてあるのであるから、使えんというようなこともよく分かっていようが、止められていることも分からずに、人から頼まれたからといって、それを用いる者が悪いのである。なんぼ使ったところが、止められておさづけの理を抜いておられるのであるから、いくらそれを使っても、めんめんの力ではどうにもならんのである。それだけのことぐらい分からんようなことでは、どうもならんのである。

　扇の伺いというものは、どこまでもその扇の動きだけによって、神意を悟るというだけのことであって、人間心の諭しの言葉となって言葉に出るものではないのである。そういうようなことをするから、ここに大きな間違いもできてくるのである。その間違いを起こす高慢心の者も出てくるから、古くから扇のさづけを頂いた者も、かなり（四、五十名）あったのであるが、止められてあったのである」

扇の動きによって神意を悟るということは、たとえば持っている扇が上に動くと、その伺っていることがうまくいく、病人ならばたすかる、倒れたら病人ならばよくない、というように、その扇の動きだけによって悟ることができるというだけのことである。

肥のさづけ

さあ〳〵さづけ一条の肥《こ》え、これまでの処《ところ》、世界の処運ぶに運ばれん。前々《ぜんく》これまでの処、これまでの事情として心治めるよう。もう暫《しばら》く、年々に通り来た心だけ、心だけのさづけである。何ぼでも心だけはきゃどうもならん。心だけの理や。成程《なるほど》効く。どんな肥えを置けど、心だけの理はっちゃ効かんで。これから事情定めて了《しま》う。どんな難も無きようにする。さあ心だけのさづけの肥えを置くがよい。

（明治二三・七・一七）

このおさしづは、教祖御在世当時からの古き先生である辻忠作《つじちゅうさく》先生の、肥
のさづけを頂いておられたそのことについて、お伺いになっておるおさしづ
である。
　肥のさづけを下されておる教祖の親心は、道一条を通るならば、百姓をし
ているからといって、金肥《きんぴ》の肥も買えなかろうというところから、肥のさづ
けを下されておるのである。こうして教祖の親心から下された肥のさづけで
あるから、この教祖の親心をしっかり生かして通るよう、この教祖の親心を
生かすところに御守護もあるのである。この下されたその時の心を忘れぬよ
う、落とさぬようにして通るよう。いくら結構なおさづけを下された、また
これを頂いたからといっても、その時の心を忘れてしまえば、何にも、肥の
さづけだからといって、それを置いても効くものでもないのである。今日ま
で通ってきたその真実の心、その真実に下されたおさづけであるから、その
心の誠真実が効くのである。実にその人の真実だけのさづけである。形の肥
を置いても効くものでもないのである。
　肥のさづけというものは、土三合、糠《ぬか》三合、灰三合、合わせて九合、これ

で金肥の一駄《だ》分の御守護があるとおっしゃる。この御守護を下されるというのである。

辻先生にこうした話が残っている。というのは、今言った形の九合であるが、こんなものを置いて一駄分の御守護があるのやろうか、と疑い心をもって田に置かれた。するとその年は虫が付いて、さっぱり出来なかった。それで、これは申し訳のないことをした、と心を取りなおして、教祖の親心にすっかりもたれ切って、この肥を置かれた。その年は仰せのごとく、実《み》も十分に御守護を頂かれた、との話である。これを思案した時、「心だけのさづけである。何ぼでも心だけはきゃどうもならん。心だけの理や」と仰せ下されるごとく、実にこれでなければならんのである。なるほど形のどんな肥を置いたとしても、心だけの理はっちゃ（しかの意）効かんのである。

いずれのものを置いても、いずれは月日親神様の御守護の体内住まいである。この御守護がなければどうにもならんのである。万事はこの通りであって、この世の中におらせて頂く限りにおいては、この親神様の御守護を待たなくては、どうにもならんのである。月日の世界、めいめいの心のよりどころとしてもたれかかるものは、実に親神様より外《ほか》にないはずである。神一条の世界である。このことからよく心を定めるならば、どんな難もなきようにする、と仰せ下されているのも、実にこの心である。「さあ心だけのさづけの肥えを置くがよい」と仰せ下されるのは、ここである。これは必ずしも肥のさづけに限ったわけのものではない。おさづけ人の心構えもまた、これでなければならんのである。

さづけは国の土産、国の宝

大祭中、皆楽しんで出て来る。親里と言うて出て来る戻りて来る中、あんな所と言う、これは世界の理。遠い道遥々《はる〲》運ぶ、これは何を伝《つと》うて出て来るか。この道理聞き分け。そこで、席々何席運んで本席という。さづけ貰《もろ》うて戻りたら、これは国の土産《みやげ》、国の宝、何程やら分からん。この理うっかり思うてはならん。

（明治三一・一二・三〇・朝九時）

ご本部の大祭ともなれば、信者の方々は、親里や、ぢばやと言ってたくさんの方々が帰ってくるのである。これは何が故であるか。何が故に遠方はるばる戻ってくるのであるか。この帰ってくる理を聞き分けにゃらなんのである。このおやしきぢばにこそ、可愛《かわい》い子供を一人残らずたすけ上げずにはおかんとの、月日親神様のおやしろである教祖がおいでになるからである。そして今もなお、姿はおかくし下されているが、存命同様にお働き下され、お見守り下されているからである。そして帰ってきた子供は皆、我《われ》も我もと別席を運んでくれるのである。

さて、この別席を運んで、九度の席ともなれば満席となって、おさづけを頂くのである。このおさづけの理というものは、帰ってきた子供に、我が身たすけて頂きたいと言って帰ってきた子供に、お前必ずたすけてやろうと言って下されるおさづけの理である。が、お前必ずたすけてやろうと言って下されたおさづけの理ではあるが、我が身に頂いて、我が身にだけは取り次ぐことのできないおさづけの理である。どこまでも人をたすけさして頂くための道具である。人だすけに使わして頂くならば、たすける者の誠真実によっては、医者の手余り、難病であっても、必ずたすけさせて頂くことのできるおさづけの理である。この、人をたすけさせて頂くおさづけの理であるということを、よくよく思案せにゃならんのである。お前たすけてやろうと言って下されたおさづけの理でありながら、我が身にだけは使えない。人だすけでなければ使えないというところを、よく思案せにゃならんのである。

であるから、おさづけは国の土産《みやげ》と仰せ下されるのである。土産ならば、隣近所の方々に貰《もら》ってもらわなくてはならんのである。使わずなおしておいては値打ちもないのである。これを隣近所の方々に貰ってもらって、たすかってもらわなくては値打ちがないのである。

このおさづけをもって、人だすけに励んでもらったならば、このおさづけこそが国の宝になるのではありませんか。病人ができた、あのおさづけ人の所へ行けばたすかる。あちらの難病人、こちらの難病人と人が集まってくる、これおさづけの理を頂いておるなればこそではないか。おさづけこそ教祖の親心、可愛い子供一人残らずたすけ上げずにはおかんという、その親心の現れが、おさづけの理となって、めいめいにお授け下されるのである。

このおさづけを下される教祖の親心の程をしっかり摑《つか》ませて頂く時、本当にめいめいとして、うっかりはしておられないのである。使わせて頂くためのおさづけ、たすかってもらうためのおさづけ、これをよくよく思案せにゃならんのである。土産はなおしておくものじゃない。そしてこの土産は、いくら貰ってもらっても、なくなる土産でもない。ますますめいめいの人だすけから頂く徳を増やさせて頂くことのできるおさづけであることを、よろこばせてもらわにゃならんのである。

真実の種蒔き

石の上に種を置く、風が吹けば飛んで了《しま》う、鳥が来て拾うて了う。生えやせん。心から真実蒔《ま》いた種は埋《おぼ》ってある。鍬《くわ》で掘り返《か》やしても、そこで生えんや外《ほか》で生える。
（明治二三・九・三〇・午後九時）

天理の世界である。種蒔《ま》かにゃ生えんのである。いくらたすけてやろう、たすけて頂きたいと言っても、蒔かん種は生えんのである。その種蒔きにもいろいろとある。

お道の種蒔きとは、人をたすける心は誠真実である、誠真実は種である、種は小さなものと仰せ下されるのである。誠真実から出たことであるならば、たとえ小さなものであっても、それはたすけて頂く種と受け取って下されて、種ならば一粒万倍《いちりゅうまんばい》の徳となって、お返し下されるのである。一口に言うならば、誠真実が種になるのである。誠一つは天の理である。ところがお道でなくとも、人の形や、見栄《みえ》で物を寄付される。つまり人間心でせられる。それはちょうど石の上に種を置いたようなものである、とおっしゃるのである。それは石の上に種置いてあるのであるから、風が吹いたら散ってしまうのである。鳥が来たならば、それを食ってしまうのである。結局生えやせん。種を蒔いても、こうした人間心、形の見えるような種蒔きをしておっては、何にもならんとおっしゃるのである。

ところが、心から真実蒔いた種であるならば、地の中に埋《おぼ》ってあるようなものである。人が見ているから、また見ていまいが、そんなことには頓着ないのである。天理の世界ならば、誠一つが天の理である。誠は人をたすける心である。この心で日々通っているならば、これこそ天理の種蒔きである。蒔いた種ならば必ず生えてくるのである。

心から真実蒔いた種は土の中に埋ってあるのである。人から見えんかもしれんのであるが、蒔いた種なら、必ず生えてくることには間違いないのである。生えてこそ蒔いた種も値打ちがあるのである。

本当の真実の種は、土の中に埋ってあるから人から見えん。見えんから人が来て鍬《くわ》で掘り返すかもしれんのである。が、鍬で掘り返されても、そこで生えなくても、外《ほか》で必ず生える、とこう仰せ下されるのである。

これが本当の種蒔きである。天理の世界、尽くし損、働き損は絶対にないとおっしゃるのである。蒔いた種ならば、決して蒔き損ない、出来損ないはないというわけである。

天理というものは、人がどうしよう、こうしようと言って、人間力ではどうこうできるものではないのである。だからこれほど確かな通り方はないのである。

種を蒔かにゃ生えんということは、物心がついた者であったなら、誰にでも分かることである。誰にでも分かるから、これを実行したら誰でもたすけて頂くことのできる、たすけ話である。誰でもたすけてやろう、たすけて頂くことのできる種の話であるけれど、種ならば蒔かにゃ生えんのである。話は分かっていても、それを実行せんことには、たすけて頂けん話である。これが教祖のたすけ話である。「種は小さなもの」であるから、誰にでも蒔ける話である。

おさしづの手引　その二

序

「おさしづの手引　その二」を出して下されるのである。その序文を書かにゃならん、書かしても頂きたいのである。が、このたびの序文は、実はおさしづに関しては、昨年十一月十四日に出直された二代真柱様のことを離れては書くことはできない。

今から考えると、「おさしづ」こそ二代真柱様の親心の現れのようにさえも、私には思えるのである。集成部が初めて教祖四十年祭の前年、大正十四年四月頃お宅に出来た。そしてその御用を私にさして下された。今のように、その室に三人も五人も集まって御用をさして頂くのではない、私一人である。そしてこの室は、誰も勝手にのこのこ入ってこられる室ではない。そして私の定まった御用はおさしづの出版の御用である。

これはなかなか大きな御用やなあと思った。が、私も若かったのである。「おまはんのお父さんの伊三郎先生は、おさしづの運び方の唯一の御用をしておられた先生や。そしてその後のお諭しは先生がお聞かし下さったのや。そのいんねんや。やはり真柱のお心に映る理は偉いものや。これをやらして下されるいんねんがあるのや」と言われ、私を励まして下された先生もあった。とにかく私の心は本当に前真柱様の親心を真剣に受けさして頂いた。そして命懸け真剣であった。これはよかったのであるが、その肝心の前真柱様が、今は桝井ともおっしゃって下さらないのである。これが悲しいのである。おさしづと私、離れられない、前真柱様の親心がおさしづの形になって残っておられるとも思われるのであるが、その前真柱様が出直して今はおられないのである。

　昭和二年十月二十六日、これはおさしづの第一巻（明治二十年分）が出版された日である。あの時のニコニコよろこばれた前真柱様のお顔、これは私にも消えないで残る思い出のお顔である。原典が初めて前真柱様によって出版されたのである（おふでさき註釈本はその翌年の昭和三年四月二十六日である）。

　おさしづの思い出、前真柱様と切っても切れない思い出である。「こうさして頂きます。ああさして頂きます」と申し上げると、「ウンウン」とニッコリ顔でお許し下された。だから、それだけ私に責任があった。

とんでもない、序文にもならんことを書いてしまった。が、おさしづの思い出は前真柱様に関する思い出である。許して頂きたい。

「一日も早く出すように。おさしづでない言葉は一言半句も入れてはならん」。これはいまだ私の耳の底に残っておる前真柱様の温かなお言葉である。

「おさしづの手引」、まだまだ書かして頂くつもりである。

昭和四十三年五月二十六日

桝井孝四郎

高い山から道が付き来る

見て居《い》よ。国々出て来る〳〵。どういう所から出て来るなら、高い所へ十分入り込みたで。今一時《じ》に響き渡る、今一時《どき》に出て来る。皆ぶち開《あ》けたで、国々びっくり〳〵。こういう事が話があった。幾日《いつか》の晩にこういう話があった。日々《にち〳〵》だん〳〵増すばかりやで。さあ〳〵崩れる〳〵〳〵。どういう所から崩れるなら、高き山から一時《どき》に下《くだ》り、一時に上《のぼ》り、どんなとこからどんな者が連れて帰るやら知れん。俺《おれ》も行こう〳〵。何も案じる事は無い。

（明治二三・八・一七・午前一時四〇分）

このおさしづは刻限話である。しかも午前一時四十分という真夜中にお出ましになった刻限話である。実にこのお道が今に大きく広がっていくことをご予言下されている、誠に有難いおさしづである。

実に現実的にも国々から信者がたくさんに帰ってくることを仰せ下されているのである。しかもこのお道は、高い所へ教祖がお入り込み下されて、この道が一時に世界中へ響き渡って、おぢばをさして帰ってくるように、道の真髄をすっきりぶちあけてしもうたのであるから、国々の人は皆々びっくりするようなお道になるのやと、何日かの晩にこうした話があった。その話通りに道も今に段々大きくなり、信者も日に日に増すばかりである。ちょうど大きな高い山が崩れてくるように道も一時に付いて、どんな所から、どんな者を連れて帰るやら分からんような道になる、と実に楽しい道の次第をご予言下されているのである。

教祖の話というものは、千に一つも間違いがない、と仰せ下されるのが実に、この教祖のお話であって、しかもその話は影も形もない、想像すらもできんその当時に、見えない先のことを間違いなく仰せ下されているのである。そのおさしづを下された当時の道としては、まだまだ世間からは疑いの目で見られ、警察がおやしきの様子を窺《うかが》いにでも来るというような状態のお道の姿であった。この時に、こうしたお言葉のような道になることを、皆の者にお聞かせ下されて、道の結構をお諭し下されているのである。

このお言葉を今にして考える時、世界的の名士が諸外国から来日せられる時、必ずと言ってもよいほどに、おぢばに来訪され、真柱様にご面接されているという今日の状態である。これ実に「見て居よ。国々出て来る〳〵。どういう所から出て来るなら、高い所へ十分入り込みたで。今一時に響き渡る、今一時に出て来る」とのおさしづのお言葉を、目の前にお見せ下されているのである。「どんなとこからどんな者が連れて帰るやら知れん。俺も行こう〳〵」とも仰せ下されているお言葉のごとくである。

これ実に、存命の教祖がお働き下されている何よりもの証拠であり、この教祖が影となって連れ帰り、お引き寄せ下されているからである。

こうしたお道の姿になることを、見えん先からお説き下されているのである。おさしづは教祖のお言葉である。教祖は月日のやしろであらせられるのである。この教祖は今も御存命にてお働き下されているのである。これがお道の有難味である。

天の理は潰そうとも潰れん

何処《どこ》にどういう事を言う。日々《にちく》という、世上には理を立てる。いか程の事を言うても、真実の理を心に治め置かねばならん。どんな難を立て替える。難しい処《ところ》も治めてやらねばならん。一日と言えば三日と言う。今の処日々言い立てる、騒ぎ立てる。一日の理をそのまゝ治め。又々《またく》日々の理に治めば治まらんやない。一時《じ》に治めようと思うてもそれはいかん。二日三日と日を追うて治めば、どんな事でも治まらんやない。何も恐れる事は一寸《ちよつと》も要《い》らんで。よう聞き分け。天の理は潰《つぶ》そうと思うても潰れる事はない。心に天の理を治める。

（明治二三・一一・二二）

このおさしづは、京都にて僧侶《そうりよ》らが天理教を攻撃するので、河原町《かわらまち》分教会から、それに対抗して説教するために、本部のほうから出張してくれるようとの申し出があったので、その件についておさしづを願われたお言葉である。

世間からどのようなことを言い立ててきても、世上に対しては、理をもって向かっていかなければならんのである。誠真実の心を治めていかなくてはならんのである。誠真実ならば天の理である。どんな難も治まるのである。この心で治めてやらにゃならんのである。一日には治められようまい。一日に治められねば、三日四日と日をかけてやらにゃならん。毎日のようにやかましく騒ぎ立てても、その日その日と真実の理で行くならば、いずれは治まらにゃならんのである。これが天理である。火の燃えておるようにやかましく騒ぎ立てておるものを、一時に治めるということは、それは無理である。が、二日は三日というように、日を追うて誠真実の心で行くならば、これは天理であるから、どんなことでも皆治まるのである。

いわんや、いかに反対攻撃をしてきても何一つ恐れることはないのである。教祖の親心をもってするならば、僧侶であろうが、誰であろうが、皆可愛《かわい》い我が子と仰せ下されるのであるから、その教祖の親心をもって、反対する者であろうが、抱きかかえるような親心をもって行かなくてはならんのである。これがお道の通り方である。

世上に対しては理を立ててと仰せ下されるように、誠一つは天の理、誠は人をたすける心であるから、どこまでも真実の心をもって行かなくてはならんことを、お仕込み下されているのである。

ましてや教祖の親心は、反対する者も可愛い我が子とまで仰せ下されているのであるから、道の者の心構えは、どんな所でも、どんな場合でも、この教祖の親心でなくてはならんのである。人間心で考えるならば、相手が攻撃をしてくるのであるから、これに対して、負けたくないという心の起こるのも当然ではあろうが、攻撃されるから、こちらも攻撃をする、ということでは、この天理の世界では治まろうはずもないのである。天理の世界で立つ理は、治まる理は、やはり教祖の仰せ下される、この理で行かなくてはならんのである。

天理の世界である、理の世界である。この理の世界に教祖の仰せ下されるように、「いか程の事を言うても、真実の理を心に治め」と仰せ下されるように、これより外《ほか》にないのである。ここに初めて、「何も恐れる事は一寸も要らん」「天の理は潰そうと思うても潰れる事はない」と仰せ下されるお道の強みがあるのである。実に、有難い天理の道である。

反対する者も可愛我が子

反対する者も可愛《かわい》我が子、念ずる者は尚《なお》の事。なれど、念ずる者でも、用いねば反対同様のもの。……世界の反対は言うまでやない。道の中の反対、道の中の反対は、肥《こ》えをする処《ところ》を流して了《しま》うようなもの。

（明治二九・四・二一）

教祖の親心をもってすれば、世界の人間は誰も彼も、皆我が可愛《かわい》い子供と仰せ下されるのである。子供には教祖の親心は分からないのである。からして、教祖の仰せ下されるその親心が分からないために、ああでもない、こうでもないと、教祖の仰せ下されることを、とやこうと批判するどころか、教祖御在世当時というものは、教祖に対して悪口雑言《あっこうぞうごん》すらする者もあったのである。が、教祖にしてみれば、真の親であらせられるにもかかわらず、その親であることすらも知らずに、悪口を言うのであるから、耐え忍ぶことのできないお心であったろうとも拝察されるのである。この親心をもって、反対する者も可愛い我が子と仰せ下される、この教祖のお心の程も分からせて頂くこともできるのである。

いわんや、教祖を親として、親心に慕い寄る道の信者に対してこそ、教祖の温かな親心をおかけ下されるということは、これ実に、言うまでもないことである。ところが、この道は、道に入れて頂いていたからといって、必ずしも教祖によってたすけて頂けるものであるとは限らないのである。天理の世界である。天理の世界ならば天理に叶《かな》う心をもって通らにゃ、天理の御守護は頂けないのである。教祖の仰せ下されるお話こそ、たすけ話である。すなわち道の信者や、道を信心している者やと言うても、教祖の仰せを守らにゃたすけてももらえんのである。言い換えるならば、道を通りながら、道に反対している者も同然であると仰せ下されるのである。

天理の世界である。種蒔《ま》かにゃ生えんのである。蒔いた種ならば、この種にはまた肥もせにゃならん、修理もせにゃならんのである。蒔き流しでは物の成人もないのである。成人のためには、どうでも肥や修理もせにゃ、満足に成人させて頂くこともできないのである。道の成人、すなわち、道によってたすけて頂くことのできるのは、教祖の仰せ下されるたすけ話を、しっかり摑《つか》ませて頂いて、そのお言葉のままにまに精いっぱい通らせて頂くより外《ほか》ないのである。にもかかわらず教祖の仰せに背くというようなことでは、肥を置くどころか、成人に欠くべからざる肥を流してしまうようなものである、とまで仰せ下されるのである。

教祖こそは、人間世界をおつくり下された月日親神様のおやしろであらせられるのである。月日親神様の人間のお姿をして現れておいで下されるお方であらせられるのである。そして今、お道の現状は、教祖のお姿こそは、めいめいの肉眼にて拝し申し上げることもできないのであるが、存命にてあらせられるということも、これまた、実に間違いのない事実である。

これはお道の現状である。この教祖の存命にお働き下されることによって、世界中は可愛い我が子、必ず一人残らずたすけ上げずにはおかんとのお言葉のごとく、お道一色に、世界をろくぢに踏みならして頂いて、たすけ上げて頂くことができるのである。実に、有難い楽しい道であるのである。

満足させば世界から集まる

このやしきというはどうでも安心さし、人を安心さゝにゃならんが台である。満足させば世界から集まる。満足させば治めにゃならん、治まらにゃならん。満足無くば、表で運んで蔭《かげ》で一つこんな事と言う。蔭日向《ひなた》ありては鏡やしきとは言えん。

（明治二六・一二・二六）

このぢばおやしきこそは、世界の親であらせられる教祖のおられる所である。とするならば、この教祖の親心でなくてはならんのである。そして帰ってくる子供に、どうでも安心をさしてぢばの親心を示さなくてはならんのである。これがまず第一に肝心なことである。こうして帰ってくる子供に満足をさしてこそ、ぢばや親里やと言って子供たちが、親を慕《しと》うて帰ってこずにはおられないのである。これが理である。

こうして帰ってくる子供たちを満足さすためには、ぢばにおる者自身が、めいめい心をしっかり治めにゃならん、治まらにゃならんのである。この親心で満足さす心がなければ、せっかく帰ってきた子供が、親を慕うて、ぢばや親里やと言って帰ってきているのに、とんでもない不足心を起こすようでは、実に申し訳のないことである。この満足さす親心がなければ、表面でいくら親里や、親心や、帰る所やと言っても、何にもならんのである。とんでもないことになって、かえって親里ぢばの親の名をけがすということにもなりかねないのである。ぢばはどこまでも教祖の親心をもって、万事扱わしてもらわにゃならんのである。

親の理は、いかなる者でもこれ皆我が可愛《かわい》い子供として、抱きかかえるような大きな心をもって、通らしてもらわにゃならんのである。教祖の親心には裏も表もない、みんな可愛い子供である。反対する者も可愛い我が子供と仰せ下されるのである。おやしきは鏡やしきとも仰せ下されるのである。心の澄んだのが鏡である。ほこりの心、人間心、隔て心、陰日向《ひなた》のない心が澄んだ心、鏡のような清らかな心である。これすなわち教祖の、可愛い子供をたすけてやりたいとの真実の心である。

まず人間というものは、我《われ》自ら、分かった者から治めてかからにゃならんのである。お前治まらんのでない、お前分からんのでない、我が心治めて、治まってもらわにゃならんのである。口で言う道やない、行う道であると仰せ下されるように、行う道と仰せ下されるその雛型《ひながた》は、これ言うまでもない教祖のひながたである。これより外《ほか》にないのである。

おやしきは教祖のおいでになるおやしきである。お姿は拝することはできなくとも、存命にお働き下されておることは、間違いのない真実である。これを忘れては、おやしきの意義の分からない方である。いわんや、常に目の前に教祖が、めいめいの日々をご覧下されているのである。この心がおやしきにおらせて頂く者の心の置きどころである。

「満足無くば、表で運んで蔭で一つこんな事と言う」ようなことでは、誠に申し訳のないことである。おやしきはどこまでも、鏡やしきである、親里である、教祖のおいで下されるおやしきであることを忘れてはならんのである。であるから、おやしきこそ有難い結構な所である。世界に今一つない所である、と、よろこんで帰ってくるのである。

旬々の理を見て蒔けば皆実がのる

日々《にちく》種を蒔《ま》く、一つ種を蒔く。旬々の理を見て蒔けば皆実《み》がのる。旬を過ぎて蒔けばあちらへ流れ、遅れてどんならん〳〵、とんとどんならん。

（明治二二・七・三一・午前六時一七分）

めいめいの日々の生活は、天理の世界で日々は通らして頂いておるのである。天理の世界とは、温《ぬく》みと水気《すいき》の御守護の世界である。いくら温みと水気の御守護の世界で暮らさして頂いておりましても、種を蒔《ま》かなくては生えてこないのである。

さて、お道の生活をさして頂いておるということは、人によろこんでもらうために、人にたすかって頂くために、日々通らして頂くのである。人をたすける心は誠真実、誠真実は種、種は小さいもの、と仰せ下されますように、人だすけこそ、これ種とお受け取り下されるのである。

今一つの肝心な種は、子供が親を思うて運ぶ心は誠真実、誠真実は種、種は小さいもの、と仰せ下されるように、これこそ本当の、お道としては一番に大切な、御守護を頂くことのできる種である。

さて、種は一体何であるかと、これがよく我が心に分かっていても、種であるから蒔かにゃ生えんごとく、これを形に実行さしてもらわなくては生えてこないのである。たすけてはもらえないのである。

今日は教祖八十年祭を前にした、三年千日という、誠に有難い種蒔きの旬を与えて下されているのである。種を蒔くには、必ずそこには旬というものがあるのである。八十年祭は、子供を成人さして下される旬であると教えられているのである。いくら成人さして頂きたい、いんねんを切ってたすけて頂きたいと言っても、やはり種を蒔かにゃ生えてはこない、たすけては頂けないのである。

「たすけ一条のよろこび」を合言葉として、今日の日々を通らしてもらわにゃならんと仰せ下されるお言葉こそ、親のたすけのお言葉として、しっかり人だすけの種を蒔かせてもらわにゃならんのである。

さて、種を蒔かなくてはならんことは、実に大切なことである。がしかし、その種を蒔くにしても、その旬をしっかり間違えずに蒔くことも、これまた実に大切なことであることをお教え下されているのである。すなわち「旬々の理を見て蒔けば皆実がのる。旬を過ぎて蒔けばあちらへ流れ、遅れてどんならん〳〵」と仰せ下されるのである。

旬というものは、親神様の最も御守護のある時が旬である。この親神様の御守護を頂いてこそ、一粒の種も一粒万倍《いちりゅうまんばい》の御守護となって現れてくるのである。

教祖御身おかくし下された親心は、可愛《かわい》い子供をたすけるために、親の寿命二十五年先の寿命を縮めてまでも、御身おかくし下されたのである。たすけて頂くためには、教祖のこの御用をさせて頂いて、人だすけの種を蒔かしてもらわにゃならんのである。年祭は子供の成人をご覧頂いて、教祖におよろこび頂くのが年祭の意義である。年祭を前にした今日こそ、たすけて頂くための種蒔きの旬であることを忘れてはならんのである。

為す事、する事、日々に受け取る

道理上一つ話《はなし》掛ける。聞いてくれ。どんな事情、いかなる事情、どんな事も知らん事は無い。何処《どこ》に居《い》る事、為《な》す事、する事、日々《にちにち》に受け取る。よう聞いていかなるも日々に受け取る。（明治二二・八・四・夜一二時）

この世の中は月日抱き合わせの天理の御守護の懐住《ふところずみ》まいであるから、たといかなる所で、いかなる事をしていても、月日親神様のお心には、すっかり鏡のごとくに映るのである。我々お互いには、あの人には見られたらかなわん、隠してせにゃならんというような心使いもあるかもしれんのであるが、親神様の目には、そうした人間心も通じないのである。それが天理である。

この世の中は天理の世界である。天理の世界ならば、天理に叶《かな》うような心使いをもって通らねばならんのである。

天理の世界ならば、種を蒔《ま》かにゃ生えん。蒔いた種ならば必ず生えてくる。であるから、麦を蒔けば麦が必ず生えてくる。麦の種を蒔いて米というわけにはいかないのである。これが天理の世界である。めいめいお互いが、たとえどこにおってても、そしていかなる事をしていようが、「どんな事も知らん事は無い」と教祖が仰せ下されるのである。

　教祖の親心は、可愛《かわい》い子供をたすけ上げたいとの親心である。なんとかしてたすけ上げたいとの親心ではあるが、そのたすけ上げる種がなければ、たすけ上げられんではないか、と仰せ下されるように、日々は、めいめいお互いのする事なす事を、何から何までお見通し下されて、知らんことはないと仰せ下されるのである。こんな有難い親心があるであろうか。天理の世界、実に尽くし損、運び損、働き損はないのである。

　人間というものは、我が力の人間思案から、明日のことを、ああもしたい、ああもなりたいとか、いろいろ願望もあろうが、その前に今日、教祖に受け取って頂くような種を蒔くということが肝心なことではないか。今日あっての明日である。今日の受け取って頂く道があって、明日の道が築かれるのである。

「何処に居る事、為す事、する事、日々に受け取る。よう聞いていかなるも日々に受け取る」と仰せ下される親心を、しっかり噛《か》みしめて、日々を通らしてもらわにゃならんのである。

年々の理、月々の理、日々の理にある、とも仰せ下されるごとく、何でもない一日であるように考えられる一日の通り方こそ、重大なる明日の我が力の立つ地盤を築くものである。一日の日は生涯の心、とも仰せ下される。一日は決して軽い一日ではないのである。今日の一日は、百十五歳の定命を全《まっと》うさして頂くことのできる一日にもなるのである。

めいめいお互いには、毎日毎日そんなことは面倒くさいから一遍に、というような心にもなるかもしれんのであるが、親神様にはそんなことはないのである。「為す事、する事、日々に受け取る。よう聞いていかなるも日々に受け取る」と仰せ下されるのである。この親心をしっかり摑《つか》まして頂いて、親神様に受け取って頂くような心使いで日々は通らしてもろうて、たすけて頂かねばならんのである。

小さい所から大きい成るが理

さあ〳〵地所尋ねる処〳〵、前々《ぜんぜん》伝えたる処、詳しく伝えたる通り。悟りが違ってはどうもならんで。大層は要《い》らん。小さい所から掛かる。小さい所から大きい成るが理。大きい事すれば皆勇むであろう。それでは日々《にちにち》の事情が重なる。よう聞き分け。頭から大きい事情は望まん。小さい所から掛かるなら、生涯の理が治まる。小さき事情によって天然の理という。小さきもの大きく成るが理。よく聞き分け。

（明治二三・二・一六・朝）

このおさしづは、明治二十三年頃のことであるから、教会が出来始めて、その地所の事情についてのお諭しである。初めのことであるから大層のことはいらんと仰せ下されている様子である。

すなわち物事というものは、初めは小さいものである。小さいものが段々と大きくなっていくというのが天理である。ところが大きいことを始めると、なるほど大きいことは小さいことよりもよいのであるから、いかにも皆がよろこび勇むでもあろうが、心が勇んでも、実行がそれに伴わないのであるから、そこに問題が重なって動きのつかんことにもなりかねないのである。だから、教祖も初めからの大きいことは望まんと仰せ下されているのである。

　初めは何であっても小さいというのが当たり前のことである。小さくても、天理の道である。天理ならば、次第次第に成人するということは、これ当然のことである。そうして天然自然の道、すなわち天理に行くならば、教会というものは決して一代というような、そんな理の軽いものではないのである。

　教会はたすけの道場である。すなわち人をたすける心は誠真実と仰せ下されておる、人だすけから成り立ってあるものである。誠一つが天の理である。その誠の形に現れてあるものが教会であり得るのである。誠は弱いように見えていても、誠は細いように見えていても、切れないのが誠。誠ほど強いものはないとも仰せ下されてあるように、将来末代の理として残るのは、誠真実の伏せ込みである。これすなわち教会の生命である。

　であるから、形においていくら小さなものであっても、天理に叶《かな》う誠真実の教会である。小さいものがいつまでも小さいはずがないのである。小さい種が段々に大きくなってゆくのが天然の理、天理である。であるから、大きくすれば、人も見た形でよろこびもするであろうが、人間心の形では、天理の世界には立たんのである。何事においても初めから大きいものはないのである。この世の中は、見栄《みえ》、体裁では行くものではないのである。人間心では立たんのである。

このおさしづは、前にも言ったように、教会が出来始まった明治二十三年の頃のことで、かくもお諭し下されているのである。

道も年限と共に次第に大きくなっておることも事実である。いつまでも子供の着物では、大人は着れないのであるから、道には年限の理というものをよく思案して、その成人に応じて通ることが肝心である。いつまでも小さい小さいが天然自然、天理に叶うというようなことを考えていては、これまた望みのないものであることを、忘れてはならんことを付け加えておくのである。

真の陽気とは

今の道互いの道。辛《つら》い者もあれば、陽気な者もある。神が連れて通る陽気と、めん〳〵勝手の陽気とある。勝手の陽気は通るに通れん。陽気というは、皆《み》んな勇ましてこそ、真の陽気という。めん〳〵楽しんで、後々《あとく》の者苦しますようでは、ほんとの陽気とは言えん。めん〳〵勝手の陽気は、生涯通れると思たら違うで。

（明治三〇・一二・一一）

お互いめいめいが日々通っておる道にも、陽気に通らして頂いておる者もあれば、またつらいつらいで通っておる者もある。さて、陽気といっても神の思惑に叶《かな》った陽気もあれば、人間勝手な陽気もある。ところが人間勝手の陽気は、この天理の世界には通ろうと思って通ることはできんのや、と明瞭に仰せられているのである。

それならば親神の仰せられる本当の陽気というのは、どこにあるのであろうか。「皆《み》んな勇ましてこそ、真の陽気という。めん〳〵楽しんで、後々の者苦しますようでは、ほんとの陽気とは言えん」と仰せられるのである。ここにこそ真の陽気があるのである、と仰せられるのである。

教祖の御生涯、しかも五十年間は人だすけの道であらせられた。そしてめいめいの見た目から言うならば、いかにも御苦労の道すがらのようにも窺《うかが》えたのであった。しかし教祖は、決して苦しいとも、つらいとも仰せにならなかったのである。警察監獄に御苦労下されても、高山ににをいがかかるのや、可愛《かわい》い孫子の所へ藪《やぶ》入りに行くのやとまで仰せ下されて、実ににこにこと心も楽しくお越し下された。これがめいめいお互いのひながたであったのである。教祖御生涯の半面こそ、人だすけであらせられたところに、教祖の楽しい陽気、勇みというものがあったのである。

天理の世界である。天理の世界ならば、天理に叶うところの通り方より外《ほか》にあろうはずはないのである。天理に叶うとは、どういうことであるか。人をたすける心は誠真実、誠真実は種、種は小さいもの、と仰せられるように、これこそが天理の世界における、たすけて頂くことのできる唯一の通り方である。これが、たすけて頂くための種蒔《ま》きである。いくら天理の世界であっても、温《ぬく》みと水気《すいき》の御守護の世界であっても、蒔かぬ種は生えんのである。蒔いた種ならば必ず生えるのである。誠一つが天の理である。教祖のひながたこそ、めいめいいんねんの悪い者もたすけて頂くことのできる唯一の道すがらである。

　めいめい誰一人として、めいめい勝手にこの世の中に出てきた者でもなければ、親が我が子を我が腹の中から生んだとは言いながら、人間勝手に生めるものでもないのである。皆親神様の思惑のままに、この世の中に出して頂いておる人間ばかりである。その親神様の人間を初めておつくり下された思惑も、今日この世の中に、

　たいないゑやどしこむのも月日なり
　むまれだすのも月日せわどり　（六　131）

と仰せられて出して頂くその思惑も、二つはないのである。陽気ぐらしの人間こそが、親神様の深い思惑の人間である。その陽気ぐらしをさして頂くためには、天理の世界に出して頂いて、人間心の勝手勝手で陽気が湧《わ》いてくるでありましょうか。

「めん〳〵勝手の陽気は、生涯通れると思たら違うで」と仰せられるのは、実にこれがためである。こう仰せ下される教祖の親心をしっかり摑《つか》ましてもろうて、ひながたを通るより真の陽気はないのである。

急いてはいかせん、天然自然の道を通れ

日々《にちく》の道を通ろうと思うては、人を毀《こぼ》ったり悪く言うてはどうもならん。人を毀って、何ぼ道を神が付けても、毀つから道を無いようにするのやで。急《せ》く事情は要《い》らん。偉い者に成ろうと思うたらどうもならん。皆たけ〳〵の人間。偉い者に成ろうとて一時に成らん。人間一生と言うても、人間の一生の事は急いてはいかせん。末代の道やもの。急いてはいかせん。天然自然の道に基《もとづ》いて、心治めてくれるよう。

（明治二三・二・六・午前五時）

日々の人間の通り方は、人の悪口を言ったり、人の悪口を言って倒したり

するような通り方ではどうもならん。なんぼ神が皆のたすかるような道を付けても、その後からこぼってしまうからどうもならん。天理というこの道は、決して急ぐことはいらんのや。我が力で偉い人間になろうと思うたとて、なれるものやないのや。

めいめいお互い人間には、めいめいの持ち前のいんねんというものがあるのであって、それだけのものである。であるから、なんぼ偉い者になろうと思うても、一時にどうこうとなれるものではない。人間というものは今だけの道ではない。一生という道すがらを通らしてもらうのである。その一生という道を通らして頂くお互いであるから、決して急いだところが一遍に通れるものではないのである。

人間一生は長いのであるが、人間にはこの長い一生だけの道で終わるのでないのである。末永く末代の道すがらがあるのであるから、急いで通れるものでもなければ、急ぐものでもないのである。急ぐ必要はないが、この道は天然自然の天理の道であることを忘れてはならんのである。天理の道ならば、天理に基づいて通るより外《ほか》ないのである。

天理の道とは、言うまでもなく教祖の仰せ下されるこの道の通り方である。教祖の教えは人だすけである。人だすけの道は、誠の心を治めて通る道である。誠一つは天の理である。天理の世界、この誠の道は人だすけより外にないのである。自分は偉い者になろうと思うて、いくら急いでも、天理に叶《かな》わん通り方では、なろうと思うてもなれんのである。

いんねんの深い者もたすけてやろうと思う恩恵の上から、この天理の世界に出して頂いたお互いであるから、偉くなろうと急いでも、天理にはまらんような通り方で、いくら急いでも通れるものではないのである。それでは天理の有難い道に出して頂きながら、天理をこぼってしまうようなものである。

この道は、どこまでも教祖のお始め下された天理の世界であり、この天理の世界の通り方は、教祖のお教え下された天理のお話より外に通り方はないのである。急ぐ必要もない。偉くなろうと焦る必要もないのである。日々はただ一つ、教祖のお教えを我が心の中にしっかり治めさして頂いて、それを我が道すがらに実行さして頂いて通るより外ないのである。

実に有難い道である。天理の世界、道はただ一つ、教祖のお教え下された道、教祖のお通り下されたひながたより外にないのである。この一つ心に心を治めて通ってくれるようと仰せ下される教祖の親心を、しっかり摑《つか》ませて頂かねばならんのである。

一つの道も通らにゃならん

十分話も聞いて居《い》るやろう。だん〳〵の日も経《た》つ、だん〳〵年も経つ。心一つの理が第一。いつ〳〵までも国々や、所々で一つの名を遺《のこ》そと思えば、一つの苦労はせにゃならん、一つの道も通らにゃならん。この理をよう諭してくれるよう。

（明治二三・九・五）

今日まで長らくの間、道を通っておるのであるから、道の話もいろいろに聞いてもいるやろう。いくら長らく道の中で日も経《た》ち、年も重ねたからとて、心の置きどころをしっかり治めて通らにゃ、何にもならん。その通った心一つの理が肝心なことである。形の道じゃない。心一つの理の道である。

国々所々で成程《なるほど》の人や、感心な人や、と、名の一つも残そうと思うなら、それだけの道を通らにゃならんのである。

この道は通らにゃ効能も積めんのである。通るから道と言うのである。通らん道ならいらんのである。通るから道と言うのである。その道は二つも三つもあるのではない。道はただ一つ、教祖の残された道、これこそ誰もがぜひ通らしてもらわにゃならん、人間としての通らにゃならん唯一の道である。教祖の道すがらは、決して楽々の道ではなかった。けれども教祖は、可愛《かわい》い子供にぜひ通らしてやりたいひながたの道として、その心も楽しく、陽気にお通り下されたのである。

道の話はいくら聞かしてもろうても、通った年限はいくら長く通らしてもらっても、それでよいというのではない。国々所々で一つ名も残そうと思うような人になろうと思うなら、どうでも一つの苦労もせにゃならん。一つの道も通らしてもらわにゃならんのである。

その道は教祖のお通り下された、その道より外《ほか》ないのである。

この道はどこまでも、通った道より外ないのである。教祖の道を説く者は、教祖のお通り下さったその道の、万分の一つでも通らしてもらわにゃならんのである。形の道でない。説く道でない。行う道である。

先輩の先生方は、説くより自らお通り下された。教祖の足跡の万分の一でも通らしてもらいたいと、苦労を苦労ともせず、よろこんでお通り下された。その道は消えないのである。その理が今日においても立っておる。名も残っておる。天理の世界である。その名も消えないで残っておるのである。

道も段々大きくなっていく。古くなっていく。その後を行く者も、三代あるいは四代と替わっていく。その後を行く者も、同じこの道を行く限りは、この道の上に名の残る道を通らにゃならんのである。とするのならば、「一つの苦労はせにゃならん、一つの道も通らにゃならん」と仰せ下されているのである。

この道はいつになっても、この道を通らして頂く限りにおいては、その道の通り方に変わりのあろうはずはないのである。

道のための苦労は、我が身の成人の肥《こ》やしである。そして、一つの道も通らにゃならんその道は、教祖のお通り下されたその道より外にないのである。

これが道を通らして頂く真の心の置きどころである。これを忘れれば、道を通らして頂きながら、道を忘れておる者である。教祖も忘れておる者である。

神が箒

さあ〳〵筆に記して又《また》一つ、どんな道も通らにゃならん。どんな道もすっきり洗い替える。これまでだん〳〵諭してある。これまで伝え十分掃除、箒《ほうき》持って掃除。神が箒、天の理早く遅くこれ言わん。どんな事情いかなる事情、早く事情たゞ事情では分かろまい。世上という、堅いものは堅いという、柔《や》らこいものは柔《やわ》らかいという。神の箒にはこれ敵《かな》わん。

（明治二三・八・三〇・午後一一時）

我々お互いの今日までの道すがらは、皆人間心をもって通ってきた道すがらであった。言い換えれば、皆めいめいにほこりをいっぱい積み重ねてきたのである。そのいんねんを切って頂くのが、お道の通り方であり、そのいんねんを切って頂いてたすけて頂くのが、この道の教祖のたすけ話である。

さて教祖こそは、無いところから人間をおこしらえ下された月日親神のやしろであらせられるのである。人間をおこしらえ下された元の親神であらせられる。からして、人間というものは、どういうふうに通らなければならんものであるかを、よくご存じであらせられる。その人間というものの通り方も分からいで、ほこりを積み重ね、いんねんを重ねてきたのである。それで、人間をおこしらえ下された陽気ぐらしの人間と、反対の人間にしてしまったのである。そこで、元々人間をおこしらえ下された思惑の人間に立ち帰らすというのが、教祖の思惑であり、この道の目標はその陽気ぐらしへの成人である。

教祖こそ人間世界の製造元（誠にお粗末な言葉ではあるが）であらせられるから、いかにして陽気ぐらしの道にお出し下されるかをご存じであらせられるのである。それをお教え下されるのが、この道のたすけ話であり、それを「これまでだん〳〵諭してある。これまで伝え十分掃除、箒《ほうき》持って掃除。神が箒」と仰せ下されているのである。

この世の中は、今申したように、教祖こそ、そのおこしらえ下された元の親神様であらせられるのであるから、強い者であろうが、弱い者であろうが、その強い弱いの区別もなく、いずれは教祖の思惑通りに、箒を持って掃除をするように、教祖の思惑の陽気ぐらしのできるような人間に、汚れておるものを清らかに洗い切るごとく、この道の話を聞かして心の掃除をしてみせる、と仰せ下されるのである。

天理の親神様の御守護の世界に出して頂いておるお互い人間である。ならば親神様のおやしろであらせられる教祖の仰せに、しかも一人残らずたすけ上げずにおかんと仰せ下されておる教祖の親心によって、いずれはたすけ上げて頂かずにはおられないのである。しかも、付けかけた道ならば必ずたすけ上げずにはおかんとまで仰せ下されているのである。早いも遅いもないのである。天理の親神様の御守護の懐《ふところ》住まいをさせて頂いておるというのが、お互いの人間世界であるようである。

神が箒とまで仰せ下される教祖の親心にすがって、一日も早く清らかな人間生活の中に、すなわち陽気ぐらしの生活をさして頂くように、つとめさして頂かなくてはならんのである。

育つは修理肥

この道むさくろしいと思う。……むさくろしい中からどんな理が出るやら分からん。順序取り扱い、むさくろしい中からどんな理も出けたもの。どんな綺麗《きれい》な理も出ける。育つは修理肥、植《うえ》流し蒔《まき》流しでは稔《みの》りが無い。

（明治二三・一〇・二二）

お道に引き寄せて頂いておる者は、皆いんねんがあるから、この道に入れて頂いておるのである。誰といわず、彼といわず、めいめいの今日まで通ってきた道は、皆人間心という、欲という、その欲のほこりを積み重ねて通ってきたのである。だから、その深いいんねんのあることは、言うまでもないことである。そのいんねんのある可愛《かわい》い子供をたすけてやりたい、との教祖の親心であるから、まずこの道に入れて頂いたことをよろこばねばならんのである。そのむさくろしいいんねんの持ち主をたすけ上げずにおかんと仰せなされるのが教祖の親心であり、道ならではたすけて頂くこともできないのである。道を聞き分けさして頂いて、たすけて頂いて初めて、有難い人生、陽気ぐらしの境地に出して頂くこともできるのである。

　人間お互いも、この道に入れて頂くまでは、皆むさくろしい道すがら、いんねんを持っていることを自覚さして頂かねばならんのである。そのいんねんを切って頂いて、むさくろしい姿も、何ほど有難い境地に出して頂くこともできるというのは、教祖のたすけ話である。

　ものというものは、ただ植えただけ、種を蒔《ま》いただけで、立派になるものではないのである。蒔き流しでは成人もないのである。必ず修理・肥《こ》やしというものがなければならんのである。その修理・肥やしこそ教祖の親心、その温かな親心をもって育ててやらなくてはならんのである。

　教祖の親心は、月日の親心、大きな心、温かな親心をもって育ててやらなくてはならんのである。こうして育て上げられた人こそ、道の中の道の人、教祖の御用もさして頂くことのできる立派なよふぼくともなり得るのである。

教祖のお話を取り次がして頂く取次人は、皆この教祖の親心をもって、子供を育てさせて頂かなくてはならんのである。修理というものは、教祖の温かな親心をかけさして頂くことである。それによって子供は育つのである。月日は温《ぬく》み・水気《すいき》である。水と温みがなければ、ものは育たんのである。

ものというものは、修理・肥やしが大切である。修理もせにゃならん、肥やしもさしてもらわにゃならんが、教祖の親心を忘れては絶対に御守護は頂けんのである。可愛い子供をたすけ上げずにはおかん、反対する者も可愛い我が子、と仰せ下さるこの教祖の親心によって、世の中の子供はたすけて頂くこともできる。育てて頂いて、成人もさして頂くこともできるのである。道を取り次ぐ者、道の御用を取り扱わして頂くも、これが道の精神であることを忘れてはならんのである。

いずれはめいめい皆むさくろしいいんねんの者ばかりであるが、「どんな綺麗な理も出ける。育つは修理肥」と仰せ下されておる。ここに道の有難味、道ならねばならん結構があるのである。

いんねんとたんのう

だん〳〵来る事情はいんねんという。いんねんの理を聞き分けば治まる。治まらぬはどういうものであろうという、いんねんの理を諭していて、いんねんの理が分からん。いんねんの道を通って了《しま》い、又《また》内々いんねん聞き分け。いんねんという一つの理聞き分けて、たんのう事情聞き分け。たんのう一つの理を聞き分け。

（明治二三・八・二六）

この世の中は天理の世界である。天理の世界は月日抱き合わせの世界である。温《ぬく》みと水気《すいき》の世界である。何事が起こってこようが、これは皆天理の世界に蒔《ま》いた種が生えてくるのである。

蒔いた以上は必ず生えてくるのが天の理である。悪《あ》しき種を蒔けば、悪しき理が現れてくる。これがいんねんである。これをよく聞き分けて通らしてもらわにゃならんのである。であるから、いかなるいんねんが現れてきても、我が道すがら、これまで通ってきた道中に我が蒔いた種である。いかようなことが見えてきても、世界は鏡である。我が通ってきた道すがらが、鏡に映るがごとくに現れてくるのである。

ところがめいめいは、この道の話を取り次がして頂き、いんねんの理もよく人に聞かして頂いておる身でありながら、我が身のいんねんを切ることもできないで、いんねんの上ぬりをしているというようなことでは、誠に申し訳もない次第である。この道の有難い結構は、いんねん切りの教えと仰せ下されるごとく、前生前生のいんねんを切って頂くということが、お道を通らして頂く者の、何よりもの有難い結構なことである。いんねんならば、切らねばたすからん。借金ならば、払わにゃたすかる道はない。前生前生に大きな穴をあけているならば、その大きな穴をうずめさしてもらわにゃ、穴の上には家も建たん、いわんや、陽気ぐらしもさして頂くこともできないのである。その前生前生のいんねんを切って頂くことができてこそ、この道を通らして頂いておる道の人間であるのである。

そのいんねんを切って頂くためには、たんのうと仰せ下されるのである。たんのうとは、よろこべん中よろこんで通る心、苦しみの中結構とよろこんで通る心、これたんのうや。たんのうは前生の通り返しのできんいんねんのさんげと受け取って下される、と、かように仰せ下されるのである。

　これがお道の有難い、大切な通り方である。この通り方の心こそ、教祖のひながたを通らして頂く者の、心の置きどころである。

　よろこべん中よろこんで通る心、これ真の誠。たんのうは真の誠と仰せ下されるのである。誠ならば教祖が受け取って下されるのである。

　めいめいいかなる者といえども、前生前生には、皆人間心で通ってきたことには間違いはないのである。そのお互いであるなれば、いんねんの積み重ねてきたこと、これまた、間違いもないのである。いかなること、いかなる悲しみ、いかなる苦しみが見えてきても、我が前生の道すがらが、鏡のごとく映ってきてあるのである。よくいんねんの理を聞き分けて、そのいんねんの一つでも切って頂くためには、日々はよろこび勇んで通らして頂くより外《ほか》ないのである。一日生涯として、一日をよろこび勇んで通らして頂くより外ないと思案さして頂くのである。世界は鏡である。

おさづけこそ道の道具

どんな道具も同じ事である。どんな働きするにも道具揃《そろ》わねば仕事は出来ん。人間心は一つは立つ。どんな事出けるも元々聞き分け。さあ、よう分かるように諭そう。筆に記し置け。さあ、どんな事するも道具の理によって出ける。畳の上で事情取れるようになったは、元々あって万事の事出けるように成ったものや。元々無しに畳の上にて事情運べるとは言わさんで、言わんで。この理をよく聞き分けてくれ。

（明治二三・九・二六）

ここに道具と仰せ下されているのは、おさづけの理のことである。お道の御用は教祖の御用、教祖の御用はおたすけである。結構におたすけの御用をさして頂くためには、おさづけこそ誠に有難い人だすけの道具である。

さて、お道の御用はおたすけであって、おたすけからできてきて初めて、いかなる大きな働きもさして頂くことができるのである。その大きな御用をさして頂くためには、おさづけ人の手も揃《そろ》わなくてはならんのである。

　今日のお道は、畳の上で机を並べて、さあ教会の出願や、さあ教会の事情について、あれやこれやと事務を取る今日になったのであるが、これは決して初めからこうした道であったわけではないのである。これ皆たすけ一条の現れが、この姿になっているのである。たすけの御守護はおさづけを道具として、これをしっかり使わして頂くことができてこそ、お道が結構な姿にも出して頂くことができるのである。これを忘れて道はないのである。ただ今日の道の姿を見て、道は結構であるとは言い得ないのである。

　お道はどこまでもおたすけでなければならんのである。おたすけである限りは、おさづけの理を忘れているようなことでは道のよふぼくではないのである。しかも、そのおさづけという有難い人だすけの道具を頂いているのであるが、その道具の理は皆同じであると仰せ下されているのであるが、それを使わして頂くめいめいの心の理に、違う結果が現れてくるのである。

　であるから、この道は人間心では通れないのである。おさづけを使わして頂く心は、人間心には教祖は乗って働いては下さらないのである。どこまでも真実心でなければならんのである。

今日の結構は元々から言うならば、教祖の可愛《かわい》い子供をたすけてやりたいとの、その道すがらであって、今日の道があり、その教祖のひながたの道を踏まして頂いて、おさづけを唯一の道の道具として人だすけの道の上に、お働き下された道が、今日の結構な、畳の上で事務を取らして頂くことのできるような道にも出して頂くことができたのである。これを忘れては道はないのである。

これを「さあ、どんな事するも道具の理によって出ける。畳の上で事情取れるようになったは、元々あって万事の事出けるように成ったものや。元々無しに畳の上にて事情運べるとは言わさんで」と、厳しく仰せ下されているのである。これはお道における万事は、このお言葉を我が心に治めて思案さして頂かなくてはならんのである。お道が大きくなればなるほど、この精神をしっかり胸に治めて通らして頂かねばならんのである。おたすけが道の御用、その用には、なくてはならん道具はおさづけであることを忘れてはならんのである。

ぢばという理が集まりて道という

親は子思うは一つの理、子は親を思うは理。この理聞き分け。何でもぢば、という理が集まりて道という。

（明治二八・三・一〇）

親というものは、子供可愛《かわい》いものである。これは人間の親として、自然に与わっておる有難い情である。この親に対して子供は、親に何とかせにゃならんというのもまた、これ自然に与わっておる情である。これが人間の、自然に与わっておる情である。この親子の関係にピッタリと結び合っておるのが、これまたお道の通り方であり、お道でたすけて頂くのも、この心使いにある。にもかかわらず、親に孝行せず、我が身、人間思案から、親に不孝する人間もできているのである。

ぢばは世界の元である。ぢばがあって世界治まるとも聞かして頂いておるのである。というのは、ぢばには月日親神様がお鎮まり下されているのである。この月日のおやしろの教祖が、存命においで下されておる所である。そして一人残らずたすけ上げずにはおかんと、めいめいに可愛い子供を思う親心をいっぱいにおかけ下されているのである。この子供が親を思う心の誠真実こそ、教祖に受け取って頂くことのできる、たすけて頂く種である。この親を思うて通る心、何でもと教祖を思うて尽くす心が、たすけて頂く種である。この心の形に現れたのが、ぢばに尽くし運ぶ理である。

ぢばは御守護の源である。このぢばのことを「苗代《なわしろ》は、元のぢば」（明治二〇・三・一一）と、誠に分かりやすく仰せ下されているのである。苗代ならば種の蒔《ま》く所である。種を蒔いたならば、必ず生えてくるのである。

こうしてぢばや、親里やと尽くしてくるのである。そしてぢばや、親里ならば、帰ってくる所や、行く所やない。行く所ならば行かずにもよいのや。帰ってくる所なら、どうでもこうでも帰ってこずにはおれん所や。そのぢばに、教祖が一人残らずたすけ上げずにはおかんと言って待っていて下される所や。しかも、ぢばの土を踏んだら、いかなる願い事も叶《かな》えてやろうと言って待っていて下される所やで、とお聞かし下されているのである。こうしてぢばや、親里やと言って帰ってくる、これがお道の姿である。これが理屈なしにたすけて頂くことのできる姿である。

誰が、帰れと言うて、遠方はるばる帰ってくる者があるか。道なればこそ、教祖がお待ち下されておるぢばなればこそ、帰ってくるのである。

お道のたすけて頂く御守護の理は、人間の情、親子の情につながっているところに、お道の強みがある。お道でなければならんところのものがある。

最後に今一つおさしづを引用さして頂こう。

この道元々掛かりという。何程、取り払うと思うても、取り払うも、寄って来る理はどうも止めらりゃせんで。この理くれ〳〵返《か》えす〳〵の理に諭し置こう。海山山坂を越えて寄り来る子供の心、来《き》なと言うても寄り来るが一つの理。来《こ》いと言うても来るものやなかろう。さあ一点を打って筆に記し置け。道という、理という、何でも彼《か》でも尽《つく》した理は立てにゃならん、立たにゃならん。来なと言うても来るが一つの理から成り立った。この道という、最初何ぼ来なと言うても、裏からでも隠れ忍びて寄り来たのが今日《きょう》の道。

（明治三二・五・一六）

陰口は重罪の罪

互い〳〵の心を持って、あちらでぼそ〳〵、そちらであらこら言えば直《す》ぐの道を通られやせん。心を皆純粋に治めてくれ。蔭《かげ》で言うより前で言え。いかん事はいかんと蔭で見て蔭で言わんと直ぐに言え。蔭で言うたら重罪の罪と言わうがな。（明治二三・一一・二二）

お互いはどこまでも、心真実に通らしてもらわにゃならんのである。人の陰口を言うようなことではならんのである。陰日向《ひなた》の心では真実な道とは言わんのである。道はどこまでも、教祖の親心なる誠真実でなければならんのである。

人間心の裏表のないのが誠真実である。であるから、人を思う、人のためを真から思うならば、いかんことがあるならば、その人にはっきりと、正面から注意もしてやらにゃならんのである。真実の心で言うならば、必ず先方にもその心が通じるものである。ところが、目についていても注意もしてやらぬようなことでは、道の人間とは言われんのである。そうした人こそ、陰でとやかくと、その人の悪口となって現れるのである。

人間というものは、なかなか誰から見てもあの人は立派なというわけにはいかんものである。そのいろいろと欠点もある、穴もある人間であっても、それを立派に成人さして頂いてこそ、道を通らして頂く有難いところがあるのである。その欠点も、あらも互いに補い合って、立派にならしてもらわにゃならんのである。

真にその人を思うならば、いかんことがあるならば、その場で心から真実をもって言ってやらにゃならんと仰せ下されるのである。これところが人間というものは、陰口はなかなか言いたがるものである。これは人間の欠点である。

お道には、陰で善いことをすることを陰徳を積むと言って、なかなかこれは道の通り方として立派な通り方であり、肝心なことである。種というものは、見えない所に蒔《ま》くものである。土の中の見えない所に蒔くから、一粒万《いちりゅうまん》倍《ばい》の親神様の御守護によって、生えてくるのである。よい種を蒔いたならばよいものが、一粒万倍に生えてくるのは天理である。

陰口はその反対に、人の見えん所に、人の悪口の種を蒔くのである。悪い種を蒔いたら、その蒔いた種通りに一粒万倍に生えてくるのは、これまた天理である。

であるから、いかんことがあるならば目の前で注意してやれば、その人のたすかることにもなるのであるし、それを陰で言うならば、その人の悪口になるのであって、その人のためにならぬどころか、悪い種を蒔けば、我が身に生えてくる種は、悪いものが生えてくるのが当然である。これはよくよくつつしまなくてはならんことである。これを「蔭で言うたら重罪の罪と言わうがな」と、厳しくお諭し下されているのである。

日常において、これは何でもないことではあるが、決して何でもない小さいことではないのである。この言葉をしっかり味わわして頂いて、万事はその人のたすかるために、また、我が身もたすけて頂くために、種蒔きをして通らしてもらわにゃならんのである。

人の陰口はなかなかよく弾むものである。これは実に人間の欠点である。

気をつけて通らにゃならんのである。

勇む事に悪い事は無い

さあ〱皆勇んで掛かれ。勇む事に悪い事は無いで。あちらこちら神が駈《か》け廻《まわ》り、修理肥を撒《ま》いたるようなもの。

（明治三三・一〇・三一・午前二時）

我が親神様こそ、元々無いところから、人間をおこしらえ下された月日親神様である。

そして、ただ人間をこしらえて下されただけではないのである。人間というものをこしらえて、そのこしらえた人間が陽気ぐらしをするのを見て、親神様も共々に楽しく暮らしたいという思惑から、人間をおこしらえ下されたのである。であるから、人間が陽気に勇んで暮らすということが、親神様の一番にお望み下される人間である。これが月日親神様のお望みになる、思惑の人間である。

さて、我々人生というものは、その親神様の思惑の反対の人間生活にしてしまったのである。

というのは、我々に心の自由《じゅうよう》をお許し下されたがために、心一つが我がの理によって、人間心、すなわち欲の心、ほこりを積み重ねたのである。その前生の、過去の通り返しが、今生といういんねんの現れであるべき、人間生活をおくらなくてはならんようにしてしまったのである。

その苦しみをもって通らなくてはならん人間に、教祖のたすけ話をしっかり聞かしてもろうて、陽気に通れ、勇んで通れ、と教祖がお教え下されているのである。その教祖のたすけ話を、我が身自らお通り下されて、お残し下されたのが、五十年のひながたの道であったのである。そのひながたの道を通らして頂くことこそが、お道の唯一の通り方である。これがいんねんの深い者もたすけて頂くことのできる通り方である。

めいめいいんねんの通り返しである今生の道すがらは、必ずしも勇めるものでもないであろう。蒔《ま》いた種ならば生えるごとく、今生の道すがらは、むしろ苦であるべきであろうが、その道すがらを、教祖のひながたを思う時、そこには勇まずにはおられないものがあるのである。

　その通り方を教理で言うならば、たんのうということになるのである。たんのうは前生いんねんのさんげとお受け取り下されて、ここにいんねんも切って下されて、たすかる道にお出し下されるのである。そのことを「さあさあ皆勇んで掛かれ。勇む事に悪い事は無いで。あちらこちら神が駈《か》け廻《まわ》り、修理肥を撒《ま》いたるようなもの」と仰せ下されているのである。

　道の成人、めいめいがいんねんも切って頂いて、たすけて頂くことのできるのは、親の〝いき〟をかけて頂いて、この修理を頂くことによって、御守護を頂くことができるのである。これは実際問題である。実行をした者にのみ与わる実際問題である。あんなことを言っておられる、というような人間心で受け流しておる者には、この御守護は頂けない。この親の〝いき〟とは、親々とさかのぼっていくならば、もちろん教祖まで行くのである。教祖の仰せ下されるお言葉を、素直に〝ハイ〟と受けて通ることである。これがお道の通り方である。

この教祖の親心を流さして頂くことがお道の修理肥である。この理を頂いてたすけて頂く、成人をさして頂くことのできるというのが、お道の修理肥を頂くことである。

教祖の親心の種

この道始め家の毀《こぼ》ち初《ぞ》めや。やれ目出度《めでた》い〳〵と言うて、酒肴《さけさかな》を出して内に祝《いお》うた事を思てみよ。変わりた話や〳〵。

（明治三三・一〇・三一・午前二時）

教祖の親心は、世界中は可愛《かわい》い我が子、一人残らずたすけ上げずにはおかん。これが教祖の親心である。だから、おやしきに帰ってきた子供には、よろこばさんとは帰せんとの親心であった。だから有るものは人に施され、今晩食べる米とても、困った人が来るならば、施してしまわれたというありさまであった。ついには田地、田畑、山林に至るまで、その人だすけの種に蒔《ま》いてしまわれたのである。そして、とうとう我が本家にまで手をつけられて、その家こぼちの時、教祖は、「これから、世界のふしんに掛《かか》る。祝《いお》うて下されと仰せになって、その手伝いに来られた人夫たちに、酒肴《さけさかな》を出されて、おもてなしなされたのであった。

こうした時の様子を、おさしづにお書き残されたのが、このお言葉である。これは実に不思議なる、家こぼちであった。世界には、貧乏して家を人手に渡す人はいくらもあるが、人だすけのために、我が家の母屋《おもや》まで取りこぼつ人はないのである。しかも酒肴を出してまで、祝うて下されと言う人はないのである。めでたいめでたいとまで言ってよろこばれる人は絶無である。実に、これは不思議な家こぼちである。

天理の世界、天理に叶《かな》う種蒔きは何であるか。人をたすける心は誠真実、誠真実は種、種は小さなもの、これこそが教祖の常日頃に教え下された、天理の種蒔きである。教祖の種蒔きこそ、不思議な種蒔きである。不思議な種、そこには不思議な御守護の生えてくるのが、これ天理である。

これを思う時、今日のやしきの様子は、どうであろうか。元々おやしき、中山五番屋敷は、間口六間半、奥行き二十四間という、一反にはるか足らずのおやしきであった。これが世にも珍しい元のぢば、元のしょうのあるやしきやから、しょうやしきと言うのや、と仰せ下された、その庄屋敷の五番屋敷であったのである。なんで、その中山五番屋敷が今日、教祖の思惑通りに、八町四方は神のやかたと仰せ下される通りに、日に日に広まってくるのであろうか。

この世は天理の世界である。蒔かん種は生えんのである。一本の名もない草であっても、種蒔かにゃ生えんのである。教祖はひながたをお残し下されているのである。種のない所に、なんで、めいめいに八町四方のやかたの実現に、やかましく仰せ下されるのであろうか。皆々教祖が我が身ご自身にその種をお蒔き下されておるのである。必ずや生えてくることは、火を見るよりも明らかなことである。

その御用に参加さして頂くのが、年祭を前にしておるお互いの御用である。できるできんの御用でない。必ずできるその有難い御用、しかも教祖御存命にお働き下されているのである。そのさして頂いた御用こそが、めいめいたすけて頂くことのできる種としてお受け取り下されるのである。こうした有難い種蒔きが、世にも世界にもあるであろうか。その種蒔きの旬であるとお仕込み下されている今日である。有難い旬である。

たすけふしんである。実に、この道の初めは家のこぼち初《ぞ》めであった。そして、やれめでたいめでたいと言うて、酒肴を出してまで内に祝われたのであった。実に世にも不思議な変わった話である。この教祖の親心から道は始まったのである。

年々に花咲くもある、咲かん木もある

木の元に種がある〳〵。一時花が咲く〳〵というは一つどんな理もある。さあ〳〵何が事情、一つ〳〵元にだん〳〵一つの理、木の元あって花が咲く。何よの事も一度植えた木は生涯の木、年々に咲く花もある。世界の理同じ事。又《また》花咲かん花もある。長く楽しむ木もある。花も咲かす理

もある。どんな花もある。

（明治二三・五・一四・午前一時）

この世の中は天理の世界である。蒔《ま》かん種は生えんのである。生える限りは、そこには必ず生えてくる種があったのである。生えた木にも、花のつく木もある、花の咲かん木もあるのである。これは世界の道理である。

お道もこれと同じ理である。人にもいろいろの人がある。教会にもいろいろの教会がある。たすけ一条にも、誠に思う通りに御守護を頂いて、その日その日を結構によろこび勇んで通らして頂いておられる方もある。また、教会にもいろいろあって、たすけの道場と仰せ下されるそのままの御守護を頂いて、陽気ぐらしの雛型《ひながた》として通っておって下される教会もある。これこそいかにも、木に譬《たと》えて言うならば、花の美しく咲き誇っておるがごとき姿である。これ皆、今日までの通り方にあるのである。種の蒔き方にあるのである。

といって、中にはまた、これと反対に、名称の理を頂きながら、その名称の理の有難い御守護も頂けないで、その日その日を人間苦労に追いつめられておられる教会もある。これ皆その教会の昨日までの通り方にあるのである。

それを預かる会長の通り方にあるのである。

教会は末代の理である。ぢばから一度許して頂いた、その名称の理は末代の理である。「木の元あって花が咲く。何よの事も一度植えた木は生涯の木、年々に咲く花もある。世界の理同じ事。又花咲かん花もある」と仰せ下されるごとく、同じ木であっても、咲かん年もある。咲かん木もある。これ皆その教会を預かる者の心の通り方である。

また、よふぼくにおいても同じ理である。心の使い方によって同じ理である。心の種蒔きによって、その生えてくる木の花も、皆々心通りに違うのである。

一体お道の種とは何であるか。いつも言うように、人だすけこそ種である。人をたすける種を蒔いて困る種が、どこから生えてくるのであるか。教会はたすけの道場である。

おさづけ人、よふぼくは、教祖の御用をさして頂くからよふぼくである。教祖の御用はおたすけである。おたすけの種を蒔かして頂いて、困る種の生えるようなはずはないのである。天理の世界である。誠一つが天の理である。

誠しか天理の世界に立つ理はない。親神様に受け取って頂く理はないのである。

今は教祖の八十年祭を前にした、誠に有難い旬を頂いているのである。旬というのは、親神様の一番の御守護を頂くことのできる時である。教祖の年祭は子供の成人をさして頂く旬である。

この時にこそ教会の花も咲かして頂いて、土地所の陽気ぐらしの雛型である教会という本来のあり方に、成人さして頂かなくてはならん、その旬を与えて下されているのである。教祖八十年祭という、有難い旬を逃しては申し訳ないのである。

守りは一人の心に下げてある

さあ〳〵尋ねる事情〳〵、一つの理を諭《にん》そう。さあ〳〵悪難除《よ》け心《ぜんく》だけ下げてある。一人《ひとり》の心に下げてある。人が変わりて一つ前々の理、内々

（明治二三・五・一六）

の大切な宝として祀《まつ》るがよい。

このおさしづは、死後は証拠まもりをいかに取り扱ってよいものであるかについて、お伺いされているおさしづである。その者に貰《もら》っているのであるから、出直したならば、その人のなきがらと共に葬るのであるというように考える人もあるので、そのことについてお伺いされているのである。

おまもりというものは、その人の心にお下げ下されておるのである。人の心というものは、お前にやる、貰うというように、できるものではないごとく、おまもりというものは、その人が出直したから、そのおまもりをやったりすることのできないものである。

おまもりは、ぢばの土を踏んだ証拠に、お前守ってやろうと言って、教祖の親心がこもっているおまもりである。そしてこれは、肌身守りと言って下されるおまもりであるから、身に付けておくから守って下されるのである。なおしておくおまもりではないのである。それを身に付けておくから守ってやろうという教祖の親心が、そこにこもってあるのである。それなら、それを持っておるから、守って下されるという形のものではない。まず第一に肝心なことは、教祖の仰せをよく心に治める、守るから守って下されるのである。

心のまもり身のまもりと仰せ下されるおまもりであって、形があって形のおまもりではないのである。であるから、おまもりを頂くについては、十五歳までは親が話を聴かして頂いて、おまもりの理をしっかり聴かして頂いて、それをまた、子供が一人前になって、よく分かるようになれば、おまもりを頂いた、結構な理を取り次いでやらにゃならんのである。

こう申し上げたように、心に下されたおまもりであるから、出直したら、それを他人に与えるというようにはできないのである。

このおまもりは教祖のお着物、すなわち赤衣《あかき》さまと申し上げるその教祖のお着物を、おまもりとして下されるのである。そのお着物には、「それを着て働くのやで。姿は見えんだけやで、同《お》んなし事やで、姿が無いばかりやで」（明治二三・三・一七）とおさしづにて仰せ下されているのである。

実に有難くも結構にも、この子供可愛《かわい》い教祖の親心が、そして教祖御守護お働きの理がこもっているおまもりである。

であるから、粗末にする者はなかろうとは思うのであるが、この教祖の御守護の理のこもってあるおまもりであるから、家の守り神として後々は祀《まつ》っておかにゃならん、というのが出直し後のおまもりの取り扱い方である。教祖は月日のおやしろである。月日親神様こそ、無い人間、無い世界をおこしらえ下された元の神、実の神にてあらせられるのである。月日親神様の御守護のある赤衣さま、これは粗末どころか、家の守り神であり、この御守護あってのめいめいであるのである。

医者の手余り救けるが教えの台

医者の手余りと言えば、捨てもの同様である。それを救《たす》けるが教《おしえ》の台と言う。

（明治二六・一〇・一七）

物事には、製造主、製造元がある。製造主があって、物というものが出来るのである。

時計に譬《たと》えて言うならば、時計は時計屋がこしらえたのである。だから、その時計の使い方は時計屋が知っておる。それを知らずに使ったならば、いかに立派な時計であっても、その使い方が分からずに、子供が玩具《おもちゃ》のように使ったら、いかに立派な時計でも壊れるのである。これは物の道理を言うのである。

そしたら人間の製造主、という言葉は誠に申し訳のない言い方であるが、人間の創造主は言うまでもなく月日親神様である。その月日のやしろであらせられるのが教祖である。であるから、教祖こそ人間の創造主である。だから人間というものは、いかに使うべきであるかを知っておられるのが、教祖である。その使い方こそ、身上かしもの・かりものの教祖のお話である。

その使い方が分からずに使うならば、身上が壊れる、いや病気となって現れる。その病気の御守護を頂くというのは、この親神様の御守護である。なるほど医者は、病人に薬を飲ましたり、手術をしたりする。が、その後の御守護を頂くというのは、月日親神様の御守護である。切ったものならば、後は元のようにつながなくてはならん。その御守護は月日親神様の御守護、すなわち、温《ぬく》み・水気《すいき》が肉となる、と仰せ下されているのである。温み・水気が月日親神様の御守護である。

手足を切ることは、道のいかなる大先生であっても、これはできないのである。

薬を飲んでたすけて頂ければ、それで結構である。薬を飲んでも、たすからん者がある。それをたすけるのが、お道のよふぼくの御用である、と仰せ下されておる。すなわち、「医者の手余りと言えば、捨てもの同様である。それを救けるが教《おしえ》の台と言う」。

よふぼくの御用こそ、誠に有難い道の御用、教祖の御用である。教祖の御用こそ、人だすけである。人だすけの種を蒔《ま》かして頂いて、これほどの結構な種があろうか。人だすけの種を蒔いて、困る種の生えてこようはずはないのである。

お道のよふぼくのよろこび、実に今日こそ教祖八十年祭を前にした、種蒔きの旬であると仰せ下されているのである。医者の手余り、捨てもの同様の者であっても、たすけさして頂くことのできるのが、おさづけの有難い御用をさして頂くよふぼく、おさづけ人である。「まさかの時には月日の代理」（明治三五・七・二三）とも仰せ下されているおさづけ人である。

月日親神様こそ、無い人間をおこしらえ下された元の神、実の神であらせられる。その月日のやしろである教祖は、今もなお、存命にお働き下されているのである。

これが道のよろこびである。

教祖こそ、人間の創造主であらせられる元の親、実の親であらせられるのである。

教会本部はぢばに

世界の中、心を運ぶ。第一早く急ぐ。つとめ一条これまで伝え、一つ二つどういう、一寸《ちよつと》出てあら〳〵の処《ところ》知らせ置く。本部や仮本部や。これで一寸苦が遁《のが》れた。運ぶ処を運ばずして、これで安心、何も安心、成っ

て成らん。　（明治二一・六・二一）

このおさしづは、本部において、教祖の一年祭を勤めようとせられたのであったが、ぢばにおいて、教会本部の設立ができていなかったために、教祖の一年祭という大事なつとめも勤められなかったのである。

そこで、いよいよ教会本部の設置ということになって、その本部を東京で願うことになり、明治二十一年の四月十日付で、東京において教会本部の設立を許されたのである。教会本部が出来たので、これで一安心ということであったのであるが、東京で教会本部が許されたからといって、親神様の思惑から言うならば、何の一安心であり得るわけはないのである。世界の中心とも言うべき、おぢばの上に教会本部があるべきであり、ぢばの上に教会本部があってこそ、教祖の大望のおつとめ、かぐらづとめもさして頂くことができるのである。そこにこそ教会本部のあるべき所であるからといって、東京の教会本部をぢばに移すことを、やかましくお急《せ》き込み下されているおさしづである。

教会本部が出来たからといって、それで道は安心でも、それでよいということでもないのである。おつとめこそが道の上になくてはならぬよろづたすけ、おつとめによって、再びこの世の中を陽気ぐらしの世界に建て替えてみせる、とも仰せ下されている、お道における一番肝心なおつとめである。そのおつとめは東京に教会本部が出来たからといって、東京では勤められないおつとめである。ぢばにおいてこそ、勤められるおつとめであり、ぢばにおいてこそお急き込み下されているよろづたすけのつとめである。こうした上から、東京における教会本部をぢばに移すことを、何よりも急き込んでおられるおさしづである。

教会本部が肝心であるよりか、よろづたすけのおつとめが肝心であることを、しっかり思案さして頂かにゃならんのである。

これを思うて、教会組織の現状において、部下教会は一万五千とも数える多くの教会になっているのであるが、この教会本部の理の流れを頂いておる部下教会において、おつとめこそ肝心であり、教会の生命であることを、よく反省せにゃならんのである。

おつとめを勤めるためのお道具は言うまでもない。これを勤めるだけの人数も、これまた肝心である。

教会本部の設立をせにゃならんということになった原因は、教祖の一年祭すら勤められない、これでは申し訳のないことである。そのための教会本部の設立を、東京へ願い出ることをおさしづによって、お許し下されたのである。

東京へ設立を許されたがために、また教会本部はぢばに移さなくてはならんことのおさしづが、教会本部はおつとめを勤めることが生命であり、そのよろづたすけづとめは、ぢばすなわち御守護の元であるぢばにおいてこそ、勤めなくてはならんことをお仕込み下されているのである。年祭を前にした教会の上に、心しなくてはならんお仕込みである。

誠は天の理、天の理であたゑという

往還道は世界の道、細い道は心の道、心の道は誠、誠は天の理、天の理

であたゑという。細い道を外せばばったりと。早く取り直せ。どういう道も取り締まれ。身上世界という。誠の理を立てゝくれるよう。日々《にちく》の守護、くどう〳〵話《はなし》て置く。しっかり細い道、誠一つよく聞き分け。だん〳〵頼み置く。をや一つの道という。

（明治二三・四・六・午後一〇時一七分）

人間心の世界の道は、いかにも往還道にも見え、お道は細道のようにも見えてあろうが、この道こそ誠真実の心の道である。

誠一つが天の理と仰せ下されるように、天理の世界には、誠一つより立つ理はないのである。であるから、いかにもこの道は細い道のようであるけれども、この道を通るより外《ほか》に、身上も世界事情もたすかる道はないのである。

この世の中は天理の御守護の世界である。天理の世界ならば、蒔《ま》かん種は生えんのである。いくらたすけてもらおうと思うても、たすけて頂く種がのうては、たすけてはもらえんのである。天理の世界にたすけて頂く種とは何であるか。人をたすける心は誠真実である。誠真実は種である。種は小さいものである。けれど小さい種を蒔いても、与わる天理の御守護は、一粒万倍《いちりゅうまんばい》の徳とお聞かせ下されるのである。

　であるから、この道はいかにも細道のように、今は見えておっても、この道こそ天理の唯一の道であるから、この道の通り方をはずせば、ばったりと倒れるより外ないのである。この道こそ無いところから人間を、世界をおこしらえ下された月日親神様のおやしろであらせられる教祖の教え下された天理の道であるからである。であるから教祖は、誠の道を立ててくれるよう、と、くれぐれも仰せ下されるのである。

　日々結構に御守護を頂くことのできる種は、どこまでも人によろこんで頂くよう、人にたすかってもらうようとの、この誠真実より外に種はないのである。であるから、この話を繰り返し繰り返し、くどうくどうお仕込み下されるのである。当時の道はいかにも弱々しい、細道のように見えていても、これが本当の大道になる。往還道になる本道である。この細道を通らず、人間心に惑わされて世界の道を通れば、世界の道はいかにも往還道に見えていても、いろいろの故障も現れて、身上であるとか、事情であるとか、いろいろに苦しみが現れて通りにくくもなるのである。

　この人間身上をお創《はじ》め下されたのも、この世、世界をお創め下されたのも、月日親神様であり、その月日親神様のおやしろであらせられる教祖こそ、人間世界の御創造主であらせられるから、その教祖の仰せのままに通るこの道より外に道はないのである。

　その人間の通り方を我《われ》自らお通り下されて、お残し下された道こそ、これ教祖のひながたの道である。この親の道、この教祖の道を、しっかり通るようにと、くれぐれも、くどうくどう繰り返して、お仕込み下されておるのである。その道こそ、誠一つは天の理とお聞かせ下されておる、このお道である。

心を磨くのが修行

修行のため、銘々身上磨きに出るのが修行。通さにゃなろまい。修行という、心の身を磨きに出るのや。修行、大切に扱《あつこ》うては修行にならん。

そら水汲《く》みや、掃除や、門掃《かどは》きやと、万事心を磨くのが修行。そこでさしてくれるよう。（明治二三・三・一七）

このおさしづは、本席様のご子息である飯降政甚《まさじん》先生が年の若かりし頃、神戸の兵神《へいしん》分教会で、清水与之助先生がお預かりになっていた。ところが、本部大祭について帰本され、再び神戸へ同道出越すものかについて、おさしづを伺っておられるのである。

飯降先生といえば、本席様の子供であり、魂のいんねんから言えば、立派なお魂であるが、しかし神の言葉は公平である。子供の修行という点においては、実に厳しいお言葉である。

修行に出してある限りは、誰の子供も、彼の子供もないのである。同じように、修行ささにゃならんのである。そのためには、どの青年も同じように、水汲《く》みもささにゃならんし、それ掃除や、門掃《かどは》きやと、皆がするようにさしてこそ、修行にもなるのである。と、遠慮なくそうさせるようにとのお言葉である。

ここに一つ、若き者よく思案せにゃならんのである。初めから立派な者はないのである。特に道の若き者は、修行を積ましてもらうことが肝心である。頭を高く置いておるようなことでは修行にならんのである。庭掃き掃除は下の者のする仕事である、というような頭の高いことでは、修行はできないのである。

修行というのは、心を磨き、身を磨くのが修行である。その修行をさせるためには、大事に、大切に扱《あつこ》うておるようなことでは、子供の修行にはならんのである。と、実に厳しくお仕込み下されておる。

こうして頭も低く、下々の仕事もするので、心も磨かれて、やがては身も磨かれて、立派な人にもなり、人の上に立って道の御用もさして頂くことのできる人間にもなる、徳を頂くことができるのである。

ところが、この修行に失敗をするならば、これまた、道の御用にもなる人にはなれないのである。足場は下に伏せ込むのである。我が足の下にしっかりと、ゆるぎない土台を伏せ込んで、その上に立派に立つこともできるのである。

道は正直である。道は公平である。天理ほど不公平はないのである。

伊三郎父、年十五歳の頃であった。きく祖母に連れられておやしき帰りをして、庭を掃いておられた。教祖の御目にとまって、教祖がきく祖母に、

「あれは誰の息子さんやなあ」

「あれは私の息子でございます」

「年の若いのに、感心な事やなあ、しっかり御用をさしてもらいなさいや。みんな、あんたの徳になるのやで」

この教祖のお言葉が、伊三郎父に生涯忘れられない、焼印のごとくに心に刻み込まれたのであった。そして生涯おやしきにつとめさして頂かれた伊三郎父であった。そして我々子孫も結構に、その後につないで頂いておる。

修行は心を磨くことである、身を磨くことである。そして徳を頂くことである。この徳が一番肝心なことである。

さしづ通り治めるなら何にも言う事は無い

さしづ聞いてその通りの心をいつ〳〵までに治めるなら、何にも言う事は無い。日々《にち〳〵》気に掛ける事は無い。身上大切という。どうもならんと言うて居《い》ては、いつまでも竦《すく》んで居やんならんという。この理をよう諭してくれ。人間の義理を病んで、神一条の理を欠いてはどうもならん。

（明治二三・四・二七・午前九時二〇分）

おさしづというのは、本席様の口から出たものを書いたものがおさしづである。が、おさしづは本席様のお言葉ではない。教祖のお言葉が本席様のお口から出てあるのである。であるから、神の声である。おさしづは原典の一つである。

身上あるいは事情についてお伺いするのである。それについてお諭しを下される。そのお仕込みこそ神意である。それによって我が心として、通らして頂くのが道の通り方である。この道の通り方をさして頂いて、御守護、おたすけも頂くことができるのである。このおさしづ通りに通るならば、何にも言うことはないのである。日々は何の気にかかる心配もないのである。

なるほど、身上は大切にせにゃならんのである。というて身上のことばかり考えて、ああしたらいかん、こうしたら悪いと言って、何もせずにいれば、いかにも大切にしておるようであるが、そんなことをしておっては、いつまで経《た》っても身上もよくなるものではない。とうとう出歩きもできんようになって、それこそ、すっかり竦《すく》んでしまわにゃならんようになってしまうのである。

この道は人間の義理や体裁で通る道ではないのである。人間の義理を立ててたすかる道ではないのである。人からどう見られても、どう考えられても、おさしづで、こうと教えられたならば、どこまでもおさしづを我が心として通らしてもらわにゃならんのである。おさしづこそ、神一条の通り方である。おさしづこそ、子供可愛《かわい》い教祖の親心から出たお言葉である。

この世の中は一つの天理、一つの心、一つの心とは言うまでもなく教祖の親心である。この教祖の親心のまにまに通らせて頂くのが神一条である。一つの天理、一つの心、すなわち神一条の理を欠いては、天理の世界は通りようはないのである。

目の前は、義理は悪い、体裁が悪い、いかにも通り方が悪いようである。が、それは人間心をもってするから、悪くも見える、通りにくくも思われるのである。この世の中は、人間心で通れないのである。その通れない我々人間に、通れる道を教えて下されておるのが、この道の話である。この道の話とは、教祖の教えて下される話である。

道はただ一筋、神の道はただ一つである。世界の道は千筋と仰せ下される。千筋に迷っているようでは、たすけて頂けないのである。人に笑われても、阿呆《あほう》と言われても、この道より外《ほか》ないのである。

おさしづは、実に有難いのである。教祖の可愛い子供をたすけ上げたいとの親心の、書き残されてあるのがおさしづである。人間の行く手の指針を示されたのがおさしづである。

誠が天の理や、誠より道が付く

どうせともこうせとも、行けとも行くなとも、どうしてやろうこうしてやろうとも、この処《ところ》、前から言うた事はないで。何事も皆銘々の心次第と言うてある事やで。何処《どこ》に居《い》ても月日の身の内や。何処に居るのも同じ事、誠の心一つや。誠が天の理や。天の理にさえ叶《かな》えば、何処に居ても道が付くで。実誠《じつまこと》無けねば、何処い行たとて、何をしたとて道は狭《せ》ばむばかりやで。しいかり聞き分《わけ》ねば分からん。

（明治二〇・七）

このおさしづは、布教に行くことについて伺っておられるおさしづである。この世の中というものは、月日抱き合わせの天理の御守護の懐《ふところ》住まいをさして頂いておるのであるから、どこへ行っても、かしこへ行っても、その場所によって、どうこうあるはずはないのである。どこがよい、かしこがよいというようなことは、今日まで言ったこともないのである。が、誠一つの心が、肝心なことになるのである。誠は人をたすける心が誠である。その誠の心こそ、親神様に受け取って頂くことのできる種ともなるのである。天理の世界、天の理にさえ叶《かな》うところの人だすけという、その誠こそが肝心な心の置きどころである。

おたすけというものは、形にあるのではない。真の心に誠さえあるならば、教祖が受け取って下されるのである。教祖が受け取って下されるから、理は先方に通じるで、と仰せ下されるように、おたすけとなって御守護も下されるのである。教祖の受け取って下されるのは、誠真実よりないのである。天理の世界、誠真実より立つ理はないのである。

いかに大きな道が付いていても、その立派なお道の後を継がして頂いても、心にたすける実、誠がなければ、その道も狭まるばかりであると仰せ下されておる。誠の心のない人間心では、道は立たんのである。付いた道も大きくなるどころか、次第に狭まるより外《ほか》ないのである。

この世の中は、教祖の温かな親心に抱きかかえて頂いておるという、有難い現状の中に、お互いは住まわして頂いておるのである。

いかなる僻所《へんじょ》に、我《われ》一人布教しておられても、何の案じもないのである。

誠の心さえあれば、教祖はその心に乗ってお働き下されるのである。

そして、教祖は存命にお働き下されているのである。月日の世界、月日の影さす限り、ついていくものがある、とまで仰せ下されて、道の御用をさして頂く限りにおいては、我一人というようなことはないのである。

天理の世界、月日御守護の世界、教祖の御用こそ、めいめいの通るただ一つの道であり、この道を通らせて頂くより、めいめいのたすかる道もないのである。その道は、あすこやから道が付く、こちらやから道が付かんというのやない。教祖の御用であるなればこそ、教祖の受け取って下される真実こそ、この道を歩ませて頂く、よふぼく・おさづけ人の心構えである。

教祖は存命に働いて下されているのである。誠真実の心にこそ、存命の教祖が働いて下されるのであることを、よく思案せにゃならんのである。

たすけのよろこび、先の長い楽しみ

目の前の楽しみ、その楽しみは短い。先の楽しみ、細い道のようなれども、先の長い楽しみ。後で見れば、短い。先は長い楽しみの道。よう思《し》やんして、真実の楽しみ。あちらで抑え、こちらで抑え、通り難《に》くい道も通る。外々《ほかぐ》の道筋、心真実、一つ国々長い道中運び来た故、これからたすけの証拠、神の道、一つのさづけを渡す。しいかりと受け取ってくれ。

（明治二〇・七・一四）

このおさしづは、山名大教会の初代・本部員諸井国三郎先生が身上につき、はるばるおぢばへご帰参なされて、お伺いになると頂かれたおさしづであり、そのおさしづが、先生に結構にもおさづけを下された、誠に有難いおさしづの一部分である。

人間心の目の前の楽しみは、その場限りの短い楽しみであるが、人だすけのこの道は、今は細い道のようであっても、この道こそ、いついつまでの先の長い楽しみとなって残る道である。暫《しばら》くは苦労であるが、先には必ず長い楽しみを見せて下される道にも出して頂くこともできるのである。これが人をたすけるというお道の真実の楽しみである。

が、この道を通るについては、あちらでは非難され、こちらでは笑われそしられて、実に窮屈な通りにくい道である。が、この道を今日までよく通って下された諸井先生であったのである。そして今は、こうして先生が身上にお障《さわ》りを頂いてぢばにお帰り下されたのであるが、実のところは、先生に結構なるたすけの証拠である、おさづけをお渡し下されるためのお引き寄せを頂かれたということであったのである。実に有難いおさしづである。

当時は別席もなく、こうして道の上、人だすけの上にお働き下されておる方々を、教祖が見抜き見通しでご覧下されておるのであって、この教祖の御目に叶《かな》い、この教祖の御用であるおたすけをさして頂いたならば、必ずたすけさして頂くことのできるおさづけを頂かれた、誠に有難い教祖の親心の上に頂かれた、実例の一つである。

おさづけというものは、使わして頂くものである。たすけの御用に使わして頂くから、おさづけの結構があり、そのおさづけを使わして頂いて人だすけの種を蒔《ま》かして頂くから、今は細々とした、通りにくい道であっても、その道の苦労難儀が先々のための肥《こ》やしとなって、末長く楽しまして頂くことのできる道にも出して頂くことができるのである。

諸井先生は早くから遠方はるばるおぢばにも運ばれ、人だすけの布教にも出ておって下された。その先生の真実を、教祖が見抜いての親心が、このおさづけを頂かれたことになっているのである。

実におさづけこそは、これを使わして頂いてこそ、おさづけの値打ちもあるのである。

使わんおさづけなら、落としたも、返したのも同然である。

今日真柱様が「たすけ一条のよろこび」とお仕込み下されたのは、このおさづけを使わして頂いて、後々の長い楽しみの道に出してやりたいとの、教祖の親心より外《ほか》ないということを、よく思案さしてもらわにゃならんのである。たすけ一条のよろこびこそ、後々長く楽しませて頂くことのできる種ともなるのである。

教祖御定命お縮めになった理

百十五才と楽しみとしたる処《ところ》、縮めた処、嘘《うそ》やと言って居《い》る。百十五才縮めたる処、既に一つの道のため、既に一つの国のため、たすけ一条のため。日本国中やない、三千世界一つの理、始め出したる一つの理。

（明治二一・一・二四・午前九時）

教祖は、人間定命百十五やと言って、楽しみを持たしてお通り下されたのである。この百十五歳の定命を頂くことのできる者は、心の澄み切った、ほこりのない、水に譬《たと》えて言うならば、混じり気のない清水のような、心の澄み切った者のことを仰せ下されるのであろう。

ところで教祖のお心は、月日のお心であり、人間心のない、実に澄み切った心であらせられることは、言うまでもない事実である。が、明治二十年旧正月二十六日に御身おかくしになったことは、これまた事実であったから、仰せ下されたことは、嘘《うそ》と思う人があるかもしれないであろうが、教祖の仰せには千に一つも違うということはあろうはずもないのである。としたならば、こうした御身おかくしになったということに対しては、ここに絶大なる教祖の思惑があったに違いないのである。教祖の思惑は言うまでもなく、月日親神様の思惑である。

さて、明治二十年旧正月二十六日のおさしづに、「子供可愛《かわ》い故、をやの命を二十五年先の命を縮めて、今からたすけするのやで。しっかり見て居《い》よ」と仰せ下されておる。これはどういう意味であるか。教祖姿をおかくしになっても、今からたすけするのやで、と仰せ下されるこの意味こそ、教祖存命にお働き下されると仰せ下される、お道の生命である、教祖存命にあらせられるということである。

教祖が九十歳にて御身おかくし下されたのも、これ実にたすけ一条の親心からであったのである。

そもそも天保九年十月二十六日に教祖月日のおやしろにおなり下されたのは、三千世界これ皆たすけ上げたい親心からであったのである。この世界の可愛い子供を一人残らずたすけ上げずにはおかんとの、この親心こそ、天保九年十月二十六日に、この道お始め下された月日の親心であったのである。

この教祖の親心も、御身おかくしになった教祖の親心も、同じ一つの理であるということを、「百十五才縮めたる処、既に一つの道のため、既に一つの国のため、たすけ一条のため。日本国中やない、三千世界一つの理、始め出したる一つの理」と仰せ下されているのである。

教祖の親心は実に絶大である。どうでも世界の子供一人残らずたすけ上げずにはおかんとのために、いかに親心をお尽くし下されているかを窺《うかが》うことができるのである。

この教祖の御用をさして頂く者こそ、道のよふぼくである。おさづけ人のつとめである、教祖の御用はおたすけである。

この世の中は天理の世界である。天理の世界に種蒔《ま》かにゃ生えんのである。教祖の御用はおたすけである。この御用をさして頂いて困る種は、どこから生えてくるであろうか。

誠一つが天の理である。人だすけより外《ほか》に立つ理はない。「たすけ一条のよろこび」と仰せ下される意義もここにある。

水のさづけ

さあ／＼内にも障《さわ》り付けて引き寄せた。長々細道余程勢《せ》もあるまい。さあ／＼長々のきゅうこう、その功によって、さあ／＼さづけ、神水《こうずい》の水をさづけ。さあ／＼さあしっかり受け取れ。この水にて人を救《たす》けるのやで。たとえ何処《どこ》の水、どのよの水汲《く》んでも、三度口頂いてやるのやで。さあ／＼さあ／＼落《おと》すやない、戻すやない。神は返《か》やせとは言わん。なれども心違えば、直《す》ぐに戻るで。心違わねば末代子孫に続くで。神が返やせと言わん程に。よく／＼心違わんよう、さあ／＼受け取れ、しっかり受け取れ。

（明治二〇・六・二三）

このおさしづは、井筒梅治郎《いづつうめじろう》先生の家内の者が、身上お障りを頂かれたのでお願いになった。すると、かくのごとく結構におさづけを頂かれたのである。しかも水のおさづけを頂かれた有難いおさしづである。

　このおさしづを拝読すると、先生が長々とお道の上に、おたすけの上に、細道をお通り下されたその御苦労を、十分に教祖がお見抜き下されて、その功によって、結構な水のおさづけを下されておる。その教祖の親心が、ありありと現れておる。

　そして水のさづけの渡し方も、はっきりとお示し下されておる。そしておさづけというものの結構、有難いことをも、すっかりお諭し下されておる。そしておさづけを頂いた者の心構えをも、手に取るごとくお教え下されておる。誠に重要な有難いおさしづである。「さあ〳〵落《おと》すやない、戻すやない。神は返《か》やせとは言わん。なれども心違えば、直ぐに戻るで。心違わねば末代子孫に続くで」と仰せ下されて、おさづけの有難い結構な、本当に教祖の親心をもって、可愛《かわい》い子供にお諭し下されておる。その親心が、ありありと窺《うかが》えるのである。

　このおさしづをよく思案さして頂く時、いくら結構なおさづけを頂いても、神は返せとは言わんが、心違えばすぐと戻るでと仰せ下されるように、おさづけこそは、めいめいの心の誠真実に下されたものである。誠の心は、人をたすける心である。この人をたすけさして頂くという心がなければ、せっかく下されたおさづけであっても、使わんおさづけなら返したも同然であって、どうでもおさづけというものは、誠真実をもって人をたすけさして頂かなくては、おさづけを頂いた値打ちもないのであり、めいめいのいんねんも切って頂いて、たすけて頂くこともできないことになるのである。それではめいめい、たすけて頂きたいと言って、お道に入れて頂いて、教祖におたすけを頂くこともできないということになるのである。

お道に入れて頂いて、おさづけを頂いて、それでたすかる道ではないのである。お道に入れて頂くならば、教祖の親心に沿わして頂いて、教祖から下されるこのおさづけを、しっかり使わして頂かなくてはならんのである。

この道は後に末代の道と仰せ下されるごとく、おさづけもまた、心違わねば末代子孫に続くとまで仰せ下されているのである。我が力だけの道ではない。神の道はただ一つと仰せ下される教祖の、その教祖のお教え下されるこの道を通らせて頂いて、子供も子孫も、やはりこのおさづけを頂くことのできるようなこのお道を通らせて頂くより外《ほか》に、たすかる道はないのである。

この道は、やはり「たすけ一条のよろこび」より外ないのである。

心発散すれば身の内速やか

さあ〳〵何かの処《ところ》、さあ〳〵よう聞き分けて。何かの処、たすけ一条、勇める処話を伝え。心発散すれば身の内速やか成るで。病というはすっきり無いで。めん〳〵の心が現《あら》われるのやで。さあ〳〵授ける処、しいかり受け取れ。

あしきはらひたすけたまへ天理王命、三遍づつ三遍。


（明治二〇・九・五）


このおさしづは、元の敷島大教会長であり、本部員であった山田伊八郎先生の、おさづけを頂かれた時のお言葉である。

この当時は、道の上に古くからお道の御用、おたすけにお通り下された先生方には、今のように別席をお運びにならなくとも、そのお通り下された真実を十分にお受け取り下されて、結構にもこうしておさづけの御理をお渡し下されたのである。お受け取り下されておるのは、もちろん教祖である、親神様である。そのお受け取り下された親心が、こうして有難い結構なるおさづけの理として現れておるのである。実に有難いことであり、この世の中、天理の世界である限りは、真実で尽くした理、働いた理は決して無駄にはなっていないということが、ありありと窺《うかが》い知ることができるのである。そしてこのお言葉の中に、おたすけ人としての、実に大切な心構えもお諭し下されているのである。

すなわち人だすけ、病たすけには、必ず心から立て替えなくてはならんことをお仕込み下されているのである。どういう心に立て替えなくてはならんのであるか。「たすけ一条、勇める処話を伝え。心発散すれば身の内速やか成るで」と明瞭に、心を勇めることこそが肝心なことであるとお諭し下されているのである。身上はかしものである、かりものである。心一つが我がの理、心通り身上を貸すと仰せ下されるごとく、勇める心こそ、おたすけには肝心なことであることをお仕込み下されておるのである。

お道には、病というものはないのである。心の悩み、身の悩みとなって現れておるのであると仰せ下されておるのである。

実にこの道は、心の道である。心の入れ替え、心の立て替えこそ肝心なことである。心の現れが身上となって現れておるのであることを、お仕込み下されているのである。

このお仕込みこそ、おたすけ人としての肝心な心の置きどころでなければならんのである。道はどこどこまでも勇み心、陽気心こそ教祖のお受け取り下される心である。この心の通り方が、教祖の御伝の中にも、ひながたとしてお残し下されているのである。

誠に簡単なお言葉であるが、重要なるおたすけ人としての心構えをお教え下されておるのである。

そしてその後に続いて、おさづけをお渡し下されるお言葉になっている。

「あしきはらひたすけたまへ天理王命、三遍づつ三遍」と、あしきはらいのおさづけを頂かれたのである。

実に、山田伊八郎先生のよろこびは、いかほどであったか。お道には苦労はない。その苦労こそが、よろこびの種となって、こうして結構に現れるのであると、しみじみ道の結構をお感じになったことであろうと窺い知ることができるのである。実に教祖こそは、見抜き見通しであらせられるのである。

おさづけを頂いた日の心を忘れんよう

さあ〱〱〱〱長らえて〱の順序、めん〱それ〱の処《ところ》、運び難《がた》ない処、又《また》それより一時救《たす》けてくれと言うて来る処もある。なれどもめん〱に功が無《の》うてはなろまい。まあ〱今日《きょう》一つの心忘れぬようと、今日一日の日を忘れぬようと、さづけ渡そ。しいかり受け取れ。あしきはらひ、三遍三遍、三々九遍の理を渡そ。

（明治二〇・一二・五・朝八時三〇分）

このおさしづは、小松駒吉先生（御津大教会初代会長・本部員）がおさづけを頂かれた時のお言葉である。

　小松先生は古くからお道を信心なされて、道の上に段々御苦労の道もお通り下され、運びにくいところもよくぢばに運ばれた先生である。そのお通り下された道すがらも、教祖がよくお受け取り下されてあることが、手に取るごとく分からせて頂くことができるのである。そして、こうしておたすけの道を通っているからには、あちらからもこちらからも、おたすけを頂きたいと言ってくる者があろう。ところが、自分自身におさづけのこうのうの理がなかったら困るであろうからとの、教祖の親心溢《あふ》れるお心が、こうして結構なるおさづけをお渡し下されることになったのである。

　道の上にかようにお尽くし下されるならば、必ずや教祖が見抜き見通し下されておることが、しみじみとお窺《うかが》いすることができるのである。実にお道を通らして頂くことの結構は、ここにある。そして生涯、今日のおさづけを下された教祖の親心を、しっかり忘れぬように通らしてもらわにゃならんと、お諭し下されているのである。

　今日においても、おさづけを下される教祖の親心には変わりはないのであるが、おさづけを頂くめいめいの心に変わりがあっては申し訳もない次第である。

　おさづけというものは、お前をたすけてやろう、お前のいんねんも切ってやろう、という教祖の親心をもって下されるおさづけの理である。ところが、おさづけは我が身に頂いて、我が身上には取り次げない、人だすけでなければ使えないおさづけの理である。だから使わして頂かねば値打ちもないのである。人をたすけさしてもらわにゃ我が身はたすけて頂くこともできない。我がいんねんも切って頂くこともできないのである。この心構えこそ、おさづけを頂く者の心構えでなければならんのである。この心構えをお仕込み頂くことが、すなわち誠真実の心にならして頂くのが、別席の理を頂いたということになるのである。

　この当時の先輩の先生方は、別席を運ばずとも、見抜き見通しの教祖には、この人だすけの道をお通り下されておることを、このおさしづのごとく見抜いておられることが、ありありと知ることができるのである。そしてこのごとく、結構なるおさづけのこうのうの理をお渡し下されておるのである。

教祖は存命であらせられるのである。今においても教祖の親心には変わりはないのである。が、このおさづけの理を頂くめいめいの心に受ける理がなければ、おさづけのこうのうの理も生かすことはできんのである。おさづけの結構なこうのうの理も生かせんようでは、めいめいもたすけて頂くこともできんのである。

実におさづけの理の有難いことを、よく思案してもらわにゃならんのである。すなわち「今日一日の日を忘れぬようと、さづけ渡そ。しいかり受け取れ」と、繰り返し仰せ下されているのである。

真の兄弟は誠一つの心が兄弟

さあ〳〵だん〳〵の理を伝《つと》うて、だん〳〵の席改めて、さあ〳〵又《また》一つの席にて、さあ〳〵同《お》んなし話であるけれど、さあ〳〵一日の人、席より一つの理を聞かそ。真の兄弟は、誠一つの心が兄弟。又、誠一つ理が

天の理、常に誠一つの心が天の理。真の心の理が兄弟。さあ〳〵これより又一つ、こうのうの理を渡し置く。あしきはらいたすけたまへ天理王命、を、これを三遍唱えて、又三遍、又三遍、三三三の理を渡そ。しっかりと受け取れ、受け取れ〳〵。　（明治二〇）

このおさしづは、城法《しきのり》の会長であった山本《やまもと》藤《とう》四《し》郎《ろう》先生がおさづけを頂かれた時のお言葉である。もちろん、今のようなおかきさげのなかった時分のことである。いわゆる今日のような別席もなかった時分のことである。誠に有難い結構なお仕込みを下されているではないか。

山本藤四郎先生は、実に立派な先生であった。人間心や形の上から見るならば、あの先生がというような百姓そのままの姿丸出しの先生であった。当時の先生方は、山本先生に限ったことではなく、こうした先生が多かったようである。それほどにもその当時の先生方は、真実誠の心が、身の内に溢《あふ》れているようにさえも見えたのであった。

めいめいは教祖の、皆可愛《かわい》い子供やと仰せられているのである。としたならば、めいめいは兄弟でなくてはならんのである。道の兄弟、理の兄弟は、互いにたすけ合いしてこそ兄弟である。兄弟が互いにいがみ合い、あの人の苦労は我知《われ》らんというような通り方をしておるようなことでは、教祖を親としたこの道の子供たちの通り方ではないのである。と、しみじみこのおさしづにてお仕込み下されているのである。

すなわち「真の兄弟は、誠一つの心が兄弟」と仰せ下されているのである。「又、誠一つ理が天の理、常に誠一つの心が天の理。真の心の理が兄弟」と仰せられている。誠の心は人をたすける心であり、人をたすける心こそ天理に叶《かな》う誠真実である。この心の持ち主であってこそ、人だすけのために使わして頂くことのできる、おさづけを頂くことのできる道のよふぼくである。

実に山本藤四郎先生こそ、その教祖の親心に叶った先生であったのである。教祖は見抜き見通しである。山本先生の日頃の心、身の行いを、しっかりお受け取り下されて、この結構なるおさしづのお言葉となって現れたのである。先生の真実の身の行いが「さあ〳〵これより又一つ、こうのうの理を渡し置く」と仰せられて、あしきはらいのおさづけを頂かれたのである。

道のため、人のため、世のために尽くした心の理の種の蒔《ま》き損、働き損は絶対にないのである。

教祖こそ、めいめいの実の親・元の親であり、たすけの理であらせられる。めいめいこそは、この教祖を親と仰ぐ兄弟である。口先の兄弟であってはならないのである。「真の兄弟は、誠一つの心が兄弟」と仰せ下される兄弟でなくてはならんのである。

実の親、元の親なる教祖は存命である。その教祖の御用をさして頂く者こそよふぼくである。おさづけ人である。「たすけ一条のよろこび」である。

ひながた通れば今の難儀は末の楽しみ

さあ〳〵しいかりと聞かねば分からんで。身の内の障《さわ》りは、尋ねる処《ところ》、今日《きょう》はまあ、何でこのように急がしいやろうと思う日もあり、又《また》、今日は何でやろうという日もある。又、聞き難《に》くい事を聞かねばならん事もあり、又不自由な日もあり、又有難い日もあり、どのような道も皆々五

十年の間の道を手本にしてくれねばならんで。今の難儀は末の楽しみやで。その心で、心を定めてくれねばならん。

（明治二〇・陰暦五月・午前八時）

このおさしづは、梅谷四郎兵衛先生の奥さんの、たね様の身上歯痛に対して、お願いになっているおさしづである。教祖のお通り下された五十年の道すがらこそ、めいめいのいかなる難儀の中も、これをひながたとして通らして頂いたならば、末は楽しい道に出して頂くことのできることを、明瞭にお諭し下されておる有難いお言葉である。

身上の障りからお尋ねになっているのではあるが、今日はなんでこんなに忙しいという日があっても、今日はなんでこんな困ったという日があっても、人からなんでこんな悪口雑言《あっこうぞうごん》をされるという、道の上に攻撃を受ける日があっても、暮らし向き不自由な困った日があっても、教祖のお通り下された五十年の道すがらを思うて、有難いとたんのうしてよろこんで通らしてもらわにゃならんのである。

また、道を通らして頂いているために、何と有難いという日もある。これ皆、教祖のおかげやとよろこんで通らにゃならんのであると、親が子供に言い聞かすように、温かな親心でお仕込み下されておる、その親心を、ありありと感じさして頂くことのできるお言葉である。

　誰であっても、人間は皆、前生から通らして頂いてきた道すがらに、いんねんというものは、誰しも積んできたのである。そのいんねんを切って頂くいんねん切りの教えと仰せ下されるが、この教祖のお通り下されたひながたをしっかり心に治めて、よろこべん苦労の中もよろこんで通らして頂くところに、ひながたを踏まして頂いたということになって御守護下されるのである。

　可愛《かわい》い子供に苦労難儀をさしてよろこぶ親があるか、と仰せられるごとく、いんねんならば通らにゃならん、蒔《ま》いた種ならば皆生えてくるのである。そのいんねん切って下される道をお教え下されるのが、この道の結構であり、この道ならではたすけて頂くことのできない、だめの教えなのである。

　日々の目の前に見えてくる、めいめいのいかなることであっても、前生の通り返しである。めいめいの蒔いてきた、通ってきた前生からの道すがらが鏡のごとくに映り、これが我が前生の姿であることをよくよく思案さして頂き、これをよろこんで通らせて頂くための教祖のひながたの道であると思案して通らして頂かねばならんのである。

　教祖が御いんねんが悪いから、あの御苦労の道をお通り下されたと、誰が考える者がありましょうか。いんねんの悪いのは、可愛い子供であるめいめいである。このいんねんの悪いめいめいが教祖の御苦労のあの道を、教祖がよろこび勇んでお通り下されたことを思わして頂く時、初めて心の底から有難い結構という心が、いかなる苦しみの中からでも湧《わ》き上がってくるのである。めいめいのたすかる道は、これ実に、教祖の五十年のひながたの道より外《ほか》にないことを、よくよく思案せにゃならんのである。

　かく教祖のひながたの道を我が心として通らして頂く時、「今の難儀は末の楽しみやで」と仰せ下される道にも出して頂くことができるのである。

道の成人は立毛の育つも同じ事

さあ〳〵これも聞いて置かねばならん。立毛《りうけい》の育つも、この世始めも同じ事、無い人間を拵《こしら》えて、初めより、ものが言えたやない。一年経《た》てば一つ分かる。又《また》一つ分かれば、又一つ分かるように成って、もの言うように成りたも同じ事。順序事情の道を伝《つと》うて、何事も一つ〳〵分かる。道を伝うて、何事も一つ〳〵分かる。道皆ちゃんと決まりてあるのや程に。内々身の内障《さわ》り付く。これを聞いて置かねばならん。

（明治二〇・八・二三）

この道はたすかる道である。たすけて頂くためには、まず第一に心の成人もしっかりさしてもらわにゃならんのである。というて、今言うて今すぐ、その結構が見えるわけのものでもないのである。それを分かりやすく、「立毛の育つも、この世始めも同じ事」と仰せ下されている。今、種を蒔《ま》いたからといって、今すぐ花の咲くものでもない。実《み》のなるものでもない。今日種蒔いたから生えたとしても、明日大きな材木になるものでもないのである。

また、人間をおつくり下された親神様であるからといって、一遍に五尺の人間になったものでもないし、ものを言えたものでもない。そこには順序というものがあって、今日の有難い人間にも成人さして頂くことができたのである。なんぼ急いでも一足飛びに高い所に昇るということも、これはできるものではないのである。

この道のことを、天然自然の道とも仰せ下されているのである。無理はあり得ないのである。無理はないが、天理の道の理にさえ背かず、踏み損ないもなく、しっかり通らして頂いてさえいれば、必ずやたすけて頂くことのできる、その終局にまで出して頂くことだけは間違いないのである。ここに、この道を通らして頂くよろこびと、楽しみがあるのである。

たとえ身上事情に悩む日があっても、なんでやろうと悔やむことも、心を落とすこともいらんのである。身上や事情で可愛《かわい》い子供を苦しめる親があるかないかを、よく思案するがよいと仰せ下されるように、身上や事情を見せて下されるのも、我が成人の踏み台や、上る一歩一歩の階段として、よろこび勇んで、しっかり踏みしめて通らして頂くより外《ほか》ないのである。この有難い親心をしっかり摑《つか》まして頂くことが、この道通らして頂く者のよろこびであり、たすけて頂くことのできる唯一の通り方である。

実に我がこの道の親神様こそ、無い人間、無い世界をお創《はじ》め下された親神様であるから、人間の身上事情の一切は、この親神様によってたすけて頂くより外ないのである。これをよく分からせて頂いて通るところに、お道の通り方があり、お道ならではたすけて頂くことのできない、よろこびを感じさして頂くこともできるのである。

身上になって、その身上もなかなかはかばかしく御守護を頂くことができない、と言って嘆くこともないのである。

実に、この道より外にたすけて頂く道はないのである。より好みをして、この道を通っておるのではないのである。この道より外に今一つのたすかる道もないのである。

実に人間の成人は、この道の親神様の御守護より外にないのである。「立毛の育つも、この世始めも同じ事、無い人間を拵《こしら》えて、初めより、ものが言えたやない」と仰せ下されるごとく、たすけて頂くことのできる道は、この道より外ないのである。これがこの道を通らして頂くめいめいのよろこびである。

天の理よりどうでもこうでも立たせんで

分からん先から知らし置く。成る理成らん事情、成らん事情を好む者はあろまい。どんな理も通る、どんな理も通らにゃならん処《ところ》を通るのが通り難《に》くい。成る道、神の道、成らん道は世界の道。これから何でも神の道に治める。一つの理という、天の理よりどうでもこうでも立たせんで。

（明治二三・一・四）

月日のやしろであらせられる教祖のお話というものは、見えん先から説いておく、と仰せ下されるごとく、仰せられることに千に一つの違いもあろうはずはないのである。うまく行くも、うまく行かないも、そこに必ず、よってくる理があるのである。うまく行かない事情が起こって、それをよろこぶ人間はあろうはずはないのである。また、うまく行かなくてはならんものが、うまく行かんという。これが、お道で言うところのいんねんというのである。

この道は、教祖の仰せ下される道を我が心に治めて通るのがお道であって、これがうまく行く道であって、これが神の道であると仰せ下されるのである。この天理の世界において、神の道はただ一つ、と仰せ下されるこの道を通らせて頂いておるのがお道である。

人間の道には千筋ある。この人間の道とは、いわゆる世界の道である。誠一つは天の理と仰せ下されるように、誠の心で通るのがこの道であって、誠は人をたすける心が誠真実である。これが天理の通り方である。日々は人をたすけ、人をよろこばして通らして頂いて、困る種の生えてこようはずはないのである。これが教祖の仰せ下さるこの道の唯一の通り方である。これがうまく行く、神の道である。

人間心は欲である。欲はほこりである。ほこりを日々積んでいて、うまく行くはずはないのである。これが、いわゆる世界の道と仰せ下されるのである。

「これから何でも神の道に治める」と仰せ下されるのは、どうでもこうでもこの道を付けにゃならん、可愛《かわい》い子供を一人残らずたすけ上げずにはおかんとの教祖の親心である。

この世の中は、誰が何と言っても、月日抱き合わせの御守護の懐《ふところ》住まいである。この温かな親心に抱き上げて頂いておるならばこそ、日々めいめいがあるのである。付けかけた道なら、どうでもこうでも付けて見せると仰せ下されているのである。

天理の御守護の上に乗りつけて頂いて、天理をけとばして立つ理はないのである。めいめいのたすけ上げて頂く道は、教祖の仰せ下される天理の道よりはないのである。天理の道とは、「誠一つが天の理」と仰せ下される、この道より外《ほか》ないのである。誠は人をたすける心である。これより外に立つ理はないのである。

これを「これから何でも神の道に治める。一つの理という、天の理よりどうでもこうでも立たせんで」と仰せ下されて、めいめいにたすけ一条の道をお教え下されているのである。

この天理の有難いたすけの道を通らして頂いているのがこの道である。やはりこの道は「たすけ一条のよろこび」である。

教祖の理を見よ

これまでの処《ところ》何ぼ働いたて、暮れた教祖の理を思え。存命の間楽しみの理も無く、理を見ず暮れた教祖の理を見よ。働けば働くだけ、めん〳〵心に誠さえあれば踏み損《そこな》いは無い。これ諭したら分かるやろう。働いたら働いたゞけ、これから見えるのや。よう聞いて置かにゃならん。

（明治三〇・一二・二三・夜）

このお言葉にこそ、教祖がひながたの道としてお残し下された道すがらの、教祖の親心がよく分からせて頂くことができる。教祖こそ実に、なみなみならぬ御苦労の道をお通り下されたのである。何の形における楽しみもなくお通り下されたのである。

これを思う時、めいめい今日この道を通らして頂いて、何の働き損、働き損ないがあるであろうか。その働く心に誠さえしっかり我が心として働かして頂くならば、何の働き損もないのである。誠こそ人をたすけさして頂く心であって、誠一つこそ天の理である。誠は弱い、細いようにあっても、誠ほど強い、固いものはないと仰せ下されているように、誠こそ人をたすける心である。

教祖の道は人だすけの道である。その人だすけの道をお通り下されたのであるが、人のねたみを受け、そねみを受けて、あの御苦労の道をお通り下されたのである。そして教祖のお心は決して悲しみ、泣き言をもってお通り下されたのでもなかったのである。このお心こそ、めいめいいんねんの悪い者のひながたとして通らなければならんのである。

めいめいの目の前に見えてくるのは、前生からのいんねんの種が生えてくるのである。このいんねんを切って頂くために、道に引き入れて頂いて、道の御用、おたすけをさして頂くのである。いかなるよろこべんことが見えてきても、教祖のお通り下された道すがら、すなわち「存命の間楽しみの理も無く、理を見ず暮れた教祖」を思えば、何の心に苦しみを感じて通れようや。それどころか、道を通らして頂いてその結構が、必ず目の前にお見せ頂いておるのである。実に、働いたら働いただけ、それだけの御守護をお見せ下されているのである。

実に、教祖御在世当時は、御苦労の連続であらせられたのである。「しんどの仕損《しぞん》というは教祖や」（明治四〇・五・三〇）とも仰せ下されたように、これ実に、後に続く可愛《かわい》い子供をたすけ、可愛い子供を思う親心であらせられたのである。教祖こそ子供を思うための御苦労で、ご終始なされたのである。この教祖の親心を思う時、めいめいこの道をしっかり通らせて頂いて、この道のため、人だすけのため通らせて頂かずにはおれないのである。

道はいよいよ、本年この正月こそが、教祖の八十年祭を迎えさして頂くのである。「たすけ一条のよろこび」と真柱様が大きく掛け声をおかけ下されるごとく、この掛け声に沿わして頂いてきたのが、この道の姿でありました。年祭活動に一歩でも前進せよ。「働いたら働いたゞけ、これから見えるのや。よう聞いて置かにゃならん」と仰せ下されているのである。有難いことである。

教祖年祭のよろこび

今度は、内々は皆大きな心に成れ。何が無《の》うなっても構わん。大きな心に成ってくれ。この事を、待って〳〵待ち兼ねて居《い》た。後は大きな事に成る。何も心に掛ける事要《い》らん。皆々心配せい〳〵。心配は楽しみの種、一粒万倍《いちりゅうまんばい》という事は、もう疾《と》うから諭し置いたる程に。

（明治三八・一二・四）

このおさしづは、教祖二十年祭の時、仮祭場を構えるにつき図面が出来て、その図面について協議をしておられる時、こうした刻限話が出たのである。教祖の年祭については、十年祭までは、大層はいらん、大層のことをするのやない、と言って大抵なことは抑えてこられたのであったが、教祖二十年祭を迎えるについて、初めて、かくのごとく積極的に教祖の親心が爆発的に出たのである。いかにも子供の成人を待って待って待ち兼ねた親の思いが、はっきりと現れているのである。これが教祖の子供成人への親心であると窺《うかが》えるのである。

　この時の仮祭場は、当時としては実に大きなものであった。年祭も無事に済んで、その取りこぼちが、あまりに高く大きくてできなくて、暫《しばら》くそのままに放ってあったような次第であった。ところが急に大きな突風が吹いて、そのために、フワッと大きな傘が伏せたように、自然に倒れたという始末であった。人出もなく、けが人もなく、風が倒して下されたという、いわゆる親神様の御守護であることが、ありあり分からして頂いたというようなことであった。

　このおさしづをもってしても、教祖の年祭は子供の成人を待ち兼ね下されて、この成人さして頂いた子供が、親のためならば、と精いっぱいの心を尽くさして頂いてこそ、年祭を勤めさして頂くことの意義があるということが、ありありと分からして頂くことができるのである。

「内々は皆大きな心に成れ。何が無《の》うなっても構わん。大きな心に成ってくれ。この事を、待って〳〵待ち兼ねて居た」と仰せ下されているのである。これが、教祖の年祭を迎える、めいめいの心構えでなくてはならんのである。道のため、教祖のためを思うて尽くさして頂いたことに、何の心配があるであろうか。「後は大きな事に成る。何も心に掛ける事要らん。皆々心配せい〳〵」とまで仰せ下されているのである。

そして「心配は楽しみの種、一粒万倍という事は、もう疾《と》うから諭し置いたる程に」と親心をもって、可愛《かわい》い子供によく得心のゆくように仰せ下されているのである。

今、教祖八十年祭の真っ最中である。教祖を慕ってお帰り下される、教祖の可愛い子供は、百万以上を数えるであろう。そして東のやかた、西のやかた、また南のやかたと、実に偉大なる姿が皆様の前にそびえているのが目に映るでありましょう。これ皆、教祖の可愛い子供と仰せ下される皆様方の御丹精の固まりが、目の前に建てられているのである。これ皆、皆様の親を思う真実の現れが、ぢばという苗代《なわしろ》に蒔《ま》かれた種が、この大きなやかたとなって、天にそびえて建っているのである。

この偉大なる姿を目の前に眺められる皆様の心中やいかに。いかなる御苦労も、骨折りも一時に消え失せたであろう。そして、よろこびの涙に変わったでありましょう。

ぢばは世界の苗代である。この苗代に蒔かれた種は、「一粒万倍という事は、もう疾うから諭し置いたる程に」と教祖が仰せ下されているのである。こんな有難い、確かなことはないのである。これが教祖の年祭の姿である。実に有難いことである。

運んだ理はどういう大きい財産とも分からん

これだけ運んだどれだけ運んだという理言わいでも、無けりゃならん〳〵。皆覚えて居《い》る。他所《よそ》の事やない、我が事。めん〳〵運んだ理、どういう大きい財産とも分かろうまい。道という、大き運べば危ない処《ところ》で

も通れる。世上にはどのような大きい事思い付いても、何したんぞいなあという理もあるやろ。そこでめん〱尽《つく》して蒔《ま》いたる種は生える〱。
（明治三四・七・一五）

教祖の八十年祭も結構に勤めさして頂いたのである。八十年祭によって、ぢばの姿は一段と大きく変わったのである。

七十年祭には東やかたのふしん、そしてまた、この八十年祭には西右二、三棟、それに南やかた、炊事本部、あるいは大浴場と、実に目まぐるしくも大きく変わって、ぢばの姿も、教祖の思惑であるところの、八町四方は神のやかたと仰せ下される、その姿に前進また前進しているのである。これ皆、道の子供である皆様のぢばへの心尽くしの御丹精の現れが、かくも大きな形に現れているのである。これ皆様のつくし・はこびの種が、花のごとくに目の前に咲き誇っておるのである。

そのつくし・はこびに、いかなる皆様方の御苦労があったとしても、決して無駄ではなかったのである。無駄どころか、「これだけ運んだどれだけ運んだという理言わいでも、無けりゃならん〱。皆覚えて居る。他所《よそ》の事やない、我が事。めん〳〵運んだ理、どういう大きい財産とも分かろうまい」とまで仰せ下されて、皆様方の御苦労を教祖が十分におねぎらい下されているのである。何と有難いことではないか。

この世の中の真の我がものとは、尽くした理、働いた理だけが真の我がものと、教祖がお仕込み下されておるのである。そして、これがめいめい我が身に付いた財産である。しかも、これが大きな財産であると、およろこばせ下されているのである。そして「大き運べば危ない処でも通れる」とまで仰せ下されて、皆様のつくし・はこびのよろこびを、めいめいによく分かるようにお教え下されているのである。

八十年祭は無事済まさして頂くことができた。皆様方の「尽《つく》して蒔《ま》いたる種は生える〳〵」と教祖は、はっきりと仰せ下されているのである。実に有難い道である。

ぢばは教祖の年祭ごとに、陽気な花畑に変わっていくようである。これを目の前にご覧下される教祖のおよろこびは、さぞかしと恐察さして頂くことができるのである。花はきれいだから、ふしんが立派に出来たから、これをご覧遊ばされておよろこび下されるのやない。この姿が皆様のたすけて頂くことのできる種だから、たすけて頂くことのできる皆様方を思うて、およろこび下されているのである。

この道は一粒蒔いても、その一粒万倍《いちりゅうまんばい》、百石蒔いても、その一粒万倍の徳を頂けるのである。

世界の生活は、一対一である。たすけ上げずにおかん教祖のたすけ話は、一対一万倍である。こんな有難い道があるであろうか。

八十年祭も無事済まさして頂いた。このぢばの姿を見て、心の底から抑え切れない感激でいっぱいでありましょう。この感激はまた、来《きた》る教祖九十年祭を迎えるよろこびである。道はきりなしぶしんである。このきりなしぶしんは、不思議なたすけぶしんである。実に有難い道である。

竜頭が狂うたら皆狂う

道というは、末代の理と治めてくれにゃならん。一つ身上不自由どういう事であろ。掛かりて来てから、一時どうしょうと言うたてどうもならん。どうもならん中からたんのう。世上眺めば案じる事要《い》らん。たゞ心やで〳〵。何でも心いずまんよう。心いずんではならん。これだけ不自由やけど、外《ほか》の所であったら何としょうと、一時たんのう。皆結び込んだ理、心狂わんよう心狂わんよう〳〵。狂うてはならん。一人狂えば皆狂う。一つ竜頭《りゅうず》という、竜頭が狂うたら皆狂うで。狂わずして、日々嬉《にちにちうれ》しい〳〵通れば、理が回りて来る。なれど、こんな事では〳〵と言うてすれば、こんな事が回りて来る。回りて来てから、どうもなろうまい。取り返《か》やしが出来ん。よく聞き分けてくれ。

（明治三四・七・一五）

このおさしづは、山名初代会長であり、本部員であった諸井国三郎先生の、左の腕に障《さわ》りを頂かれた時のおさしづである。ご覧の通りに、誠に有難い結構なるおさしづのお諭しである。会長として上に立たれる者の、実に心として通らしてもらわなくてはならんお諭しである。理は上から流れるのである。上に立つ者、決して我が身だけの小さな考えからの通り方ではならんのである。

　左の腕の障りの身上から伺っておられるのであるが、身上の障りの御守護のためには、たんのうで通らにゃならん、とお仕込み下されておるのである。身上の場合はいつの時でも、たんのうでなければならん、とお仕込み下されておる。こうしてお道を通らして頂いていながら、なんでこうも腕が悪いのやろうと、心をいずましているようなことではいかんのやとお仕込み下されている。

　ところが、このお仕込みの肝心なことは、会長としてたくさんの部内教会を持っておられる先生としては、我が身だけの軽い考えでおってはならんのである。部内部内は頭の向くように、理として後からついていくものであるということをお仕込み下されている。実に部内教会をたくさん預かる教会長としては、このことをしっかり心して通らしてもらわにゃならんのである。

これを「心狂わんよう〳〵。狂うてはならん。一人狂えば皆狂う。一つ竜頭という、竜頭が狂うたら皆狂うで」と、実に分かりやすく、有難くお諭し下されているのである。

そして、たとえ身上であっても、「日々嬉《うれ》しい〳〵通れば、理が回りて来る。なれど、こんな事では〳〵と言うてすれば、こんな事が回りて来る。回りて来てから、どうもなろうまい。取り返《か》やしが出来ん。よく聞き分けてくれ」と、実に親が子に諭すように、お聞かせ下されているのである。

上に立つ教会長の身上は、決して小さな個人の身上には考えられないのである。理は大きく悟らして頂かねばならんのである。そうして大きくたすけて頂くように、通らしてもらわにゃならんのである。

親の理は大きいのである。大きく思案すれば、教祖は道の子供の親である。否《いな》、人類全体の親である。子供たすけるためにお通り下された教祖は、道のひいながたである。心のいずんでいられるところは、かけらもなかったのである。教会長は教祖の親心で通らしてもらわにゃならんのである。我《われ》一人教会長があるのでない。下には子供がたくさんついているのである。竜頭が狂うたら皆狂うのである。有難いおさしづである。

はいはいと這い上がる道

泥水の中でもあちらへ這《は》い上がり、こちらへ這い上がりすれば、どうなり道が付く。これがいかんと言えば、はいと言え。これより這い上がる道は無い。もう安心の言葉を下げて置こう。これがならんと言えばはい、いかんと言えばはい、と、答えて置け。
（明治二九・四・二一）

このお道の道すがらにも、こうした道すがらがあったのである。この道すがら、今の道から思案するならば、思いもよらぬ、夢にも思われぬ道中であった。このおさしづは、明治二十九年に内務省から各府県に秘密訓令が出されて天理教の撲滅を計らんとした時、心得までに伺われたおさしづである。

この道は、人の反対や攻撃で潰《つぶ》れるというような人間の道ではないのである。人間が始めた道ならば、もう早《はよ》うに潰れる道であると、教祖も早くから仰せ下されておるのである。人間を、世界をおこしらえ下されたその元の親、実の親が始めて下されたこの道なればこそ、こんな夢にも思われん道があっても、今日のように、こうした道の栄えにもなっているのである。

この伺いのおさしづの中に、こうして反対する役人であり、攻撃をする人に対してでも、「反対する者も可愛《かわい》我が子、念ずる者は尚《なお》の事。なれど、念ずる者でも、用いねば反対同様のもの」（明治二九・四・二一）と仰せ下されて、常々に教祖が仰せ下されておる、「世界中は可愛い我が子、必ず一人残らずたすけ上げずにはおかん」との親心の程が現れておるのである。

この道は、いくら人から反対されても、攻撃されても、阿呆《あほう》やと笑われても、この道を通らずにはおられないのが、この道のたすけ法である。この道を通らして頂く者のよろこびを、まずしっかり拝まして頂かねばならんのである。何ぼ攻撃されたからといって、この道から離れるならば、教祖の仰せを用いなかったならば、結構になろうと思っても、結構にたすけて頂こうと思っても、それは叶《かな》わないことである。事実この当時、こうした反対攻撃の道になった姿を見て、道における相当な方であっても、道から離れられた、この道を後にして出ていかれた方もあったのである。その後のその方々の余生は言うまでもない。

いずれにしても、道が今日の盛大になったことは、隠せない見えておる事実である。当時のことを教祖の目には、人間心いっぱいの泥水のようにも見えたことでありましょう。いくら泥水であっても、その泥水中から這《は》い上がりさえすれば、そこには教祖のお説き下される清らかな道、めいめいお互いの通るべき有難い道も必ずやあるのである。

やかましく言う人間に勝ったから、この道が勝った、この道が付くというのではない。その守護をしておって下されるのは、教祖がしておって下されるのである。その教祖のお働き下される神の道である。この神の道をはずせば、これはもう致し方もない。もうどん底に落ちてしまうより外《ほか》ないのである。

お道にはこんな道中もあった。けれども今日のこうした有難い道になっておる。この道を歩まして頂いておる、めいめいのよろこびをしっかり摑《つか》まして頂かねばならんのである。道はまだまだこれからである。いかなる苦労があっても、この道より外ないのであることを、しっかり摑まして頂かねばならんのである。楽しい有難いよろこびの道である。

精神一つの理によって一人万人に向かう

心の精神の理によって働かそう。精神一つの理によって、一人万人《いちにんまんにん》に向かう。神は心に乗りて働く。心さえしっかりすれば、神が自由自在《じようじざい》に心に乗りて働く程に。その道具に損じはあっては、日々《にちく》の運びは出来やせん。

（明治三一・一〇・二）

お道の御用は、教祖が働いて下されるのである。教祖が働かして下されるのである。だから人間心で、ふわふわした心では働いてはもらえないのである。

お道の働きのことを、よく敵倍の力と仰せ下される。いかなる強いものが来ても、決して負けないということである。

この世の中で、何が一番に強いものであるか、何によって生かされておるのであるか、と御守護の元を言うならば、月日親神様より外《ほか》にないのである。この御守護あって、めいめいの日々もあるのである。これは誰が何と言っても否定することのできない事実である。すなわち、温《ぬく》み、水気《すいき》の御守護である。これなくしては、めいめいの生命はないのである。これに勝ち得るものはないのである。

お道の御用には、おたすけ以外にも、いろいろと対社会的に御用もあるのである。これに対する心の置きどころ、その自信、自覚に対してかくも力強くお仕込み下されているのである。とともに、道の御用をさして頂くめんめんは、人間心は最も禁物であることを、よく承知しなくてはならんのである。人間心には、決して教祖は働いて下さらない、乗っても下さらないのである。すなわち、

我が身捨てゝも構わん。身を捨てゝもという精神持って働くなら、神が働く、という理を、精神一つの理に授けよう。（明治三二・一二・三）

これこそ人間心を捨てた、極致の精神であると信じるのである。

天理は我が身、我が事を言うのではない。道のため、人のため、世界のためを思うて通るのが天理の通り方である。形はいかにも立派な形に見えていても、「その道具に損じはあっては、日々の運びは出来やせん」と仰せ下されるごとく、その肝心の心のあり方が損じていては、その道具の御用もさしては下さらないのである。

お道は有難いのである。教祖が乗って働いて下されるから、いかようのむつかしい御用もさして下されるのである。万人を相手としての御用も、我《われ》一人にてでも負けないだけの御用もさして下されるのである。いかなるものにも負けない敵倍の力も貸して下されるのである。

月日親神様には勝つものはないのである。その御用をさして頂くめいめいお互いである。この自信と自覚、このよろこびをもって道の御用をさして頂かなくてはならんのである。

このおさしづは、松村吉太郎《まつむらきちたろう》先生の身上願いのおさしづである。松村先生こそ、当時道の第一線に立ってお働き下された先生であったのである。

よふぼく

年限の経《た》ったものでなけりゃよふぼくには使われようまい。年限の経たぬものはよふぼくにはならん。年限の経ったもの程強いものは無い。よふぼくと言えば普請何ぼどれだけ綺《き》麗《れい》なと言うても、若いもの細いものでは持たぬ。年限経ったものなら何《なん》ぼう節が有っても歪《いが》んだものでもこたえる。重りがこたえやで、重りがこたえやで。そんなら細いものは間に合わぬという。年限経てば年限相応だけ間《ま》に立つ。年限の古いよふぼくでは揃《そろ》わん。後々《あと〱》足らぬ処《ところ》は年限待つより外《ほか》はない。年限経ったならこそよふぼくという。よふぼくは何程焦《い》らってもいかん。

（明治二八・一〇・七・夜一〇時）

お道には、年限の理というものは、大切なものである。今日種を蒔《ま》いたからというて、明日は柱にはならんのである。いわんや、大きなふしんには、それにたえるだけの大柱もいるのである。大柱となると節も出てくる。節が見えておる。かっこが悪いからといっても、かっこが悪くても、大ふしんの柱となって重荷も支えられることは事実である。

お道におけるよふぼくも、これと同じである。この道は通った道だけの道である。いかなる苦労の中も通り抜けられるのは、教祖のおかげである。教祖のお働き下される御守護である。教祖のお受け取り下されるのは、ただ一つの真実である。この真実が、いかなる苦労、難渋の中も通らして頂くことのできるものである。

あの中よく通ってこられたなあ。お道の過去もふしからふしへの道すがらであった。お道の実力は、実や実や実力であるとおっしゃる。これを「何ぼどれだけ綺麗なと言うても、若いもの細いものでは持たぬ。年限経ったものなら何ぼう節が有っても歪《いが》んだものでもこたえる」と仰せ下されるのである。

だから若い者は間に合わぬと仰せられるのではない。若い者、経験のない者こそ、明日の柱となり、大きな御用をさして頂くためのよふぼくになってもらわにゃならんのである。そのためには、楽々の道を通っていては、教祖の御用をさして頂くよふぼくにはならんのである。

一時には年はとれんのである。実に天の理は年限の中から出来てくるのが天の理である。いかなる道すがらであっても、よろこんで長く通らして頂くことのお道の楽しみは、実にここにあるのである。苦労は先の楽しみとも仰せ下されて、めいめいにお励み下されるのである。

道の今日の栄えは、ふしからふしの道すがらであったからである。この中お通り下された先輩の先生方であった。これこそ真のよふぼくであった。よふぼくはまだまだこれから、いくらいるとも、いくらあっても足りないのである。このよふぼくにならして頂くために、道の若き者、この前途の楽しみを、我が道のよろこびとして、いかなる苦しみの中も、よろこび勇んで、切れることなく、踏みはずすことなく、通らしてもらわなくてはならんのである。道の若き者、今日は細々とした若木であっても、明日へのなくてはならんよふぼくであり得るのである。楽しい道である。

身上が勤まらにゃ心も勤まらん

道というは、よう思《し》やんしてくれ。道の中日々《にちく》勤めて居《い》るなれど、身上不足無ければ心勤まる。身上不足なれば、心勤めとうても、身上が勤まらん。身上が勤まらにゃ心も勤まらん。

（明治三二・一〇・二七）

道を通らして頂くめんめんは、まず第一に身上結構に御守護頂いておることを、何よりも有難い結構であるとよろこばして頂かなくてはならんのである。身上かしもの・かりものの理は、教えの台とも仰せ下されておるのである。

めいめいは、私がつとめておるから、つとまるのであると、我が力、我が思うがように、つとめられると思うであろうが、これは人間心である。こうして結構につとめさして頂くことのできるのも、身上結構に御守護を頂いておるなればこそである。いくら、つとめは結構である、つとめは有難いと思うてつとめさして頂こうとしても、身上が悪ければ、つとめることもできないのである。としてみれば、まず第一に身上結構に御守護下さるよろこび、これを忘れては道はないのである。道のよろこびは、まず第一に身上結構をよろこばして頂くことが根本である。何事によらず、身上結構あってからのことである。

これは何も、身上だけのことではない。この世の中は月日親神様の御守護の懐住《ふところずみ》まいをさして頂いておるのである。この御守護はあまりにも大きくて、我々人間には分からないのである。この御守護が分からないから、月日親神に尽くす、運ぶ、つとめるということも分からないのである。言い換えれば、恩に恩を重ねて、恩報じの道も分からずに通っておるということになるのである。

この神様は、可愛《かわい》い子供に罰《ばち》を当てるという怖い神様ではないのである。がしかし、恩に恩を重ねて、恩報じの道も分からず通っておるならば、来生は畜生に落ちる道もある、と仰せ下されておるのである。この道は理に理が迫ったならば、いくら、どうしてやろう、こうしてやろうと思うても、どうにもならん道である。

道におけるつとめというものは、なかなか大切肝心なことである。心のつとめ身のつとめと仰せ下されて、形のつとめでは何にもならん、真に親神を思う心のつとめが身に現れたつとめでなければならんのである。今日つとめさして頂くことのできるのも、親神様の御守護を頂いておるなればこそ、つとめさして頂くことができるのであることを忘れてはならんのである。日々はうかうか何の気もなく、めいめい勝手思うように暮らさして頂いておるのであるが、これ皆、親神様のおかげであることを、よくよくよろこばして頂かねばならんのである。

お道には、つとめは実に肝心なことである。我が身気ままを言っていては、つとめにはならんのである。親神様につとめることがつとめである。これが肝心大切であることはよく分かっていても、「心勤めとうても、身上が勤まらん。身上が勤まらにゃ心も勤まらん」と仰せ下される。これが忘れがちになる。

日々は親神様に感謝して、そのよろこびの心のつとめが、身のつとめとして、よくつとめさしてもらわにゃならんのである。

名称の理は勝手々々の理では立たん

所々名称々々数あるうち、最初一つの理より変わらん理で押せば変わらんなれど、どういう一つの事情より、めん／＼勝手々々の理の出るからどうもならん。
（明治二九・一二・一八）

このおさしづは、教会としては、教会の治め向き上、誠に有難い肝心なお言葉である。

いかなる教会であっても、その願い出る時には、どうでも頂きたい、頂かにゃならんというその時の心は、実に教祖にお受け取り頂く真実の心であり、また真実の固まりであるというほどにも、皆の心は一手になっておることである。この心に有難い名称の御理もお許し下されておるのである。この真実であるから、教祖もお受け取り下されて、どんなむつかしい病でも、どんなもつれた事情でも、鮮やかにおたすけ下されるのである。であるから、教会という所はたすけの場所である。皆がたすけ、たすけて頂くことができるから、陽気ぐらしの雛型《ひながた》である、とも仰せ下されるのである。

かく思案さして頂いた時、この教会の理を頂きながら、御守護の頂かれないというのは、人間心が邪魔するのであるということは、これ言うまでもないことである。人間心というものは、我が身思案、我が身のためを先に立てる心である。

教会は人の集まりであるが、その人幾百の方がおられても、一手一つの心でなければならんのである。道の一手一つは、みんなが私の心に合わせというのでないのである。いくら多くの人がおられても、教祖のお心に合わせるというのが道の通り方であり、これが一手一つである。一手一つであるから、教祖も御守護お働き下されるのである。教会のあり方であり、教会の日々成人の道へと一歩でも前進さして頂くことができるのである。この精神に、名称の御理もお許し下されているのである。

が、道も次第に大きくなってきたのである。一代は二代三代四代にもなってきたのである。設立のお許しを頂かれた人たちは、今は現存しておられないという教会もあり得るのである。というところから、こうした有難いおさしづも下されているのである。たすけ一条の真実の道には、人間心は禁物である。一人でもそうした人間心の人があるとするならば、教会としては、外敵よりも、この心の敵こそが恐ろしいのである。

天理の世界、我が身我が勝手を言って、立つ理は絶対にないのである。真実より強いものはないのである。真実は人間心の反対である。人間心は我が身勝手の心である。我が身さえよくば、人はどうあってもの心である。この心は天理の世界には立たんのである。いかなる大木であっても、天理の御守護がなければ立たんのである。

今日、お道にも名称の数は一万五千以上である。天を突く大木のごとく、隆々と栄えておる教会もある。が、そうでない教会もあることは事実である。何でやろうか、と不思議に思う必要もないのである。この答えは前掲のおさしづにこそ、めいめいによく分かりやすくお示し下されているのである。これを「どういう一つの事情より、めん〳〵勝手々々の理の出るからどうもならん」と明確にお教え下されているのである。天理の世界、人間勝手勝手の心こそ、我が身我が教会を滅ぼすものである。

ろっくの地にする

さあ〳〵ろっくの地にする。皆々揃《そろ》うたか〳〵。よう聞き分け。これまでに言うた事、実の箱へ入れて置いたが、神が扉開いて出たから、子供可愛《かわ》い故、をやの命を二十五年先の命を縮めて、今からたすけするのやで。しっかり見て居《い》よ。今までとこれから先としっかり見て居よ。

（明治二〇・二・一八・午後）

このおさしづは、教祖が御身をおかくしになったその直後、本席様にお伺いになった有名なおさしづである。すなわち教祖が御身をおかくしになったのは、世界をろくぢに踏みならすために、御身をおかくしになったのである。教祖が世界をろくぢにお踏みならしになるということは、教祖の親心で世界中の子供を皆たすけ上げられた状態を、世界をろくぢに踏みならすと仰せられるのである。

教祖が御身をおかくし下された意義は、世界の子供をすっかりたすけ上げ下されることにあったのである。

ところが、人間の定命は百十五歳であると、教祖がかねがねお聞かせ下されていたのである。教祖こそ百十五歳までもお生き下されることであると、当時の先生方も、かように信じ切っておられたのであるが、「子供可愛《かわ》い故、をやの命を二十五年先の命を縮めて、今からたすけするのやで」と仰せ下されて、御身をおかくし下されたのである。

教祖は人間世界をおこしらえ下された御守護の元、御守護のをやであらせられるのである。このをやの御守護なくしては、めいめいはたすけて頂くこともできないのである。であるから、御身をおかくしになっても、「今からたすけするのやで。しっかり見て居よ。今までとこれから先としっかり見て居よ」と仰せ下されているのである。すなわち教祖お姿をおかくしになっても、「今からたすけするのや」と仰せ下されている。これをお道では、教祖のお姿を拝しなくても教祖存命でお働き下されていると言うのである。これこそお道の生命である。

またかように仰せ下されているごとく、道はお姿をおかくし下されてから、一段とおたすけも上がり、道はすっかり変わるとのお言葉のごとくに、道は大きく伸びてまいったのである。これは何のおかげであるか。

教祖こそ人間世界の御守護の元であらせられる。その教祖がお働き下されておる、何よりもの証拠ではないか。何と言っても、不思議なおたすけも上げさして頂くことのできておる事実は、打ち消すことのできない事実である。

これすなわち、教祖存命でお働き下される証拠である。教祖存命であらせられる。これが道の生命である。

このお姿のなき教祖が誰に乗ってお働き下されるのであるか、これ言うまでもなく、おさづけ人、ようぼくに乗ってお働き下されるのである。おさづけ人なるめいめいようぼくの有難味、これにすぐるものはないのである。

このおさしづの中に、「これまでに言うた事、実の箱へ入れて置いたが」と仰せ下されておるのは、教祖がおさづけを持っておって下されておるということであって、このおさしづの後のほうに「さあ、これまで子供にやりたいものもあった。なれども、ようやらなんだ。又々《またく》これから先だん〳〵に理が渡そう」と仰せ下されている。これを思う時、御身おかくし下されて、教祖存命でお働き下されるよろこびとともに、おさづけ人なるめいめいこそ、実に有難い結構なよふぼくであると、かねがね仰せ下される「たすけ一条のよろこび」に徹して、ますますたすけ一条に前進さして頂かなくてはならんのである。

真実定めて一手一つは晴天の御守護

思い〳〵の理では治まろうまい。皆一手一つの理に運び、思わく通りよかったなあ。所々でも勇み、先々も勇み、真実も定めてするなら、皆この通り。

(明治二四・三・一〇)

このおさしづは、教祖五年祭の四、五日後に下されたおさしづである。

さて、教祖の年祭はいつが初めてであったかというのに、明治二十一年旧正月二十六日は一年祭であったから、道の子供は一万余も、おやしきに帰っていたのである。が、誠に申し訳のないことでありながら、当時は教会本部がまだ出来てなかったので、中山家の年祭ならば中山家の者のみにてせよ、といって先輩の先生方をはじめ道の子供たちは、皆おやしきの門外に出されてしまったのである。

この時の先生方はじめ当時の信者たちの気持ち、ここで言うまでもない。その無念の思いが、明治二十四年旧正月二十六日に教祖の五年祭をお勤め下される時に、何でもという心の真実の塊のようになって現れたというのが、教祖五年祭の姿であり、教祖に対する子供の真実の現れの姿であったのである。その時の子供の真実をお受け取り下されて、五年祭三日間、誠に結構なる晴天の御守護として、お見せ下されたのである。

ところで、雨や晴天という御守護は、人間力ではどうすることもできないのである。これ教祖の御守護でなければ、どうもならないのである。そのことをこのおさしづによって、明瞭にお教え下されているのである。

教祖の年祭を勤めさして頂くのであるが、皆が思い思い勝手勝手の心では、いくら年祭を勤めさして頂いても、それは教祖が受け取って下さらないのである。いくらたくさんな信者であっても、皆が一手一つの心で、よろこび勇んで勤めさして頂くので、教祖はおよろこび下されるのである。

　教祖のおよろこび下さるのは、めいめいが年祭や、教祖を思うてしっかり尽くさして頂いたから、尽くさして頂いた、運ばして頂いた者がたすかるのである。たすかるから教祖がおよろこび下されるのである。その教祖がおよろこび下されるから、五年祭には三日晴天の御守護となって現れたのである。すなわちおさしづに「所々でも勇み、先々も勇み、真実も定めてするなら、皆この通り」と仰せられているのである。

　これを思う時、当年迎えさして頂いた教祖八十年祭、誠に天気の都合は上々であったのである。二十四日間、何の天候の困ったという日もなく、有難く勤めさして頂くことができたのである。

　もし一日の日でも大雪でもあったとしたならば、まず第一に困ることは交通の問題である。一日に何千台という自動車が、このおやしきに詰めかけて来るのである。思うだにも心も寒く震えるのである。が、何の事故もなく、皆がよろこびに満ちて、ああよかった、結構やったと言って、それぞれ国々へ帰っていかれたのである。

これ言うまでもなく、この教祖八十年祭に対して、いかに皆さんが心の思う通り真実一様にお尽くし下されたことを、教祖がいかにおよろこび下されたかを物語っているものと、私は思案さして頂くのである。

今日の世界の一大問題は、交通事故によって死人がますます増えるという問題である。その今日を思う時、なお一層この教祖八十年祭に天候の御守護を与えて下されたことのよろこびを、深く感じさして頂くのである。実に有難い年祭でありました。

往還道でも誠無うては通れん

何ぼ往還道でありても、心に誠無《の》うては通れようまい。心に誠一つさいあれば、何にも危なきはない。楽しみ一つの道やある、と、諭してくれるよう。

（明治二一・七・三一）

今日の社会問題の大きな問題の一つは、交通事故によって死人がますます増えるということである。これは実に痛ましいことである。この事故の原因は、自動車が日々増していくということである。自動車が多くなっていくということは、決して悪いことではない。そしたら自動車が増えたということが交通事故の原因であるならば、道を広くしたならばよいのである。

さて、道が広くなるということも悪いことではない。世の中が文明になって、自動車が多くなったのが悪いことでないごとく、道が広くなるということも、悪いことでないどころか、誠によいことである。が、果たしてこのことによって、交通事故によっての死人が少なくなるというように、この解決がつくであろうか。

いずれにしても、これは人間の考えの解決である。自動車が多くなったから道を広くする。このことによって解決をしようということは、これは決して悪いことではない、よいことである。果たしてこれによって解決するならば結構である。が、なかなか実際問題は、そううまくは行くまいと思うのである。

道が広くなっても、一人の人間心の者が広い道を自動車で走っていたら、人間心は一口で言うならば欲の心である。我が欲のためには他人に迷惑をかけても、というような心、こんな不心得の者が広い道で走っていたら、道は広くとも何人のけが人ができるやら知れないのである。

走っているのは自動車であるが、人間が運転しているのである。その人間の心から改めていかなくては、この最後の解決はつくものではないのである。この世の中は、無いところから人間を、無いところから世界をおこしらえ下されたのは、月日親神様であって、その月日親神様のおやしろが教祖であって、その教祖の仰せ通りに通ってこそ、事故もなく、何人の多くの人が通っても、幾千台の自動車が走っても、けがもなく無事に通れるのではなかろうか。

その通り方を教えて下されるのが教祖であって、このお道の通り方であり、このおさしづがその通り方を明瞭に教えて下されているのであると信じる。往還道であるから、何の心配もなく、やすやすと通れるわけではない。その通る人はめいめい人間である。車が走っても人間の車である。その人間が、「心に誠無《の》うては通れようまい。心に誠一つさいあれば、何にも危なきはない」と仰せ下されているのである。

誠の心とは、これ言うまでもなく、人をたすける心、人をよろこばす心である。人に迷惑をかけないで、我が力を思う前に人のことを我が心に入れて通る心、ここには事故もないはずである。いわんや、死人もないはずである。「何にも危なきはない。楽しみ一つの道やある」とまで仰せ下されているのである。

自動車に乗ったら悪いのでもない。道は歩いたほうが安全だから言うのでもない。天理の世界の道である。いずこを走ろうが、いずこで車に乗ろうが、とにかく人間は誠の心でこの世は通らなければならんことを、教祖がめいめいに教えて下されているのである。車に限ったことではない。これが世の中の通り方でなければならんのである。

二十六日という理

又《また》一つ二十六日というは、始めた理と治まりた理と、理は一つである。……さあ〳〵二十六日は夜に出て昼に治まりた理。……夜に出て昼に治まる。これ台であるから、これ一つ諭し置こう。

（明治二九・二・二九・夕方）

以上のおさしづは、教祖十年祭をお勤め下されるにつき、いろいろ日取りのことにつき、お伺い下されました。その時のおさしづである。

すなわち、二十六日という日は、天保九年十月二十六日に教祖が月日のやしろとおなり下されたその日のことであり、また、明治二十年旧正月二十六日という日のことである、と仰せ下されているのでありまして、いずれも、子供可愛《かわい》い故に、天保九年十月二十六日に月日のやしろとしてお出し下されたのであり、また明治二十年旧正月二十六日に御身をおかくし下されたのも、また、子供可愛い故、親の生命を、二十五年先の寿命を縮めて、今からたすけするのである、との思惑の上から、御身おかくし下されたのである。この親心は一つ理であると仰せ下されているのである。

そして「二十六日は夜に出て昼に治まりた理」と仰せ下されているのは、夜に出てとは、すなわち天保九年十月二十六日に教祖が月日のやしろにおなり下されたことであり、昼に治まりた理と仰せ下されるのは、明治二十年旧正月二十六日午後二時に教祖が御身おかくし下されたことを仰せ下されているのである。そしてここに、教祖の年祭というものが始まったのである。

であるから教祖の年祭というものは、めいめい人間の通常の年祭とは大きに意味が違うのであると仰せ下されるのである。

すなわち「子供可愛《かわ》い故、をやの命を二十五年先の命を縮めて、今からたすけするのやで」（明治二〇・二・一八）と仰せ下されているのである。

これはどういう意味であるのでありましょうか。教祖お姿をおかくしになっても、存命でお働き下されることを仰せ下されているのである。実にこれこそ、この道の生命である。教祖がお働き下されるなればこそ、いかなる人間の身上も御守護おたすけを頂くこともできるのである。そのお姿のない教祖の御用を、形の上に働かして頂くのが、よふぼくであるめいめいおさづけ人なのである。

世にも世界にも、この教祖の御用をさして頂くほどのよろこびが、この世の中にあるでありましょうか。何が人によろこんで頂くことのあると言っても、医者の手余り、難病でもたすけ上げさして頂くことのできるおさづけほどの有難い御用があるでありましょうか。これほど有難いたすけ一条のよろこびはないのである。いくら、たすけてやろう、たすけて頂きたいと言っても、蒔《ま》かぬ種は生えんのである。たすけて頂く種がなくては、たすけてはやれんとおっしゃるのである。

二十六日という日を思う時、めいめいよふぼくのよろこび、たすけ一条のよろこび、このよろこびに感謝感激して、しっかり人のためやない、めいめい我がいんねん切りのために、しっかり教祖によろこんで頂くため、有難いおさづけを使わして頂かなくてはならんのである。たすけ一条のよろこびである。

二間に四間は出けんで

さあ〳〵尋ねる事情、さあ〳〵数々事情、二間《けん》に四間はこれは出けんで。一尺なりと五寸なりと、伸ばしなりと縮めなりとするがよい。後々《あとあと》事情は許し置こう〳〵。
（明治二九・一・一五）

このおさしづは、教会のふしんに対して、いろいろ願っておられるその中に、二間に四間の炊事場を建てることを願っておられる。それに対してのおさしづである。

ここに仰せ下される二間、四間の二、四の理は、元の理のお話に、「三度目の宿し込みをなされたが、このものも、五分《ぶ》から生《うま》れ、九十九年経《た》って四寸まで成人した。その時、母親なるいざなみのみことは、『これまでに成人すれば、いずれ五尺の人間になるであろう』と仰せられ、にっこり笑《わろ》うて身を隠された」と仰せ下されておる「四寸」と、「につこり笑うて」の「に」の理から出てあるのである。

そして人間生まれ出る母親のそこも四寸に二寸であり、出直して埋められる時の穴も四尺に二尺であり、身を焼かれるそのむせや（焼場）も、四間に二間である。というところから、無条件に四間と二間のその寸法の建物はいけないのであると、教祖御在世当時から止められておるのである。

大抵のことは、その寸法、方位というようなことには、許されておるのであるが、四間と二間の建物の場合は無条件にいけない、少しでも寸法を変えるように仰せ下されているのである。

これは言うまでもなく、建築の場合のことである。願い出た人によってではない。寸法の理によって、いかんことであると言っておられるのである。そのことをきっぱりと「二間に四間はこれは出けんで。一尺なりと五寸なりと、伸ばしなりと縮めなりとするがよい」と仰せ下されているのである。

教祖のお許し頂けないことをすることは、これほどいけないことはないのである。教会が盛大になり、成人されて、ふしんも立派にされることは誠に結構なことには違いないのであるが、この二間、四間の建物にはよく気をつけて、仰せの通りに守らしてもらわにゃならんものである。

形のことは細々しく仰せ下されるようなことはないのであるが、どこの場合であっても、二間、四間の建物の寸法には断固としてお許しは頂いておられないのである。

人間心では、こんなくらいの問題がと思われるかもしれないが、大小の問題ではないのである。教祖の御守護の世界、教祖の有難い懐住《ふところ》まいをさして頂いている限りは、このことを忘れてはならんのである。

お道の盛大、成人は、教会のふしんの形に現れるものである。そしてそれに対しては、気持ちよくお許し下される教祖の親心であることは申すまでもないことである。が、いかんと仰せ下されることは、いかんのである。これはお道の通り方であり、お道の精神でさして頂くから、いかなる大きな、あんな立派な大きなものが、というような大ふしんであっても、教祖がさして下されるのである。小さいからできるの問題ではないのである。

これが道のふしん、理のふしん、ふしぎふしん、たすけふしんである。

道の成人につれて、あちらでも、こちらでも、たすけふしんをなされるのであろう上から、一言申し上げた次第であります。

神の道には論は要らん

論《ろん》は一寸《ちょっと》も要《い》らん〳〵。論をするなら世界の理で行け。神の道には論は要らん。誠一つなら天の理。実で行くがよい。どんな高い所でも入り込んで、さあ〳〵世界の往還一寸の理を知らし置こう。

（明治二二・七・二六・午後九時）

この当時明治二十二年頃は、まだお道の上にも、あちらこちらと非難攻撃干渉の強い頃であった。それで、この道通る者への心構えをお仕込み下されたのである。

いかに世の攻撃が強かろうが、人間の理屈で行くのではない。この世の中は誰が何と言っても、月日親神様の懐住《ふところずま》いであることを忘れてはならんのである。どこまでも神の道であることを、しっかり心に治めて通らなければならんのである。誠一つが天の理であるともお教え下されるごとく、誠より立つ理はないのである。いかに人から攻撃があろうと干渉があろうとも、人間力でどうこうしようというようなことではならんのである。人間心は理屈である。理屈にはまた理屈がある。この道はどこまでも、人間に負けても、理に生きなくてはならんのである。

高い所であろうが、いかなる所であっても、天理の世界であることには間違いはないのである。いかなる難題を高い所から持ってこられても、月日親神様の懐住まいの中である。どんな高い所でも入り込んで、神が働くと仰せ下されておるのである。であるから、人間心でどうこうしようというような心では通れないのである。

教祖は、世界の子供を、一人残らずたすけ上げずにはおかん、という親心から、この道をお始め下されたのである。この御用をするのが道の御用である。この御用のために、いかなる攻撃があろうとも、決して心配はないのである。それを人間知恵や力で、何とかしようという心が小さいのである。

この道は敵倍の力と教えて下されるのである。人間力は一対一である。が、神のほうには敵倍の力やと仰せ下されるのである。

道お始め下されたのは教祖お一人であった。しかも百姓家の主婦であらせられた。そしてまた、この教祖に心を寄せて、道の上の御用を下されたこの先生方、これまた百姓である、左官である、桶《おけ》屋であるとか、人間の知恵力の方々ではなかったのである。が、教祖の仰せには誰一人背かれる、逆らわれる方ではなかった。教祖の仰せならば、いかな中もよろこんで行かれる方々であったことは間違いはなかったのである。

教祖の仰せ通りに通らせて頂くより道はないのである。道はただ一つである。

「誠一つなら天の理。実で行くがよい。どんな高い所でも入り込んで」と仰せ下されるごとく、これほど確かな有難いことはないのである。人間の知恵力によっての掛け引きもいらんのである。教祖が働いて下されるのである。とするならば、教祖に乗って働いて頂く限りは、誠真実は弱いように見えても、誠ほど強いものはない。教祖が乗って働いて下されるから、敵倍の力である。

反対する者も教祖の可愛《かわい》い我が子、と仰せ下されるのである。親の理に勝つ理はないのである。高い所でも入り込むと仰せ下される親心にすがって、世界の往還の道も大きな心で真実で通らしてもらわにゃならんのである。

我が身捨てゝも構わん精神に神が働く

我が身捨てゝも構わん。身を捨てゝもという精神持って働くなら、神が働く、という理を、精神一つの理に授けよう。

（明治三二・一一・三）

お道の働きは、めいめい働いて、めいめいの力で働くのではない。これでは小さな人間の働きしかできないのである。否《いな》、人間一人前の働きすらもさして頂けないかもしれないのである。お道の結構は、教祖が働いて下されるから結構があるのである。どんな大きな働きも、さして下されるのである。

小さいから自分の力でできると思うたら、お道の結構、神様の御守護も分からないのである。たとえば小さいから、これは私が持てるというのは、これは神様の御守護、身上は神様のかりものであるということすら分からない方である。小さな物を持てるというのも、身の内に神様の御守護があるなればこそ、持たして頂くこともできるのである。

我が身を思う、我がためにする。極端に言うならば、我が欲のためにするというような心でするならば、それは持てても、できても、我がためにはならんのである。そのことによっていんねんの上ぬりをしておるというような結果にしかならんのである。それでは実につまらんのである。めいめいの道を通らして頂くということは、大きな深いいんねんも切って頂くためでなければならんのである。

この世の中は天理の御守護の世界である。教祖に働いて頂く世界である。めいめいが働かして頂くのではあるが、めいめいに乗って教祖がお働き下されるのであると、これをしっかり我が心として通らしてもらわにゃならんのである。

教祖に働いて頂くためには、人間心、欲の心、他人はどうでも我がさえよくば、との心には、決して働いて下されるはずはないのである。その教祖のお働き下される心とは、「我が身捨てゝも構わん。身を捨てゝもという精神持って働くなら、神が働く」と、はっきり仰せ下されているのである。

教祖の五十年の道すがら、これがお道を通らして頂く者のひながたの道である。この道には、我が身、我がため、我が家のためにお通り下されたことは、一つもなかったのである。

今晩食べる米でも、困った人に与えてしまわれた。与えられたら、今晩は食べる米はないのである。この時、世の中に、食べ物は枕元に山ほどあっても一杯のご飯も頂けないという人があるではないか、めいめい親子三人は、食べるに米はのうても、一杯の水を頂いても結構に水の味がするではないか、こんな有難いことはないではないか、と言って身上の結構御守護をおよろこび下されておるではないか。誰が何と言っても、身上あってのよろこびである。これが道を通らして頂く者の最上のよろこびである。

この身上の御守護が神様の御守護である。そしてこの身上の御守護があって、いかなる大きな有難い御用もさして下されるのである。神様が働いて下されるのである。めいめい我が身捨てるところ、我が欲を捨てるところ、神様が働いて下されるのである。だから、不思議な御守護も下されるのである。

道の働き、道の御守護は、人間力で計ることのできない不思議な御守護である。これが、道ならではとの有難い道である。道はどこまでも、我が身捨ててもとの精神で通らしてもらわにゃならんのである。

八つのほこり諭すだけでは襖に描いた絵のようなもの

日々《にち〳〵》八つ〳〵のほこりを諭して居《い》る。八つ諭すだけでは襖《ふすま》に描《か》いた絵のようなもの。何遍見ても美し描いたるなあと言うだけではならん。めん〳〵聞き分けて、心に理を治めにゃならん。（明治三二・七・二三）

お道は実行の道である。種を蒔《ま》かにゃ生えんのである。ただよい話やなあ、結構な道やなあと、これを心に感心しておるだけでは、何にもならんのである。これ身に行わして頂いて、教祖のひながたの道も、生かさして頂くことができるのである。そこにめいめいお互いも、たすけて頂くこともできるのである。

お道における八つのほこりの話、これはおたすけには実に肝心な話である。これを説いただけでは、またこれを聞かして頂いただけでは、たすからんのである。これを「日々八つ〳〵のほこりを諭して居る。八つ諭すだけでは襖《ふすま》に描いた絵のようなもの」と仰せ下されておるのである。そのお話の理合いを、しっかり我が心に治めさして頂いて、それを我が日々の行いに実行さして頂かなくては、何にもならんのである。

何とよい話やなあ、これではたすからんのである。真に我が心にその話の理を治めさして頂くならば、これを行わずにはおれないのである。そこにおたすけとなって御守護も頂けるのである。

先輩の先生方は、教祖の仰せを守るという点においては、実に大したものであった。すなわち人が何と言って笑おうが、これを実行下されたのである。この道すがらが今の道となり、大きくなっておるのである。説く道やない、行う道やで、と仰せ下される道である。

教祖は親神様の思召《おぼしめし》をお説き下された、とともに、いかにしてたすけて頂くことができるかを、我が身に行《おこの》うてお示し下されたのである。これがひながたの道である。実行に現さして頂かにゃ、たすけては頂けんのである。

形の上にかかったほこりならば、お前払ってくれと人に頼むことができるかもしれんのであるが、我が心のほこりを払うのであるから、我が身に払わして頂くより誰にも頼めんのである。払ってもくれないのである。そこにお道の結構があるのである。我が身に払わにゃならん、我が身に払えるところに、これほど確かな、たすかる道はないのである。

道の話は結構であるから、たすかるのではない。これを我が身に一つでも実行さして頂くから、間違いなくたすけて下されるのである。

おさづけの理は誠に有難い、医者の手余りの難病でも、おたすけさして頂くことのできる、有難い結構なものである。けれども、ただこれを頂いただけではたすからんのである。これを使わしてもらわにゃ値打ちがないのである。であるごとく、いくら美しい竜の絵を描いても、それに睛《ひとみ》を入れなければ、その描いた竜も天に昇るだけの性能を発揮せんのである。結構なおさづけを頂いても、我が身には使えん、人だすけでなければ使えんおさづけであるところに、我が身たすけて頂くことのできる、有難いおさづけの理である。

話はおさづけの理に走りましたが、道のたすかる結構は、説く道やない、行う道やと仰せ下されるところが、実に有難いのである。ここに教祖のひながたの道があり、これを生かさして頂くところに、道によってたすけて頂く有難味があるのである。「何遍見ても美し描いたるなあと言うだけではならん」のである。

中からむさいもの出るようでは　何ぼ洗うても同じ事

中からむさいもの出るようでは、何ぼ洗《あろ》うても同じ事。いつすっきり洗い切れるか。外からの汚れは洗うたら剝《は》げる。これよう聞き分け。
（明治二七・一二・一・夜一二時）

この道は心の道である。心が肝心である。心の立て替え、入れ替えをさして頂くということが肝心である。

身上は神様のかしものである、かりものである。心通り身上を貸すと仰せ下されるのである。めいめいの心が親神様の思惑に叶《かな》わなければ、身上も結構貸して下さらないのである。身上のおたすけも頂けないのである。その心が我がの理と仰せ下されるごとく、めいめいの心である。その心の使い方が、お道の精神として、しっかりめいめい道の精神に叶うように、成人さしてもらわにゃならんのである。

道は形の道ではない。心の道である。その心が濁っておるようでは、いくら立派な着物を着ているとしても、いずれは形の上に滲《にじ》み出るものである。隠せるというのが人間心であって、その人間心では、この世の中は通れないのである。

これと反対に、形は百姓姿であっても、桶《おけ》屋であっても、その心こそ教祖よりお仕込み頂かれた心に立ちかえり、入れ替えさして頂かれたら、この道の立派なる先達であり、教祖の立派なるお弟子として、今日の道をお築き下された先生方であり得たのである。

世界は形の世界である。形さえ立派であるならば、立派な人、立派な家で通るのである。が、お道はそうではない。心が肝心である。心の上に立つめいめいである。その心は教祖が教えて下される心である。教祖が教えて下される心とは、誠の心である。誠の心こそ、清らかな、人間心の汚れをすっきり洗い清められた心である。すなわち、神を箒《ほうき》として心の掃除をしっかりさして頂かなくてはならんのである。

がしかし、めいめい人間の姿を貸して頂いておる限りにおいては、なかなかこれは簡単に、誠一条に心の汚れを洗い切ることはできないのである。が、お道の中に入れて頂いて、しかもたすけ一条のよろこびにひたるめいめいの心は、これでなければおたすけの御用もさして頂くことはできないのである。誠真実こそ、たすけ一条の御用をさして頂くことのできる心である。

陽気ぐらしこそ、お道の目標である。これが教祖のお望みになる唯一の生活である。さて、この陽気ぐらしこそ、目に見える形の生活ではないのである。立派な着物、立派な家に住まっておるから陽気である、とは言えないのである。めいめいの人間心では、その生活は摑《つか》めないのである。すなわち欲の心では、ほこりの濁った心には、その境地は与えられないのである。
教祖のお話に、「よいもの食べたい、よいもの着たい、よい家に住みたい、と思うたら、居《お》られん屋敷やで。よいもの食べたい、よいもの着たい、よい家に住みたい、とさえ思わなかったら、何不自由ない屋敷やで。これが、世界の長者屋敷やで」と教えて下されておるのである。

欲を離れることは、なかなかむつかしいことである。が、しっかりこの濁った心を洗わして頂くということこそ、お道を通らして頂く者にとっては、最も肝心なことである。心の洗濯をしっかりしなくては、いくら着物の洗濯をしても、中からむさいものが出るようでは、つまらないのである。この道は心の道である。

ならん中たんのうするは前生さんげ

よう聞き分けて、たんのうしてくれ。たんのう中、ならん中たんのうするは誠、誠は受け取る。ならんたんのうは出けやせん。なれど一つ、ならん一つの理は、多くの中見分けてたんのう。ならん中たんのうするは、これだけ諭したら、自由《じうよう》の前生さんげ〳〵と言う。ようこれ聞き分け。

理は分かるやろ。

（明治三〇・一〇・八）

教祖は人間世界をお創《はじ》め下された元の親、実の親であらせられるのである。だから、めいめいお互いの前生のことも皆ご承知である。お互いの前生は皆、人間心で通ってきたことは間違いのない事実である。だから皆いんねんを積んできたのであると仰せ下される。このいんねんを切って頂かにゃ、いかにめいめいの立場が立派であっても、身は立たんのである。そのいんねんを切って頂く前に、たんのうで通らにゃならんと仰せ下されているのである。

たんのうというのは、お道ではどういうことを仰せ下されるのであるか。よろこべん中よろこんで通る心、これたんのうと教えて下されるのである。

さて、世界を見たならば、いろいろと人がおられるのである。その中、上にも限りがないが、下にも限りがないのである。めいめいも苦しいのであるが、あの人のことを思えば、ああ結構であるとよろこべる心、これお道でなければよろこべない結構である。これたんのうである。真のたんのうは身上かしもの・かりもののよろこびから湧《わ》いてくるのである。

こうしてめいめいも人間の姿を貸して頂いて、この世の中に出して頂いておるのであるが、まかり違えば畜生にもなって生まれてこなければならんのである。が、こうして人間の姿を貸して頂いて出して頂いておるこの結構よろこび、ここまで心をどんと落とし切ったならば、いかなるいんねんも切って頂いて、身上の苦しみもたすけて頂くことができるとも聞かして頂いておるのである。

真のたんのうは身上かしもの・かりもののよろこびから湧いてくる。この結構よろこびは、真に心からお道を通らして頂く者のよろこびである。身上かしもの・かりものの教えの台である。ここから味わえるよろこびこそ、真のたんのうである。お道を通らして頂く心は誠である。「ならん中たんのうするは誠、誠は受け取る」と仰せ下されておる。

いかに前生は大きないんねんを積み重ねていて、通り返しはできないのである。その通り返しのできないいんねんを「ならん中たんのうするは、前生さんげ〳〵と言う」と仰せ下されて、いんねん切りの道をお教え下されているのである。

そして教祖のお通り下された道、これをめいめいのひながたの道と言うのである。あの御苦労の中、一日の日たりとも泣き言を言ってお通り下されたのではなかった。よろこび勇んでお通り下された。それを思えば、いかなるめいめいの道であっても、よろこんで通らして頂かずにはおれないのである。たんのうのよろこびは、教祖のひながたの道より味わわして頂くこともできるのである。

いずれにしても、いんねんの深いお互いは、たんのうを我が心として通らして頂くより外《ほか》に道がないのである。たんのうは前生いんねんのさんげ、と仰せ下されるのである。実に有難いことである。

尽くした理働いた理は生涯末代の理である

難儀さそう不自由さそうという親、有るか無いか聞き分け。こゝ一つ思《し》やんとして、心に矯《た》め直すがよい。これまで尽《つく》した理運んだ理は、皆受け取ってある。そんならどうと又《また》思う。救《たす》けにゃならん、救からにゃならんが一つ理。この一つの中に身上長らえと言えば、いかな心も沸くであろう。どういう心も沸くであろ。なれど、よう聞き分け。人間は一代、一代と思えば何でもない。なれど、尽した理働いた理は、生涯末代の理である。

（明治三七・三・三）

この世に親があって、その親が、我が子供に難儀不自由をさそうという、また子供の難儀不自由を見てよろこぶという、そんな親があるかないか、よく思案するがよい。これをよく思案するならば、我が身に病気病難のかかってくるのも何がためであるかと、よく考え直さにゃならんのである。

今日まで、しっかり尽くさにゃならんのやで、しっかり運ばにゃならんと言うて運んできた。これは、この親神様の御恩に対する恩報じであったのである。その尽くした理は、皆受け取って下されておることには決して間違いはないのである。

そんなら何で、この身上をたすけて下さらないのであろうかという心も湧《わ》いてくるであろう。が、不足するのやない。何でやろうと思う心は不足である。不足心は、せっかく今日まで尽くした働いたその種も掘り返すようなものである。掘り返したら、せっかく蒔《ま》いた種も、生えんことになるのである。今日まで尽くした運んだ理も台なしになってしまうのである。

この道はこの世だけの道ではないのである。前生前生の道もあって、今日の道もあるのである。めいめいの前生の道は、めいめいにはよく分からないのであるが、教祖には皆々手に取るごとく分かっておられるのである。めいめいの前生には、この教祖の道を通らして頂くまでの前生は、皆々人間心で通ってきた。人間心は欲、欲はほこり、ほこりを積んできた。いんねんを重ねてきたのである。その大きいいんねんを切って頂く、たすけて頂くためのこの道を通らして頂いておるのである。

この道はこの世一代だけの道ではないのである。前生あっての今生につながる道であるごとく、来生という道にもつながるこの世である。この道の教祖のおたすけは、この世だけのものではない。この世だけと思うならば、頼りないものであるが、生涯末代かけてものおたすけを頂く有難い道であるから、ここをよく思案して、しっかりと尽くさしてもらわにゃならんのである。まだまだ尽くし足りないと運ばしてもらわにゃならんのである。人間心ではたすからんのである。

「人間は一代、一代と思えば何でもない。なれど、尽《つく》した理働いた理は、生涯末代の理である」と教祖は、めいめいいんねんの深い子供にお諭し下されておるのである。あんなに尽くしておるのに、まだ身上はたすからん、御守護は頂けんと言うて、何でやろうなあという不足心は起こすのやない。生涯末代結構にたすけて頂くことのできる結構なたすけ道であると考えて、こう思案するならば、まだまだしっかり運ばしてもらわにゃならん、尽くさしてもらわにゃならんのである。

尽くした、運んだ、働いた理は決して無駄にはなっていないのである。

「尽した理運んだ理は、皆受け取ってある」と教祖が仰せ下されるのである。有難い、楽しい道である。

働いた理は金銭ずくで買えるか

日々《にちにち》働いてある。日々尽《つく》した理は、日々の理で受け取りてある。尽せば尽すだけの理ある。又《また》身上という、心大きい持ってくれねば、発散出来ようまい。しっかり聞き取りてくれにゃならん。さあ道という、年来に重なり〳〵、年限の理より出来た道である。さあ何よの事も世界に映しある。働いた理は金銭ずくで買えるか。

（明治三七・一〇・二二）

この世の中は天理の世界である。蒔《ま》かん種は生えんのであるが、蒔いた種は必ず生えるのであるごとく、日々働いた理尽くした理は、必ず日々の理に受け取って下されておるのである。尽くし損、働き損はないのである。ところで、身上になっておる。だから、今日まで道を通らして頂いて、いろいろ尽くしてもきた、道の上に働いてもきたのである。これはどうしたことであろうとでも思うであろうが、今も言うたように、尽くし働いた理はどこへも行ってないのである。その昔の徳となって返ってくるのである。

さて今、身上であるからといって小さな人間心ではならないのである。心を大きく持って通らしてもらわにゃならんのである。でなければ、心の発散もできないのである。心の発散もできないで、心くよくよ思うておるようなことでは、身上たすけて頂くこともできないのである。ここをよく思案せにゃならんのである。

この道というものは、昨日今日に出来た道ではないのである。今日まで道のためや、教祖によろこんで頂きたいと、長の年限尽くして下された、働いて下されたその理が、今日の道となっているのである。

そして道のために尽くして下された、働いて下されたがために、結構になっておられることは、ちゃんと道の上にも現れているのである。

徳というものは、親が子供に着物を着せてやるようには、やれないのである。皆々めいめいに我が身が働いた、尽くした種がなければ、我が徳は頂けないのである。そして、その徳というものが一番肝心なものであって、着物がたくさんあるから着れる、うまいものがたくさんにあるから食べられる、というわけのものではないのである。着る徳、食べさして頂く徳がなければ、一滴の水も我が喉《のど》には通らんのである。そしてこの徳こそ、真の我がものである。人にもやれない、人にも盗《と》られない真の我がものこそは、尽くした働いた徳と仰せ下されているのである。

道の結構は、この徳を頂くことである。誠に結構なものであるが、形には見えない。頼りないようにも思われるのであるが、これが肝心な有難いものである。

いわんや、この徳は金銭で買えるような、そんな軽いものではないのである。世の中の人はこの徳が分からんのである。なるほど形にも見えないのであるから、分からんのも無理はないのである。

この天理の世界である限り、この道でなければ通れんのである。この徳がなければ、一枚の着物も、一杯のご飯も頂けんのである。教祖の親心は、可《か》愛《わい》い我が子に罰《ばち》をお当てになる教祖ではないのであるが、たすけて頂く種がなければ、どうにもたすけられんのである。この徳がなければ、どうにもならんのであるとおっしゃるのである。

人間は一代やない、末代という

先《ま》ずこれから何でもと思う大き心を持ってくれ。さあ〳〵何時《なんどき》とも分からん、というような心を持たず、この心に治めてくれ。成っても成らいでも、どうぞしてもという、この心将来末代という。心に楽しんでくれ。満足心に与えてくれ。日々《にちく》に弱るなあという心を持たず、楽しんでくれ。人間という、一代切《ぎ》りと思うから頼り無い。なれど、そうやない。末代という。この理金銭ずくで買われん。（明治三七・一〇・二二）

これは身上に対するおさしづである。こう身上が悪ければ、とてもたすからん、何時やらとも分からんというような心では、とうてい、たすけて頂くこともできないのである。いくら悪くとも、これからや、これからしっかりお道の御用もさして頂いて、しっかり働かさしてもらわにゃならん、どうでも尽くさしてもらわにゃならんという、大きな心を持ってくれにゃならんと仰せ下されるのである。

この心をしっかり心に治めて、初めて我が身どうなってもという人間心もなくなって、神一条の心に立て替わらして頂くこともできるのである。この心こそ、将来末代という結構な徳も頂くことができるのである。

この道はこの世一代だけの道ではないのである。末代までもおたすけを頂くことのできる有難い道であるのである。この心の楽しみをもって通らして頂かにゃならんのである。いかに身上は迫っても、このよろこびと満足を与えてくれにゃならんのである。

ところが、この心によろこびどころか、身上の日々の姿を見て、日に日に身上は弱るなあという人間心では、どうにもならんのである。成っても成らいでも、どうでもこうでも道に尽くす心さえ我が心にあるならば、必ず尽くしただけの種は一粒万倍《いちりゅうまんばい》となって生えてくるのである。この道は人間心で、蒔《ま》いどうしようこうしようと思うても成るものではない。が、尽くした理、た種は、必ず蒔き損ないはないのである。必ず生えてくるのである。末代までも続く有難い道であるのである。人間にはこれが分からない。がしかし、教祖は、はっきり「人間という、一代切《ぎ》りと思うから頼り無い。なれど、そうやない。末代という」と仰せ下されているのである。しかもその理は「金銭ずくで買われん」と仰せ下されているのである。ここにお道の結構、お道ならではとの有難味があるのである。

この結構は、道の上にもよく現れているのである。ともに、反対の理もよく見えているのである。この道は教祖の仰せをしっかり我が心の内に治めて、これを実行さして頂かねばならんのである。種を蒔かにゃ生えてこないのである。実行せにゃたすからんのである。

人間心ではたすからんのである。精いっぱい教祖のお心に叶《かな》うよう、神一条で通らして頂かにゃならんのである。心一つが我がの理である。有難い道である。末代に受け取って頂く道である。

教祖五年祭三日晴天なり

思い〳〵の理では治まろうまい。皆一手一つの理に運び、思わく通りよかったなあ。所々でも勇み、先々も勇み、真実も定めてするなら、皆この通り。……三日事情の理を見て、何日の事情も治めてくれるよう。互い〳〵の心も治めるよう。（三日事情というは五年祭の三日晴天なり）

（明治二四・三・一〇）

このおさしづは教祖五年祭直後のおさしづである。

さて、教祖の年祭は、一年祭は実は警察の干渉によって勤められなかったのである。今から考えるならば、夢のような、想像もつかんことであるが、実は教会本部がまだ設立されていないというところから、中山家以外の者は皆、門外に追い払われて、墓参りさえもできなかった状態であったのである。

この時の信者の思いが次の五年祭の時に、形となって現れた。

一口で言うならば、子供が親を思う誠真実の固まりのような五年祭となって勤められたのである。これ教祖がおよろこびにならん、お受け取り下さらんはずがあろうか。そのおよろこび、お受け取り下されたことが、三日晴天となって御守護下されたのである。

　これを、思い思いの理では治まろまい。皆一手一つの理に運んでくれたから、みんなの思惑通りに天気も三日の晴天で、何もかもよかったなあ。教祖の年祭やと言うて、所々でも勇み、先々の者も勇んで真実誠をもって勤めてくれるなら、皆この通りに何一つの不都合もなく、結構に御守護も頂くことができるのやで。天気は人間力でどうこうできるものではないが、教祖がお勇み下さるならば、こうして三日晴天の御守護も下されたのである。これをよく思案して何事も、道は教祖に受け取って頂くよう、教祖によろこんで頂いて、三日晴天の御守護を頂いたごとく、互い互いに通らしてもらわにゃならんのである。と仰せ下されておる。

　実は人間は、天気ぐらいは何でもない、と思うかもしれないが、この天気の問題は人間力ではどうこうできるものではない。地震かみなり、海は津波や、これは月日立腹と仰せ下されるごとく、これは教祖に関係している問題である。

　教祖は月日のやしろであらせられる。お月様は水の御守護、お日様は火の御守護である。天地はこの御守護の懐《ふところ》住まいである。そしてめいめい人間身の内も、この御守護を頂いているから生きていられるのである。おれは天理教嫌いである、と言う人間も、やはり月日の御守護があるから嫌いとも言えるのである。嫌いと言う人間も、教祖の可愛《かわい》い子供とおっしゃるのである。そして必ずたすけ上げずにはおかんと仰せ下される教祖の親心である。

　天気は教祖に関係するのである。昨年の教祖の八十年祭は実に結構な天候を与えて頂いたのである。二十四日間において、雪のちらついた日もないではなかったのであるが、天気に困った日は一日もなかったのである。

　これはあの八十年祭において、皆さんが精いっぱい尽くして下された、働いて下されたが故に、憩《いこい》の家も出来たのである。憩の家が立派に出来たから、教祖がおよろこび下されたというよりか、これを立派に出来上がらせて頂いたために、これに尽くされた、運ばれた方がたすかっておられるから、およろこび下されておるのである。それが二十四日間の晴天なりとの御守護を見せて下されたのである。
実に教祖八十年祭は、教祖のお勇み下される有難い年祭であったのである。

息一筋が蝶や花である

蝶《ちょう》や花のようと言うて育てる中、蝶や花と言うも息一筋が蝶や花である。これより一つの理は無い程に。いかなる事も聞き分け。

（明治二七・三・一八・午後四時半）

何と有難いお言葉ではありませんか。この世の中にいる者、いかなる人、いかなる者であっても、生きておる限りにおいては、親神様の御守護なくしてはあり得ないのである。
いかに親から、蝶《ちょう》や花やというように可愛《かわい》がられておっても、生きておるから、息一筋がすやすやと通うておるが故に、蝶や花のようにも愛されることもできるのである。この息一筋こそ、お金を山ほど積んでも、いかなる力、いかなる知恵、いかなる方法であっても、どうこうできないのである。このどうこうできないこの御守護こそ、身上は神のかしものや、かりものや、と教祖はお教え下されているのである。

　この御守護こそ、月日親神様の御守護である。すなわち月様は水、日様は火（温《ぬく》み）の御守護である。この御守護あって、人間は日々の生活もできるのである。これを世界の人は分からないのである。これを分からないために、お道を嫌いと言う人もあるのである。がしかし、教祖の親心は、反対する者も可愛い我が子と仰せ下されて、必ずたすけ上げずにはおかんと仰せ下されるのである。

　この親心に抱き上げて頂いておるよろこびが、めいめいこの道に入れて頂いておる者のよろこびである。であるから、お道に入れて頂いておる者の一番のよろこび、何よりのよろこび、それは身上かしもの・かりものから出てくるよろこびである。ところが、お道であっても、この御守護を頂きながら、この結構が本当に分からない人もないとは言えないのである。

　息一筋だけやない、目が開《あ》いた、足が一歩歩けた、これは当たり前のように思うて、日々を通っておる者がありはしないか。これが当たり前のように通っておるならば、実に申し訳もない。この御守護を頂きながら、これを当たり前のように思っておるから、教祖の大恩にも報ゆることもできないのである。教祖の一番におよろこび下される御用、おたすけも、心からよろこんでさして頂くこともできないのである。道のためならば、教祖がおよろこび下されるためには、いかなる苦労もさして頂かにゃならんという心も起こってこないのである。

　目の見えない人が見えるようにして頂いたよろこび、足の立たない人が歩けるようにして頂いた感激、これが日々結構に通さして頂く者のよろこびである。

　いや、もっと以上のよろこびがある。たとえ病んでおっても、よろこべるよろこびがある。畜生にもならず、この身、人間としてこの世に出して頂いたこのよろこび、これこそ身上かしもの・かりものの最上のよろこびである。ここまでどんと心が落ち切るならば、いかなるいんねんも切って頂くことができる、身上かしもの・かりもののよろこびである。これがお道のよろこびである。このよろこびが形に現れて、めいめいのいんねんもたすけて頂くことのできるよろこびである。

蝶や花やと愛されなくても、生かさして頂く限り、この身上のよろこびを我が心にして通るのが、お道の真のたすかるよろこびである。

教会のあり方一手一つ

便利がよい便利が悪い、どんな繁華の所でも天の理が無いと言えば、どうもしようあろうまいと諭そう。事情はそれ〳〵どんなもの、どんな処《ところ》でも心そも〳〵では、一つの理が治まらんにゃ天の理が無い。

（明治三一・一二・一五）

このおさしづは、教会の移転のことについてのお諭しである。

教会というものは、人がよく集まる所であるとか、その他人間の都合の良し悪《あ》しによって、ここが悪い、あそこが良い、というように、移転の事情も起こってくるのである。がしかし、便利が良いから人もよく集まって良い、便利が悪いから人の集まりも具合が悪いというように、人間の考えで、いかにも教会が良くなる、あるいは悪い、と言うであろうが、教会として名称の理を頂いておる限りにおいては、神様の御守護がなくしては、人間力でどうこうできるものではないのである。すなわち天の理というものがなければ、どうもしようがあろうまいとお諭し下されておるのである。

それでは、この天の理を頂くためには、どうしたならばその御守護を頂くことができるのであるか、ということをお教え下されているのである。

すなわち場所はどこであろうが、たとえ便利の悪い所であるとしても、みんなの者が心一つに、どこであっても結構と、心一つに治まってあるところに天の理がある、親神様の御守護もあるのであると仰せ下されているのである。一手一つに、一つ心に治まる心が大切である。これが教会としての御守護を頂く心である、とお教え下されているのである。

あんな便利の悪い離れ島に、大きな教会が建っておるという教会もあるのである。便利の良い街の中にあっても、あまり良くもならない、それどころか他所に、しかも街はずれの遠方に移っていかれる教会もあるのである。

教会には、親神様が、教祖がお出張り下されているのである。ならば、親神様、教祖に心を合わせて、一手一つに行かなければならんのが教会のあり方である。人間の都合の良し悪しを言うのではない。教祖のお心に合わせるのが、神一条である。教祖のおよろこび、お受け取り下される心は、一手一つである。みんなが一手一つならば、たとえ取り損《そこ》のうても神が御守護下されるというのが、お道の通り方である。

万事がこの通り方である。教会の移転場所の良し悪しだけの問題ではないのである。すべてがこの心で通るのが、お道の通り方である。我が心の勝手を出さないで一手一つに結び合《お》うて通るのが、御守護の下される天の理に叶《かな》う通り方である。ここに教会としての盛大もあるのである。

一手一つこそ、実に美しいきれいなものである。人間心はどうも美しいとは言えんのである。これは教会の移転問題だけの話ではない。道である以上は何事であろうとも、親神様の御守護を頂かなければならんのである。この御守護を頂くためには、どこまでも一手一つである。

「心そもくでは、一つの理が治まらんにゃ天の理が無い」とはっきり仰せ下されるのである。めんめん勝手勝手では、どうも御守護は頂けないのである。従って教会としての価値もないのである。

細い糸でも一条程堅いものはない

一条《ひとすじ》の糸なら切りゃせん。なれど、あちら結びこちら結びては、何時《なんどき》どういう事になるやら分からん。細い糸でも、一条程堅いものは無い。一条の道やなくばならん。なれど、あちら結びこちら結び、何程大き綱でも、ほどけたらばらく。これ聞き分け。これ以《もつ》て、万事談示の元になると定めてくれるよう。

（明治三四・三・一二）

この道は神一条である。そして神の道はただ一つである。人間の道には千筋ある。だから、人間心で通るところに、「あちら結びこちら結びては、何時どういう事になるやら分からん」と仰せ下されているのである。

この道は最初、今から見たならばいかにも細い、つまらん道のように見えたのであろうが、人間を、世界をおこしらえ下された、その親神様の御守護の道を通らして頂いておるのが、この道である。が故に、今日の道の姿は、人の皆認めているごとく実に強いものである。ところが、この道を通っておっても、人間心であれやこれやと、より好みするような通り方をしておるならば、何時どういうことになるやら分からんと、はっきり仰せ下されているのである。

実に教祖御在世当時の道の姿は、人に笑われそしられてお通り下されたのであった。が故に、人間心の方々は、それに耐えかねて、あちらに走り、こちらに結び、果ては消えるごとくに散っていかれた方が多かったのであった。その中、この道でなければ、教祖でなければたすかる道もない、この道通るのが人間の通るべきただ一つの道であると、しっかり通って下された道が、今日のお道の強い、堅い道となっているのである。

お道は人間心で通れないのである。教祖の仰せ一条に通る道、すなわち神一条の道であるから、結構、御守護、おたすけも頂くこともできるのである。

人間の好き嫌いの心で、我が身気ままにあちらへつき、こちらへ走りしているようなことでは、「何程大き綱でも、ほどけたらばら〳〵」と仰せ下されるように、しっかりたすけ上げて頂くこともできないのである。

この道は実に、無い人間、無い世界をおこしらえ下された元の神・実の神であらせられる月日親神様の、おやしろであらせられる教祖のお説き下される、その道を歩ませて頂いているのである。これほど確かな、堅い強い道はないのである。このおさしづは実に、この道を通らして頂く者の通り方をお仕込み下されておるものである。

教祖五十年のあの苦労の道すがら、人間心としてあれを好く者はないのである。がしかし、あの道より外《ほか》に人間の通るべきたすかる道はないと、心にしっかり刻み込んでお通り下された道が、今日のこの大きな堅い道、たすけ道になっているのである。

人に笑われそしられてお通り下された道である。が故に、人間の道ならば今日までは長く続きそうなはずはないのである。神の道なればこそ永久に、まだまだこれからの道である。

神も、いろいろの神もあろうが、この世人間をこしらえ、世界をおこしらえ下された、その実の神・元の神であらせられるのである。この神の懐《ふところ》住まいをさして頂いておる人間お互いである。これより安心の道、確かな本道はないのである。何事によらず万事これを我が心として、談示の元にしなくてはならんのである。これがお道の通り方である。

世上から嫌われ通った道が今日の栄え

この道という、世上から嫌われ〳〵て居《い》た。今の処《ところ》、世界からけなりて〳〵ならん〳〵ように成りたるが、この道の光。よう聞き分け。惜しい処しもたなあ、というような日もあるなれど、先々明らか順序の理も分かるやろう。

（明治三一・八・三）

この道というものは、元々教祖御在世当時の道というものは、人から嫌われ、人から笑われ、世間から非難攻撃されてお通り下された道であったのである。これは実に、間違いのない事実である。人間の道なれば、早くになくなっている。今日まで続くはずもないのである。がしかし、この道は決して人間の始めた道ではなかったのである。神のお始め下された道であったのである。すなわち元の親、実の親であらせられる月日親神様のおやしろである、教祖のお始め下された道であったのである。その証拠に今日の道の栄えもあるのである。

　であるから、この道の通り方はどこまでもどこまでも、月日のやしろであらせられる教祖のお示し下された、そのひながたの道に踏みはずすことなく通るのが、この道の唯一の通り方であり、これ神一条のめいめいの通り方である。

　めいめいはこの道を通らして頂きながら、この道の通り方を忘れて、世間や人間に合わせて通ろうとしがちになるのである。これは人間の通り方としては、いかにも都合がよかった、人からもよく見て頂いた、人からももっとものように見えるのであるが、これは神一条の通り方ではないのである。この道はどこまでも教祖の仰せに合わせて通らして頂く、神一条の道であるのである。

人に笑われ、そしられて、反対されてお通り下されたこの道であったのである。が、この道がなくなるどころか、消えるどころか、ますます栄え、盛大になってきておるのである。これは実際問題である。このことを「この道という、世上から嫌われ〳〵て居た。今の処、世界からけなりて〳〵ならん〳〵ように成りたるが、この道の光」と仰せ下されているのである。

教祖の仰せ下されたその道さえ、踏みはずすことなく通らして頂いておるならば、決して間違いはないのである。そのことがはっきりと目の前に見せて頂くことのできる、有難い道の姿となっているのである。

人間心から言うならば、あんな通り方をして惜しいところ、しもたなあ、というような日もある。なれど、決して心配はないのである。この道の精神、神一条の精神にさえもたれて通っておるなれば、必ずや結構なる道に出して頂くこともできるのである。

人に笑われた道を通りながら、必ずや人から見て、けなりよ（うらやましい）と言われる道に出して頂くことのできる道である。これ、この道を通らして頂くおかげである。

めいめいの先代、初代は皆々教祖の仰せを守って、教祖のお供をして通らして頂かれたのである。そのおかげによって、人から見てけなりなという今日の道に出して頂いているのである。めいめいもまた、今後しっかり教祖の仰せ、神一条に我が心を引きしめて通らして頂かにゃならんのである。これこそ道の光である。

おさしづの手引

その三

ふでさきは話の台である

さあ〳〵今この一時《じ》一つ世界という中に、一つという理は、世界にある。そこで、これまでどんな事も言葉に述べた処《ところ》が忘れる。忘れるからふでさきに知らし置いた。ふでさきというは、軽いようで重い。軽い心持ってはいけん。話の台であろう。（明治三七・八・二三）

このおさしづは、誠に懐かしい、有難いおさしづである。と申すのは、昭和三年四月の二十六日に、前真柱様には、実に長々のご待望であった「おふでさき」の註釈第一号をお出し下された。その時の「まへがき」にお書き下されたおふでさき本義を、おさしづを引用してお述べ下された、その大切なおさしづである。

さて、その「まへがき」に真柱様がおふでさき出版のおよろこびを、かくお書き下されておる。

「此《これ》は独り私の望《のぞみ》ではなく『よろづよのせかい一れつ』の神の子が日夜欣求《ごんぐ》

してゐたものである。而《しか》もこの発刊は、父新治郎も教祖様の意を体して常に心がけながらも、時を得ずして敢行し得なかつた事を思へば、親神様の深いめぐみにより、この運びに至つたことを身にあまる光栄と思ふと共に、父の笑顔も眼前に髣髴《ほうふつ》する様《よう》である」
と、絶大のおよろこびを顔にたたえられた、その前真柱様の笑顔も私には今ありありと浮かぶのである。

さて、おさしづをもってすれば、おふでさきというものは、実にかくのごときものである。

教祖のお話というものは、聞き流し、説き流しであったと言われているのである。その聞かしてもらう者に、教祖の真実をしっかりと心に刻み込んで下されたというのである。書くというような心の余裕は、とてもなかったのであろう。これをして言うも実に、このお言葉の中にあるように、「そこで、これまでどんな事も言葉に述べた処が忘れる。忘れるからふでさきに知らし置いた。ふでさきというは、軽いようで重い。軽い心持ってはいけん。話の台であろう」と仰せ下されてあるのである。

これ実におふでさきというものの本義を分かりやすくお書き残し下されているのである。

教祖によって、無い人間、無い世界をおつくり下され、そして事実その守護の中に懐住《ふところ》まいをさして頂きながら、それを否定して通り得るものであるや、これ実に、言うまでもないことである。一つの世界、一つの理である天理の世界に出して頂いておるのである。一つの理、一つの心である。一つの心とは言うまでもなく教祖のお心である。この心でめいめい通らして頂くより外《ほか》に、もう一つの通り方もないのである。

おふでさきは教祖のお書き下されたものである。実に大切なる原典である。これを我が心として通らして頂くより外に、人間の通るべき道はないのである。「ふでさきというは、軽いようで重い。軽い心持ってはいけん。話の台であろう」と仰せ下されるのも、これ実に、当然の理である。

月日の抱き合わせの懐住まいの人間である。お道を嫌いや、これが好かんと人間は言っておるけれども、これで結構と通れるはずもないのである。罰《ばち》を当てられる教祖ではないのである。反対する者も可愛《かわい》い我が子、必ず一人残らずたすけ上げずにはおかんと仰せ下される教祖である。

再度申し上げる。実におふでさきこそ、道における話の台である。教祖こそ人間のたすけの親であらせられるのである。

綺麗な心から運べば綺麗なもの

綺麗《きれい》な心から運べば、綺麗なもの。急《せ》いた分《ぶ》にゃ成らせん〳〵。綺麗な道は急いてはいかん。急いては綺麗とは言えん。成って来るが綺麗なもの。この順序聞き分けてくれ。

（明治三一・八・三）

このおさしづのお言葉は、天理教の独立に関してのおさしづである。

この当時の道は、何でも一日も早く、一時も早く独立をさせにゃならんと、この心でいっぱいであったと思う。この熱意があって、独立もあったであろうと思う。がしかし、「綺麗な心から運べば、綺麗なもの。急いた分にゃ成らせん〳〵。綺麗な道は急いてはいかん。急いては綺麗とは言えん。成って来るが綺麗なもの」、このおさしづのお言葉にこそ、誠に意味のある、実に教祖でなければ仰せ頂けない、意味深長なる幽遠なる意味がある。

今日の社会の状態を見ても、何かをするのを急ぐために、道でない心使いをもって、やっておるではないか。形はきれいであっても決してきれいでないものが、いろいろに現れているではないか。きれいな心といえば、人間心のない誠真実の心である。この心を忘れず、お道のあるのは元々人をたすけるための道であるのである。教祖はこの親心をもって道を始めて下されたのであり、この親心なるが故に道の今日の栄えもあるのではないか。

独立は一日も早くではありたいのである。が、急ぐためにはきれいでない心で、道本来の心、教祖の真実の心を忘れて通るようなことでは、その結果は誠に申し訳もないことになって、きれいな道を通らなくてはならんその道が、誠にむさい人間心の道にあってしまうのである。これでは道の本来の元々の心から、すっかり踏みはずしてしまうのである。これではきれいな道とは言えんのである。人間の道である。

「成って来るが綺麗なもの。この順序聞き分けてくれ」と、はっきりとめいめいの通り方、心の置きどころを仰せ下されているのである。天然自然の御守護の力に与えられた桜、これ誠にきれいである。人間にはとてもとてもでき得ない御守護の理の現れである。

独立は急がにゃならん。心を十分に尽くし切らにゃならん。この熱意のあるところに教祖の絶大なる加護もあるのである。が、きれいな心で運ばにゃ、教祖のお望みになるきれいなものであり得ないのである。これは決して独立だけの問題ではないのである。お道である者のすべての人の、道の通り方をかようにお仕込み下されているものであると、よく思案をさしてもらわにゃならんのである。

これすなわち今の真柱様（三代真柱・中山善衛《なかやまぜんえ》様）の常にお聞かせ下されるお言葉、成って来る理をよろこべ、これこそ天然自然の通り方であることを仰せ下されているのである。

道は天然自然である。急いで成るような、そんな人間の形の道ではないのである。といって努力もせず、熱意もなく、ただただ通ってさえおればよいのであるとの、そんな安らかな道でもないのである。

楽々の道には、本当の道はないのである。真実の道、きれいな心、きれいな心を我が心として運ぶところに、道の本当の、教祖のお望みになる道も与わるものである。これこそ道の本道である。

天然自然心勇むなら身も勇む

内々案じる心を持たずして、又《また》、成らん事は無理にとは言わん。成るよう行くよう、何程思うたとて成りゃせん。天然自然心勇むなら身も勇むという。これをよう聞き取らにゃならんで。（明治二三・九・二九）

このおさしづは、身上のために、いろいろ心を痛めておられる様子を、よく分かるようにお諭し下されているおさしづである。何か身上が悩むというのは、その身上を悩ますものがあるかのように考えて、いろいろ余計な心配をしているかのように思われるのであるが、その身上となる元は皆めいめい我がほうにあるのであることを、忘れがちであることもよく思案せにゃいかんのである。

身上かしもの・かりもの、心一つが我がの理、心通り身上貸すとの分かりやすいお言葉もあるごとく、我がほうに原因があることをよく思案せにゃならんのである。なんぼどうしてくれ、こうしてくれと言ったところが、親が子供に物をやるようには行かんのである。とともに、親が子供に、できんことを無理にこうしろと言うようなことも仰せにならんのである。ここに肝心なことは、「天然自然心勇むなら身も勇むという」とのお言葉がある。これがめいめいお互いの、日々のこの道を通らして頂く者の大切な心の置きどころである。

「たすけ一条は天然自然の道、天然自然の道には我が内我が身の事を言うのやないで」（明治二一・八・一七）とも仰せ下されている。めいめいは我が身の世界に住まっているのではないのである。大きな親神様の御守護である、天理という、この自然の中に抱かれているということを忘れてはならんのである。

誠一つは天の理、誠は人をたすける心である。めいめいの日々の通り方は、人のため、人によろこんで頂く、こうした心がけが人間の通り方であることを忘れてはならんのである。

小さなものを人に貰《もら》って頂いても、嬉《うれ》しいものである。この、人によろこんでもらう心が肝心である。この心になって通るのがこの道の通り方である。この日々の種蒔《ま》きが、月々の種蒔きが、年々の大きな種蒔きにもなって、天然自然に生えてくるこの天理は、蒔き損ない、出来損ないは決してないのである。

まず第一に心を勇まさにゃいかん。勇む心は我が心である。心が勇む、心が立て替わるから、身も立て替えて下されるのである。この道は、原因は我がほうにあるのであるから心配はいらんのである。この人間心、案じ心をすっかり捨てて、与えは、徳は、蒔いた者が、必ず生えてくるごとく与わるのであるから、この心持ちになって通らして頂かにゃならんのである。

何でもない、小さなお諭しであるかのように見えるのであるが、「天然自然心勇むなら身も勇むという」、これを我が心に、味わって通らして頂くのがお道の通り方である。身上かしもの・かりものの理を真に我が心に治めて通る者の通り方である。何と言っても天然自然の中に生かさして頂くお互いの通り方である。

　人によろこんで頂く、人にたすかって頂くように通るより外《ほか》ないのである。なんぼどうせいこうせいと、心案じてもしようがないのである。たとえ我が身病んでいても、人によろこんで頂くことはできるのである。これが天理の世界の通り方である。

親孝心、家業第一

又日々《またにちく》の処《ところ》、さづけ一条書下《かきさ》げある。何を持って来い彼《か》を持って来い、と言うてあるまい。親大切、家業第一、と諭したる。この理から聞き分けにゃならん。

さあ〳〵たゞ一筆《ひとふで》は何処《どこ》まで行《い》ても立ち切る。親孝心、又家業第一。これ何処へ行ても難は無い。

（明治三五・七・一三）

　このおさしづのお言葉は、お道の者として、否《いな》、人間として大切な、これを我が心の置きどころとして通らしてもらわにゃならん重要なお言葉である。ところがややともすると、この心をいかにもゆるがせに通るというのが、今日の人間の通り方のようになっているのではないか。家業大切は、これは分かっているようにも思われるのであるが、本当の家業大切が、これまた分かっているようにも思えないのである。

　世界で言う家業大切は、自分が自分のためにやることであると思っているのであるが、いかに世間の人が、自分が自分のためにやっていることは間違いのない事実であろうが、それでその家業が成功するかというのが問題である。自分のためにやっている人ばかりであるが、成功しない人のほうが案外に多いのではなかろうか。

　何故であるか。この時世に親孝心ということが我がことではないように、これは別のように考えている人が多いのではなかろうか。ところがお道では、これが大切なめいめいの心の置きどころである。教祖の教えには、親に孝心を尽くすということが無条件に大切なことであると、教えて下されているのである。

親に孝行月日に受け取ると、はっきり仰せ下されているのである。人間が生きるということ、これは月日の御守護を外にしては、どうしてもできない事実である。そしてその御守護の中に抱かれているということは、これまた実際の問題である。

　たん〳〵となに事にてもこのよふわ
　神のからだやしやんしてみよ
（三40・135）

天理教は嫌《いや》であるという人間であっても、身上貸して頂いているから人間であり得るのである。この大恩を頂きながら、これに反対をする、攻撃をするとは、これは人間であって人間のすることではない。だから、恩に恩を重ねながらこの恩報じもできないようなことでは、来生、畜生に落ちる道もあるとまでおっしゃる。

それはともかくもとして、親孝心ということは大切なことの中にも最も重要なことである、とお道ではされている。その重要なことが世の中の人は忘れがちに通っているようにある。ところが「一筆《ひとふで》は何処《どこ》まで行ても立ち切る。

親孝心、又家業第一。これ何処へ行ても難は無い」とまで仰せ下されているにもかかわらず、今の世の中は、人はこれが嫌いであるかのような通り方をしているのである。さぞかし教祖は、この逆行に残念残念と思召《おぼしめ》しておられると拝察さして頂くことができるのである。

二つ一つが天の理とも、おかきさげに仰せ下されているのである。家業第一も、親孝心も、教祖がお受け取り下される点においては一つであると教えて下されているのである。何でもないことであるようにあるが、これは実に重大な言葉である。一筆、すなわち、親孝心と家業第一とは、どこまで行っても立ち切るとまで、教祖の大きな固い決心さえも示しておられるのであることにしっかり心を定めて、親孝心をするところに家業の成功の御守護もあることを忘れてはならんのである。これが人間たる者の通り方であることを、教祖が教えて下されているのである。

おかきさげについて

ごく最近のこと、ある人から往復はがきで、こんなお尋ねがありました。おさづけの時に頂くおかきさげのことに関してである。

「御多忙中恐れ入りますが、おさづけのおかきさげは何年何月のお言葉でございましょうか」というような書面でありました。

このことについては、今日まで度々人から尋ねられるお話でありますから、その人にはその時々お話をしたのでありますが、「おさしづの手引」の中には一度もこのことについて書いたことがございませんので、この際、このことについて書かして頂きます。

なるほど教祖のお言葉でありますが、おさしづには載ってありません。

実はこのことについては、おさしづの公刊当時に私も親しく山澤為造老先生にお聞きしたことであります。山澤為造先生はその当時、唯一の書き手でありまして、こうしたことに実際御用をしておられた先生でありました。

あのお言葉は、教祖のお言葉には違いないのでありますが、おさしづのどこにもあの大事なお言葉が残っておりませんがと言ってお尋ねしたのです。そしたら先生から、こうしたように詳しくお話をして下されました。

「あのお言葉は一度に出来たものでないのです。おさづけを頂く方が段々と増えてまいりまして、仮席というものをお許し下されて、それから出来たのです。あの出来上がったもとは、おさづけのお言葉を、本席様から下されるそのお言葉を集めて、大切な心の定規として通らなければならんお言葉を集めて出来たのや。だから、あのお言葉が全部そのままをまとめて残ってはないのであるが、頂かれたおさしづのお言葉の中には交じってあるはずです。それを集めて、人間の心の定規として通らして頂かなければならんものを集めて、それを本席様に申し上げて、あらためて本席様のお許しのお言葉があって出来たものである。だから一度に、何年何月に出来たものではない、何遍も何遍も申し上げて、お許しを頂いて出来た神様のお言葉である。人間が勝手につくったものではないのや。神様のお言葉や。教祖のお言葉である。

だから、あれが出来て仮席に使わして頂くようになってからも、おさづけのお言葉が出て、水のおさづけを、またあしきはらいのおさづけを頂かれた方も、たくさんあったのや。

だから、書き下げとしてお渡しするものであっても教祖のお言葉には間違いがないのです。神様のお言葉である。人間の定規とする肝心なお言葉である」

こうした成り立ちで出来たおかきさげである。神様のお言葉に間違いない。が、全部おさしづにまとまって出ていないのである。だから「おさしづの手引」の中にも、あらためて書いてないのである。

これでお分かりも頂いたものであると思わして頂きます。

この際、この機会に一度、このことについてふれさして頂いた次第であります。

真柱の理

いわゆるおさしづなるものは、本部より公刊されておるおさしづは明治二十年からのものである。教祖のお言葉こそおさしづではあるが、その以前にも教祖のお言葉のないはずはないのである。そしておさしづの初めには教祖のお言葉も載せられてあるのであるが、いわゆるおさしづのお言葉といえば、本席なる飯降伊蔵先生のお言葉を筆録されたものである。が、本席様の口から出たお言葉に違いないのであるが、決して本席様のお言葉ではないのである。教祖のお言葉である。であるから、原典である。そして、いわゆるおさしづ時代とは、明治二十年から本席様が出直された明治四十年六月九日までである。

このおさしづ時代にお仕込み下された大切な信仰、これはいろいろあったとしても、「教祖存命なり」という信仰であった。これがおさしづの生命であり、これがお道の生命である。これによってお道の、世界をろくぢに踏みならすという御守護も必ず達成し得ることは間違いのない事実である。

さて、お道における「真柱の理」こそ実に重大なる理である。教祖存命なる御守護の理は何によって実現し得るのであるか。実に真柱の形に現れて言葉となり、このお言葉こそ教祖のお言葉であり、真柱のお言葉である。これがお道の大切な信仰である。

内々一つのしんばしら、声が一つの理、（明治二六・五・一二・夜）

さあ〳〵皆の一声《ひとこえ》千声よりも、しんばしらの一声。しんばしらの一声は用いらん者はあろうまい。（明治三九・五・二六）

これがお道の信仰であり、これによってお道のあらゆる御守護も頂き、これによってお道の前進もある。

その真柱を頂く奉告祭こそ、このたび（昭和四十三年十月二十五日）の継承奉告祭なるものである。実に大切な奉告祭であり、理の重い奉告祭となるのである。

まず、この有難い大切なる奉告祭に出合わして頂くことのできる者こそ、実に絶大なるよろこびでなければならんのである。

このよろこびこそが、よふぼくなる者の将来の働きに現れるものである。この真実、このよろこびにこそ、存命なる教祖の働きも見せて下されるものであることを、心から自覚しなくてはならんのである。

教祖存命こそ道の生命であり、道の唯一の力であるとともに、ここに生きる者こそよふぼくの強みであり、実に敵倍の力も与わる者であると言わなくてはならんのである。

この世の中、月日に勝つものはないのである。いかなる者といえども、温《ぬく》み・水気《すいき》の御守護の中に生かされておる者ばかりである。これは理屈でも、教理でもないのである。実に実際の問題である。このよふぼくの自覚こそ、実に大切である。

この道は、実に人間に笑われ、そしられて通ってきたのである。が、今日盛大な道に出して頂いていることも、これまた、実際の事実である。

教祖こそ、この世の中の元の親、実の親であらせられるのである。その教祖が子供可愛《かわい》い故、二十五年の寿命を縮めて存命に、永久に生きておって下されて、必ず世界をろくぢに踏みならさずにはおかん、これが教祖の理想であり、お望みである。

真柱の理は重いのである。この理に生きることこそお道の生き方である。お道ならでは、たすけて頂くことのできない実際問題である。

復刊に寄せて

このたび、天理教道友社から、孝四郎祖父の『おさしづの手引』が復刊されることになりました。

この「おさしづの手引」は『みちのとも』に、教祖七十年祭が勤められた翌年、昭和三十二年の六月号から、四十三年十月号までの百三十六回、祖父が毎月執筆したものです。四十二年に『おさしづの手引　その一』として、三十七年十二月号までの連載をまとめたものを発刊頂き、翌四十三年には『おさしづの手引　その二』として、四十三年四月号までの連載をまとめて発刊頂きました。そして今回、未収録となっていた四十三年十月号までの六篇を新たに加え、装丁を変えて復刊頂くことになりました。

祖父は、『おさしづの手引　その一』の「序」に、おさしづ編纂《へんさん》の御用をさせて頂いた喜びの言葉を記しています。そして、四十三年六月二十六日発行の『おさしづの手引　その二』の「序」の末尾には、「おさしづの手引」を「まだまだ書かして頂くつもりである」と記しています。しかし、この頃から身上優れず、御用を休ませて頂きましたが、まだまだ書かせて頂きたいとの熱意で執筆を続け、この年の十月号の原稿まで書き終えて筆を擱《お》きました。

私が十歳の頃、祖父は本部の朝夕のおつとめを欠かすことなく、台風が接近して風雨の激しい時でも、おつとめに行っていたように記憶しています。日々の親神様の御守護、御存命の教祖のおはたらきに、朝夕に感謝し、お礼を申し上げずにはおれない思いであったと想像します。おさしづ編纂の御用を頂いて、教祖の温かい親心を学んでの、信仰実践の一つであったと思います。

この本の中の「教祖存命（二）」には、次のように記しています。

「子供可愛《かわい》い上からたすけするとの教祖の思惑の実現のために、おさづけ人こそ、よふぼくの使命をしっかり我が胸に治めて、教祖存命なりとの信念信仰に生かさせて頂いて、この教祖の御用を、しっかりさせて頂かねばならんのである。これがよふぼくたる、おさづけ人の使命である。これがまた教祖御年祭の意義に生きる者である。

教祖のおよろこび、お勇みは、可愛い子供のたすかるのを見ておよろこび下されることは言うまでもない。これこそが、月日親神様の、そもそも人間を初めておつくり下された親心である。子供のよろこぶのを見て、親、月日共々楽しみたいとの、そもそも人間をお創《はじ》め下された親心であったのである。

年祭活動の盛り上がるのは、よふぼく、おさづけ人が教祖存命の信念信仰に生きて、一人でも多く、教祖の可愛い子供のおたすけの御用に、懸命の熱意を持って盛り上がる姿でなければならんのである。

教祖存命、しかも教祖永久に御存命にお働き下される。これこそお道の強みであり、これこそお道ならではとの御用もさせて頂くことができるのである。教祖存命、子供として、これほどのよろこびはないのである」

今、教祖百四十年祭へ向けての三年千日の年祭活動を、全教の者が心一つに進めています。共々に勇んでつとめさせて頂き、御存命の教祖におよろこび頂けるよう、成人の道の歩みを進めさせて頂きたいと思います。本書がその一助になるならば、祖父も大変喜んでくれるものと思います。

最後になりましたが、この本の出版にあたってご尽力下さいました道友社の皆さまに、心から厚くお礼を申し上げます。

立教百八十六年十月

桝井幸治

桝井孝四郎（ますい・こうしろう）
明治27年（1894年）、伊豆七条（奈良県大和郡山市）生まれ。早稲田大学文学部卒業。45年おさづけの理拝戴。大正７年（1918年）本部青年、昭和９年（1934年）本部准員、11年本部員に登用される。常詰、道友社長、玄関掛主任、検定会委員長、おはこび掛主任などを歴任。第一回おさしづ編纂・出版に携わり、その後もおさしづ研究に没頭。『みちのとも』に「おさしづの手引」を執筆中、43年９月４日、75歳で出直す。主な著書に『おさしづ語り草』『みかぐらうた語り艸』など。

道友社文庫
おさしづの手引《てびき》

立教186年（2023年）11月１日　初版第１刷発行

著　者　桝井孝四郎

発行所　天理教道友社
〒632-8686　奈良県天理市三島町1番地1
電話　0743（62）5388
振替　00900-7-10367

印刷所　株式会社天理時報社
〒632-0083　奈良県天理市稲葉町80番地

ISBN978-4-8073-0663-3
定価はカバーに表示